곽선희 목사 설교집 제28권

홀로 남은 자의 고민

곽선희 지음

계몽문화사

머리말

　'복음은 들음에서'—이는 진리이며 우리의 경험입니다. 하나님께서 우리에게 주신 복 가운데 가장 큰 복은 말씀을 주신 것입니다. '말씀이 육신을 입어서 오신 것'입니다. 말씀을 주셨고 들을 수 있게 하셨고 마음문을 열고 받아 믿게 하신 것, 참 놀라운 은혜입니다.

　말씀은 단순한 지식이 아닙니다. 추상적인 이론이 아닙니다. 말씀은 선포되는 하나님의 계시적 능력인 것입니다. 말씀의 권능, 그 능력을 알고 체험하면서 비로소 '말씀 안에서 태어나는 생명적 기적'이 나타나게 됩니다. 오늘도 그 말씀이 증거되고 새롭게 선포되고 있습니다. 설교가 곧 말씀입니다. 성령의 역사와 함께 끊임없이 이루어지는 생명의 역사입니다. 이 선포되는 말씀, 증거되는 진리를 통하여 구원의 능력은 항상 새로워집니다. 말씀 안에서 새 새명이 탄생하고 말씀 안에서 영혼이 소생하며, 그 큰 능력 안에서 우리는 강건해집니다. 우상을 이기는 능력의 사람으로 성장해가는 신비롭고 놀라운 사건을 강단에서 늘 경험하고 있습니다.

　여기에 또다시 설교말씀을 모아 책자로 내어놓습니다. 소망교회 강단을 통하여 하나님께서 우리에게 주신 말씀입니다. 이제 그 말씀을 책자로 엮어 내어놓음으로써 우리가 시간과 공간을 초월하여 개별적으로 하나님을 만나게 되는 '말씀의 역사'에 귀중한 방편이 되고자 합니다. 책자라는 그릇에 담긴 이 말씀들은 읽는 자의 마음 안에서 또다른 '말씀의 신비한 기적'을 낳게 되리라 확신합니다.

　한 시간 한 시간의 설교를 위하여 간절히 기도해주신 소망교회 성도들과 이 책자를 출간하기까지 수고해주신 여러분께 진심으로 감사를 드립니다. 그리고 또다시 영광을 오직 하나님께 돌리면서……

곽선희 목사
장로회 신학대학 졸업
프린스턴 신학석사
풀러신학 선교신학박사
인천제일교회 목사
장로회 신학대학 교수 역임
숭의여자전문대학 학장 역임
서울장로회신학교 교장 역임
소망교회 목사

곽선희 목사 설교집 제28권

홀로 남은 자의 고민

인쇄 · 2001년 9월 5일
발행 · 2001년 9월 8일
지은이 · 곽선희
펴낸이 · 김종호
펴낸곳 · 계몽문화사
등록일 · 1993년 10월 11일
등록번호 · 제16—765호
전화 · (02)917-0656
정가 · 13,000원
총판 · 비전북 / (031)907-3927
ISBN 89-89628-02-4   03230

홀로 남은 자의 고민

평안하기를 빌라

예수께서 이 열둘을 내어 보내시며 명하여 가라사대 이방인의 길로도 가지 말고 사마리아인의 고을에도 들어가지 말고 차라리 이스라엘 집의 잃어버린 양에게로 가라 가면서 전파하여 말하되 천국이 가까왔다 하고 병든 자를 고치며 죽은 자를 살리며 문둥이를 깨끗하게 하며 귀신을 쫓아내되 너희가 거저 받았으니 거저 주어라 너희 전대에 금이나 은이나 동이나 가지지 말고 여행을 위하여 주머니나 두 벌 옷이나 신이나 지팡이를 가지지 말라 이는 일군이 저 먹을 것 받는 것이 마땅함이니라 아무 성이나 촌에 들어가든지 그 중에 합당한 자를 찾아내어 너희 떠나기까지 거기서 머물라 또 그 집에 들어가면서 평안하기를 빌라 그 집이 이에 합당하면 너희 빈 평안이 거기 임할 것이요 만일 합당치 아니하면 그 평안이 너희에게 돌아올 것이니라 누구든지 너희를 영접도 아니하고 너희 말을 듣지도 아니하거든 그 집이나 성에서 나가 너희 발의 먼지를 떨어버리라 내가 진실로 너희에게 이르노니 심판 날에 소돔과 고모라땅이 그 성보다 견디기 쉬우리라

(마태복음 10: 5 - 15)

평안하기를 빌라

조지 본이라고 하는 유명한 코미미언의 농담에 이런 말이 있습니다. 하나님께서 에덴동산에 아담과 이브를 창조하실 때 옷을 주지 아니하시고 벌거벗고 살게 하신 이유는, 옷을 주면 틀림없이 주머니를 달아달라 할 것이고, 또 주머니를 만들어주면 거기다가 돈을 채워달라 할 것이기에 옷을 안주셨다는 것입니다. 인간의 끝없는 욕심을 꼬집는 이야기라고 생각됩니다.

사람의 사람됨이라는 것은 바로 여기에 있습니다. 우리는 환경에 끌려가며 삽니다. 그러나 나의 존재를 잃어버려서는 안됩니다. 우리는 때로 인간적 본능과 많은 욕심에 끌려 살고 있습니다. 그래도 나의 나된 정체를 절대로 잃어서는 안됩니다. 우리는 급변하는 세상에 삽니다. 어쩌면 인간은 환경의 산물이라고 할 만큼 환경의 많은 지배를 받고 삽니다. 그러나 언제나 우리는 그 속에서 나의 나됨의 자세, 삶의 자세를 분명히 하고 살아가야 한다는 말입니다. 우리에게 고통이 있고 번민이 있다면 그 이유는 바로 이 존재의 정체와 자기자세를 잃어버리는 데서부터 비롯된 것입니다.

정욕이라고 하는 것은 곧 자기사랑을 말합니다. 여기에 매이기 시작하면 정신이 없습니다. 참으로 비참해집니다. 하나님께 나와서 예배하는 시간에도 하나님더러 내 편이 되어달라고 합니다. 하나님의 뜻은 아랑곳없습니다. 내 뜻을 관철하기 위해서, 내 소원을 이루기 위해서 하나님과 지금 싸우고 있는 것입니다. 그의 예배는, 그의 신앙적 자세는 아무 의미도 없는 것입니다. 이웃에 대해서는 항상 나를 따르라고 소원합니다. 모든 이웃이 나를 위한 수단이요, 나 잘

살고 나 행복하기 위한 방편으로 내 앞에 있어주기를 바라는 것입니다. 이렇게 사는 사람은 비참합니다. 자기중심적으로, 모두가 다 내 시녀가 되고 내 노예가 되기를 바라는 그런 자세로 사는 모습은 참으로 비참한 것입니다. 왜냐하면 그 결과는 원망과 불평으로 끝나니까요. 자기가 바라던대로 될 리가 없으니까요. 무엇보다도 자기자신에 대해서 그렇습니다. 자기자신에 대해서도 불만이 많습니다. 왜요? 내 마음대로 안되니까요. 내 몸 하나, 내 마음 하나도 내 뜻대로 할 수가 없습니다. 뜻대로 안됩니다. 그렇기 때문에 마침내 스스로 절망하고 낙심하고 실망하게 됩니다. 그 근본원인이 어디에 있는 것입니까. 사람답게 사는 것은 이 모든 것으로부터 얼마나 자유할 수 있느냐에 있는 것입니다. 생각하면 사람은 충분히 행복하게 태어났고, 충분히 건강하게 태어났고, 충분히 행복하게 살아갈 수 있도록 되어 있습니다.

어느 책에서 읽었습니다마는 여러분, 옛날사람들을 한번 생각해 보십시오. 알렉산더 대왕이 우리 만큼 잘살았겠습니까. 로마황제가 수세식 변소를 썼습니까. 그 많은 영화를 누렸던 역사적인 많은 사람들도 오늘 우리가 사는 것처럼 살지 못했습니다. 저는 가끔 좋은 음식을 대하든가 좋은 음악을 듣든가 할 때면 이런 생각을 해봅니다. '참 옛날사람들 불쌍하다. 이런 것을 보지도 못하고 먹지도 못하고 죽었으니……' 특별히 우리 어머니가 이런 것 못보고 돌아가셨으므로 얼마나 유감스러운지 모릅니다. 그러고보면 이제 이대로 죽어도 할말이 없습니다. 우리는 인류역사상 최고의 행복을 누리는 사람들이니까요. 그런데 왜 그렇게 불만이 많습니까. 아직도 왜 그렇게 원망이 많습니까. 인간은 그 사람됨을 자유에서 평가합니다. 넉넉한 행복을 즐겨야 합니다.

보십시오. 예수님께서는 내일아침 십자가를 지실 것입니다. 그런데 제자들과 저녁 만찬을 하시는 시간에 그들에게 여유있게 말씀하십니다. "나의 평안을 너희에게 주노라 내가 너희에게 주는 것은 세상이 주는 것 같지 아니하니라(요 14 : 27)." 예수님께서는 그 시간에도 평안하셨습니다. 나의 평안이 충분하고 나의 평안을 너희에게 주노라—이렇게 귀한 말씀을 하고 계시지만 제자들이 그 뜻을 이해하지 못했던 것같습니다. 그러나 어떤 환경에서도 어떤 여건에서도 예수님의 평안, 예수님의 자유는 결코 흔들리지 않았습니다.

오늘본문에 보면 예수님께서 사랑하시는 열두 제자를 지금 전도여행에 파송하고 계십니다. 이제 가서 전도하라고 파송하시면서 사명자로 사는 길이 무엇인지, 예수님의 제자로서 어떻게 살아야 할 것인지, 또 좀더 넓게는 인생을, 이 세상을 어떤 자세로 살 것인가를 말씀하고 계십니다. 예수님께서 보여주시는 대단히 귀한 인생철학입니다. 먼저 예수님께서는 '자세'에 대해서 말씀하고 계십니다. 여기에는 상대적인 것과 절대적인 것이 있는데, 상대적인 가치에 끌리지 말라는 것입니다. 다른 사람하고 비교하지 말라는 것입니다. 세상에 제일 비참한 것은 나를 남과 비교하는 것입니다. 그것은 외양뿐이요 그 내용이 아니기 때문입니다. 행복해보여도 행복한 것이 아니고, 불행해보인다고 불행한 것이 아닙니다. 내가 나를 모르듯이 남은 더 모릅니다. 그런데 여기에 비교할 것이 뭐가 있습니까. 내 키가 작다고 키큰 사람과 비교하여 열등의식을 느낄 필요가 없습니다. 그렇게 마냥 열등의식을 느낀다면 한평생 후회해도 끝이 없을 테니까요. 이제와서 키가 클 리 없을 테니까요. 내가 가진 게 있건없건 남하고 비교할 것이 없습니다. 나는 나대로 사는 것입니다. 그래서 상대적인 것, 여기에 끌리지 말고 변함이 없는 나만의 행복, 나만의 가치, 절대적 가치를 알고 살아가야 한다―이것이 주님 주신 말씀의 의도입니다. 또하나, 종속적으로 살지 말라 하심입니다. 주도적으로 살아가야 한다는 것입니다. 자, 우리들 가운데 분위기적인 인간이 있습니다. 좋은 분위기에서는 좋고, 조금 공기만 썰렁해져도 기분나쁘고, 반가운 사람을 만나면 반갑고, 나쁜 사람을 만나면 또 같이 싸우고… 이것은 완전히 종속적인 것입니다. 항상 끌려 사는 것입니다. 내 정체가 없습니다. 내가 남에게 영향을 줄 수는 있으되 남에게 영향을 받지 않는 주도적 인간으로 살아야 합니다. 나됨의 주도적인, initiative를 가진 그런 인간으로 살아가야 합니다. 바로 이것이 오늘 말씀의 주제입니다.

이제 예수님께서는 세 가지로 요약해서 구체적으로 가르쳐주십니다. "너희가(이 세상에 나가 살 때) 거저 받았으니 거저 주어라(8절)." 우리는 어차피 이 세상을 살면서 주고받게 마련입니다. 가만히 보면 주지도 않고 받지도 않겠다는 사람이 있습니다. 그 사람은 받지 않겠다는 것이 아닙니다. 주기 싫어서 하는 소리입니다. 그것은 참으로 불행한 일입니다. 그실 사람은 처음부터 안받은 사람이 없거든요. 받고 주게 마련인데, give and take인데, 이것을 단절하고 살겠다는 것입니다. 천상천하유아독존(天上天下唯我獨尊)이라는 말은 안 통하는 얘기입니다. 그런 것은 없습니다. 나는 혼자도 아닐 뿐더러 혼자 살지도 못하고 혼자 죽지도 못합니다. 우리는 서로 주고받게 되어 있습니다. 부득불 주면서 살게 되어 있습니다. 그런데 문제가 있습니다. 절대로 주지 않으려는 사람이 있습니다. 끝까지 안주겠다

하면 어떻게 되느냐, 그러면 빼앗깁니다. 주는 일은 꼭 이루어질 수 밖에 없으니까요. 그런고로 세상에서 주는 사람과 빼앗기는 사람이 있을 뿐입니다. 안주는 사람은 없습니다. 왜요? 세상떠나면 다 부질 없어지니까요. 어차피 주지 않습니까. 가끔 보면 어떤 사람은 뭐 나이많아진 다음에 벌어놓은 재산을 사회에 환원한다, 그럽디다마는, 웃기는 것입니다. 그냥 두어도 환원됩니다. 누가 환원하고 말 것도 없습니다. 주려면 좀더 일찍 줄 것이지, 이제와서 자기한테 쓸데없으니까 고물처리 하는 것입니다. 그것, 사실은 반갑지 않은 것입니다. 그렇지 않습니까. 어차피 내것이 아닙니다. 어차피 주게 되어 있는 것인데 진작에 줄 것이지 끝까지 가지고 있다가 무슨 망언입니까. 생각해보십시오. 그런고로 주는 자가 되어야 합니다. 빼앗기는 자가 되어서는 안됩니다. 제가 아는 어느 목사 사모님은 아주 똑똑한 분입니다. 그런데 사모님이 생각하기에, 아이들이 용돈을 너무 많이 쓰는 것입니다. 아무리 얘기를 해도 말을 안듣습니다. 그래 할 수없이 커다란 장부를 사다가 몇월 몇일 얼마, 몇월 몇일 얼마 하고 일일이 적기 시작했습니다. 그래가지고 한 달마다 아버지는 얼마를 썼고 너는 얼마를 썼고, 이렇게 얘기를 했습니다. 그러자 처음에는 용돈 씀씀이가 조금 나아지는 것같더랍니다. 하루는 아이들이 그것을 왜 적느냐고 물어봅니다. 사모님은 별생각없이 "네가 얼마를 썼다는 것을 알아야지"라고 대답했습니다. 그런데 그 다음부터 용돈 쓰는 범위가 더 늘더랍니다. 그래서 "그렇게 많이 쓰면 되겠느냐?" 하고 타이르니까 아이들이 "잘 기록해두십시오. 제가 나중에 이자까지 보태서 갚아드리겠습니다" 이렇게 나옵니다. 어쩌다보니 일이 이렇게 잘못되더라는 것입니다.

여러분, 그냥 주십시오. 무얼 어쩌자는 것입니까. 왜 일이 이렇게 어려워졌느냐. 그 이유가 여기에 있는 것입니다. 거저 받았다는 것을 몰랐습니다. 거저 받았다는 것을 아는 사람은 거저 주는 것이 쉽습니다. 여러분, 자식을 위해서 수고합니까? 어떤 사람은 그 못된 자식을 위해서 아주 잘 참고 견디며 수고를 합니다. 비결이 뭐냐고 물어보니 이렇게 대답합니다. "제가 아버지 어머니 속을 무던히 썩였거든요. 우리 아버지 어머니는 정말로 나를 사랑했습니다. 그에 비하면 지금 내가 아이들에게 베푸는 것은 아무것도 아닙니다." 사실 그렇습니다. 특별히 옛날에 우리 부모님들이 얼마나 어렵게 살았습니까. 그 어려운 가운데서도 자기는 굶어가면서까지 자식을 위해서 살았습니다. 자식을 위해 당장 죽으라면 죽을 수 있을 만큼 정성을 쏟았습니다. 우리는 그렇듯 사랑을 받았습니다. 그런고로 지금 돈 몇푼 주는 것 가지고 괜한 소리 해서는 안됩니다. 그것은 천벌받을 생각입니다. 어찌 그럴 수 있다는말입니까. 거저 받았으니 거저 주어라—간단하지 않습니까. 문제는 거저 받았다는 것을 모른다는 것입니다. 그런 멍청한 사람들이 딴소리를 하는 것입니다. 성숙한 인간이 누구입니까. 하나님께로부터 모든것을 받았습니다. 예수 그리스도를 통하여 거룩한 의를 받았습니다. 성령을 통하여 많은 은사를 받았습니다. 이제와서 보니 다 받은 것뿐입니다. 준 것이 없습니다. 또 줄 것도 없습니다. 그런고로 어떻게 보답할까 하는 이 은총적 세계관에 살고 '나는 오로지 받았을 뿐이다. 준 것은 없다. 너무 많이 받고 사는구나'—바로 이런 마음에 사는 사람이 그리스도인인 것입니다. 거저 받은 것이 너무 많습니다. 그런고로 우리는 거저 줍니다. 거저 주는 마음으로 살아갑니다. 그런데 꼭 잊지 말아야 됩니다. 주는 마음보다 받는 마음이 더 중요한 것입니다. 거저 받았다는 마음이 중요합니다. 사랑하기보다는 사랑받을 줄 알아야 합니다. 감사한 마음으로 받을 줄 아는 마음이 먼저입니다. 거저 받았다는 마음이 충분해야 주는 마음이 충분할 수 있는 것입니다. 그리고 이 모든 은혜의 생활에서 소위 정점이라고 할 수 있는 것은 여기에 있습니다. 가장 행복한 사람은 보상을 바라지 않고 주는 사람입니다. 바라는 것이 없습니다. 거저 주는 것입니다. 뭐 사랑해서 사랑받겠다, 구제해서 인사받겠다… 필요없습니다. 거저 주는 마음, 깨끗하게 베푸는 마음을 가질 때 그는 정말로 행복한 사람입니다. 그가 자유할 수 있으니까요.

또 주님의 말씀에는 아주 깊은 뜻이 있습니다. "거기서 머물라(11절)"—우리는 이 말씀의 문맥을 생각해볼 필요가 있습니다. 그때는 여관도 없을 때입니다. 그런데 본문에서 예수님말씀이 여비도 가져가지 말고, 옷도 가져가지 말고, 거저 전도여행을 떠나라, 어디 가서 머무르든지 마을에 들어가서 합당한 사람을 만나 그 집에 딱 들어갔으면 그 마을을 떠날 때까지 거기 머물라, 하셨습니다. 한번 생각해보십시오. 처음에 환영해주는 분이 있어서 그 집에 머물렀는데 전도하다보니 많은 사람이 예수믿게 되고 그 중에는 돈많은 사람도 있었습니다. 그 사람이 권합니다. "아이구 선생님, 여기 계셔서야 되겠습니까. 이 가난한 집에 있지 말고 넓고 좋은 우리집에 오십시오. 좋은 방이 있습니다. 아무쪼록 우리집에 와서 지내십시오." 바로 그런 경우에 옮기지 말라시는 것입니다. 다시말하면 인정에 끌리지 말라, 또 대접하는 데 따라서 좌우되지 말라 하심입니다. 아주 귀한 말씀입니다. 우리는 '남들이 나를 어떻게 대하나'—이 대접하고 대접받는 일, 여기에 신경을 쓰다보니 피곤해지는 것입니다. 너절해지는 것입니다. 그런 것 좀 잊어버리고 살라는 것입니다.

한 30여 년전, 그 당시에는 서울 영락교회가 국내에서 제일 큰 교회였습니다. 그 큰 교회에 제가 부흥회를 인도하러 갔었습니다. 월요일 저녁에 시작해서 그 다음주 월요일 새벽까지 하는, 만 일주일 간의 집회였습니다. 그런데 남전도회 주최로 한 그 부흥회의 총책임자가 어느 장로님이었는데, 부흥회 주최는 처음이었던지 좀 미숙한 점이 있었습니다. 어쨌든 처음에 가서 보니까 제 숙소라고 정해준 곳이 영락교회 바로 앞에 있는 조그마한 여관방이었습니다. 이부자리 하나, 베개 하나만 있고 다른 아무것도 없는 조그마한 방입니다. 그래서 "이만하면 깨끗하고 괜찮구만"하고는 그곳에 자리를 정하고 저녁을 먹고 첫시간 설교를 했습니다. 그런데 저녁집회가 끝나고 한경직 목사님이 "부흥목사님이 오셨는데 그 숙소가 어떤지 내가 가봐야겠구만"하고 오셨습니다. 와서 보더니 깜짝놀랍니다. "아이구, 이런 방에다 모시면 되겠나? 이 길 건너편에 호텔이 있는데 그리 모셔야지. 어서 그리로 갑시다"하고 서두르십니다. 그래서 제가 한목사님께 "아닙니다, 여기 그냥 있겠습니다. 성서적으로 합시다"라고 말했습니다. 옮기지 말라고, 거기 머물라고 성경이 말씀했으니까요. 그랬더니 한목사님이 "그러면 어디 가서 이런 방에서 잤다고 하지 마시오"라고 하십디다. 그래서 제가 "하지 마시오, 하신 그 말까지 할 겁니다"하고 웃으며 대답했었습니다. 여러분, 거기 머무르십시오. 인정에 끌리지 마십시오. 조금 잘 대접한다고 그쪽으로 기울고, 조금 섭섭하게 대한다고 신경을 곤두세우고… 이렇게 시시하게 살지 말라는 것입니다. 내가 언제 얻어먹으러 갔습니까. 그런고로 여기에 끌리지 말라 함입니다. 이 얼마나 중요한 말씀입니까. 얼마나 확실한 말씀입니까.

제가 미국의 한 고서점에서, 낡은 책 파는 데서 재미있는 책 하나를 구했습니다.「Fancy in Korea」―「한국인의 멋」이라고 하는 책인데 이것은 백 년 전에 한국에 왔었던 선교사가 한국에서 보고들은, 한국인만의 멋들어진 것들을 모아서 기록한 것입니다. 읽어보니 첫 장에 김삿갓이 나옵니다. '김삿갓은 정말로 멋있는 사람이다. 그는 그저 술 한잔 얻어마시고, 시 한수 써놓고 훌훌 떠난다. 여기에 머물러 계십시오, 잘 대접하겠습니다, 벼슬을 주겠습니다, 해도 아랑곳하지 않는다. 모든것을 툭툭털고 가버리는 것이다. 바로 이게 한국인의 멋이다.' 참, 지금은 멋 다 죽었습니다. 안그렇습니까. 뭐 그렇게 끌리는 데가 많습니까. 한끼 잘먹으면 어떻고 잘 안먹으면 어떻습니까. 대수롭지 않은 일에 뭐 그리 신경을 씁니까. 이게 바로 인간을 불행하게 만드는 것입니다. 왜요? 우리는 곧 떠날 테니까요. 어차피 떠나야 할 인간인데 뭘 그렇게 야박하게 삽니까. 그럴 것 없습니다. 더구나 나이까지 먹어가지고 그러면 더 볼품없습니다. 대충 사십시오. 곧 떠날 것이니까요. 좀 멋있게, 멋들어지게 살 필요가 있습니다. 그리고 인생은 나그네라는 것을 잊지 말아야 합니다. 나그네는 어디에 마음을 쓸 필요가 없습니다. 요새도 보니 어떤 분들은 굉장한 집에다가 굉장한 가구로 치장을 합니다. 왜들 이러는 것입니까. 또 어떤 사람들은 옷은 새것인데 몸은 고물이더라고요. 옷걸이는 이미 기울었습니다. 여기에 뭐 좋은 옷을 입어보았자 별것 아닙니다. 쓸데없는 짓 하지 마십시오. 성경은 "거기서 머물라" 말씀합니다. 또 여기에는 이유가 있습니다. 동기가 어디 있느냐입니다. 전도하러 갔지 않습니까. 얻어먹으러 간 것이 아니거든요. 놀러간 것이 아니란말입니다. 전도하러 갔으면 전도하면 됐지, 다른 데는 신경쓸 것 없는 것입니다. 이것이 주님의 말씀입니다. 내가 사는 목적이 무엇입니까. 이 남은 시간에 해야 할 일이 무엇입니까. 내 생애의 first motivation, 첫번째 동기가 무엇입니까. 이제 남은 시간 내가 뭘 해야 되겠습니까. 그 동기에 맞는 처신을 하십시오. "거기서 머물라"—이제 나이많거든요. 그러니 이사하고 뭐하고 하지 말고 지금의 집에서 그냥 사십시오. 이걸 알아야 합니다. 거기서 머물라—아주 귀한 의미가 있는 말씀입니다.

그리고 오늘본문은 "평안하기를 빌라(12절)"하고 말씀합니다. 우리는 평안을 빌어야 합니다. 세상이 어떻게 됐든, 상대방이야 나에게 어떻게 대했든 상관없습니다. 늘 평안을 빌 것입니다. 어느 집에 가든지 먼저 평안을 빌어라, '샬롬'하고 평안을 빌어라—이것은 하나님의 축복에 대한 선포입니다. 하나님께서 당신에게 복을 주십니다, 하나님께서 당신을 사랑하십니다, 하나님께서 당신에게 은혜를 베푸십니다, 하는 선포입니다. 마태복음 5장 46절로 보면 예수님께서는 '너희가 형제에게만 문안하면 이방사람보다 나은 게 무엇이냐. 사랑하는 자만 사랑한다면 이게 무슨 그리스도인이냐. 세리들도 그와 같이 하지 않느냐' 하십니다. 미워하는 자도 사랑할 수 있어야 한다,하십니다. 그래서 예수님께서는 십자가에 돌아가실 때도 당신을 죽이는 자를 위해서도 계속 따뜻한 마음으로 기도를 하셨습니다. 그의 제자 스데반도 자기를 향하여 돌을 던지는 사람들을 위해서 천사의 얼굴을 하고 기도했습니다. 우리는 아무도 미워할 권리가 없습니다. 미워해서는 안됩니다. 한을 품을 것도 없습니다. 섭섭하게 생각할 것도 없습니다. 계속 복을 비는 마음, 잘되기를 바라는 마음이어야 합니다. 평안을 빌라—평안을 전하고 평안을 비는 마음을 가져야 될 것입니다. 절망하지 마십시오. 그리고 평안을 비십시오. 은혜를 비십시오. 그런 마음이 있어야 됩니다. 예수님께서는 아주 구체적으로 말씀하십니다. '너희가 복을 빌었으나 만일에 그 사람이 복받을만한 사람이 못되면 그 복이 너희에게 돌아오리라.' 그런고로 그 사람이 복받은 사람인지 못받은 사람인지, 복받을만한지 아닌지 알 바 없습니다. 그냥 '너는 복을 빌어라' 하십니다.

우리는 아주 흔들리는 세대에 삽니다. 많은 사람들에게 시달립니다. 복잡한 문제가 우리를 괴롭힙니다. 그래도 우리 마음은 언제나 고요하고 단순하여야 합니다. 여전히 거저 받았으니 거저 주는 마음, 여전히 항상 있는대로 족한 줄 아는 마음, 그리고 평안을 비는 자세로 살아가야 하는 것입니다. △

사랑의 확증

　　그러므로 우리가 믿음으로 의롭다 하심을 얻었은
즉 우리 주 예수 그리스도로 말미암아 하나님으로 더
불어 화평을 누리자 또한 그로 말미암아 우리가 믿음
으로 서 있는 이 은혜에 들어감을 얻었으며 하나님의
영광을 바라고 즐거워하느니라 다만 이뿐 아니라 우
리가 환난 중에도 즐거워하나니 이는 환난은 인내를,
인내는 연단을, 연단은 소망을 이루는 줄 앎이로다
소망이 부끄럽게 아니함은 우리에게 주신 성령으로
말미암아 하나님의 사랑이 우리 마음에 부은 바 됨이
니 우리가 아직 연약할 때에 기약대로 그리스도께서
경건치 않은 자를 위하여 죽으셨도다 의인을 위하여
죽는 자가 쉽지 않고 선인을 위하여 용감히 죽는 자
가 혹 있거니와 우리가 아직 죄인 되었을 때에 예수
그리스도께서 우리를 위하여 죽으심으로 하나님께서
우리에게 대한 자기의 사랑을 확증하셨느니라

(로마서 5 : 1 - 8)

사랑의 확증

여러 해 전의 일입니다. 교도소에서 만기출소한 전과 7범의 청년이 저를 찾아와서 한 가지 부탁을 했습니다. 제가 그 청년이 있는 교도소에 가서 여러 목사님들과 같이 세례를 베풀었는데, 그는 특별히 저를 통하여 세례를 받았다는 것입니다. 그리고 이제 출소해서는 제게 와서 직업을 소개해달라고 합니다. 그러면서 그는 많은 불만을 얘기했습니다. "세상에 사랑이란 없습니다. 내 부모는 나를 낳아서 내다버렸어요. 그런 나를 누가 주워다가 고아원에 맡기는 바람에 그곳에서 쓸쓸하고 고통스럽게 자랐지요. 14살 때에 나는 고아원 담을 넘어서 세상으로 뛰쳐나왔고 어떻게 살다보니 범죄소굴에 들어가 결국은 교도소를 7번이나 드나들게 되었습니다." 사랑이 없습니다, 모두가 사랑을 이야기할 뿐이지 사랑을 실천하는 사람이 없습니다, 하면서 사람도 원망하고 부모도 원망하고 마지막에는 하나님까지 원망을 하는 것입니다. 저는 그 원망하는 청년을 앞에 놓고 그 말에도 일리가 있지만 한번 같이 생각해보자고 했습니다. "일반적으로 부모는 미우나 고우나 자기 자식을 사랑하고 키워서 어느 수준에까지 양육하네. 바로 자기가 낳았기 때문 아니겠는가. 하지만 이제껏 피 한 방울 섞이지 않고, 자네에 대해서는 아무것도 모르고, 돌봐줄 아무 이유도 없는 그 누군가가 자네를 키웠다네. 자네가 혼자 기저귀 찼나? 혼자 우유 먹었나? 자네가 핏덩이 갓난아기일 때에 누구의 사랑을 받았는가 생각해보게. 자네가 지금은 기억하지도 못하는 바로 그 누군가의 사랑을 받아서 오늘의 자네가 있는 것이네. 또 자네가 고생스럽고 불편하게 살았다고는 하지만 그래도 고아원이 있어서 자네를 살렸고, 지금까지 한 번도 손수 농사지어본 일도 없고 돈을 벌어본 일도 없지만 그래도 그 나이까지 먹고살지 않았는가. 내가 생각건대 분명히 자네는 보통사람보다 특별히 하나님의 사랑을 많이 받은 것 같네." 청년은 이 말에 깊이 뉘우치고 많은 눈물을 흘리고 자리에서 일어나더니 이렇게 말했습니다. "다시는 하나님을 원망하지 않겠습니다." 그래서 제가 물었습니다. "지금 당장은 어떻게 하고?" "어떻게 적당히 되겠지요." 그리고 뒤돌아서 나가는 것이었습니다.

여러분, 세상에 사랑받지 않은 사람이 어디에 있습니까. 사랑받지 않고는 태어나지도 않았고 사랑 없이는 살아남지도 않았습니다. 다만 사랑을 모르기 때문에 문제인 것이지요. 사랑 안받은 사람은 없습니다. 다 사랑받고 사랑 안에 살고 있습니다. 사랑을 깨닫지 못하기 때문에 문제입니다. 물리적인 사랑을 받고야 우리의 육체가 삽니다. 정신적인 사랑을 받고야 우리의 인격이 삽니다. 문제는 그 사랑을 알아야 한다는 것입니다. 깨닫지 못하는 동안 내 정신, 내 영혼은 아무 소용이 없습니다. 그 사랑을 모르는 이유가 무엇이냐—바로 불신 때문입니다. 믿지 않기 때문입니다. 믿지 못하는 이유는 교만 때문이요, 교만의 이유는 회개하지 아니한 죄 때문입니다. 사랑을 모릅니다. 알 수 없게 되었습니다. 사랑 속에 살면서도, 어쩌면 특별한 사랑 속에 살면서도 사랑을 모릅니다. 모르기 때문에 고독합니다. 모르기 때문에 죽어갑니다. 모르기 때문에 절망합니다. 이것이 현실입니다. 이것이 우리 인간이란말입니다. 그렇다면 문제의 초점은 믿게 하는 것입니다. 여러분, 대화가 된다 안된다 합니다마는 뭐니뭐니해도 사랑의 communication처럼 어려운 것이 없습니다. 분명히 사랑을 합니다. 그런데 사랑을 어떻게 표현해야 합니까. 사랑을 받는 입장에서 사랑을 어떻게 받아들여야 합니까. 사랑의 언어처럼 힘든 언어가 없습니다. 불과 같이 뜨겁게 사랑하지만 이 사랑이 전달되지 않습니다. 또 받는 입장에서도 전혀 사랑이 보이지 않습니다. 사랑으로 느껴지지 않는 것입니다. 이 사랑의 소통의 언어의 절교, 이것처럼 답답한 일이 없습니다. 생각하면 그 얼마나 어리석은 아이러니입니까. 분명히 사랑하고 있습니다. 오늘도 사랑하고 있습니다. 그런데 사랑의 언어가 없을 뿐입니다. 그러니까 깨달음이 없습니다. 감사도 없습니다. 결국은 그대로 원망과 불평으로 치닫고 있습니다. 특별히 우리나라사람들이 그런 것같습니다. 우리네 어머니나 아버지들이 자식을 사랑하는 마음은 정말 굴뚝같아서 국보급입니다. 아마도 세계에서 최상일 것입니다. 그런데 사랑할 줄을 모릅니다. 사랑의 언어를 모릅니다. 그래서 이 사랑이 소통되지를 않습니다. 여기에 문제가 있는 것입니다.

사랑을 믿어야만 됩니다. 그런데 믿게 하려면 어떻게 하여야 되겠습니까. 여기에는 두 가지 조건이 있습니다. 먼저, 사랑하는 자의 입장에서는 희생을 하여야 됩니다. 희생을 통해서만 사랑이 믿어지니까요. 사랑받는 입장에서는 겸손해야 됩니다. 아주 겸비해져야만 사랑의 언어가 들립니다. 겸손하게 만드는 방법이 무엇입니까. 그래서 시련이 있고 고통이 있고 전쟁이 있고 역경이 있고 환난이 있는 것입니다. 이 많은 어려움 속에서 하나님께서는 사람을 낮추십니다. 낮추시고, 낮추시고, 계속 낮추십니다. 그래서 발바닥에 닿을 때까지 낮아진 다음에야 거기에서 진실을 찾고, 비로소 사랑이 들리는 것입니다. 사랑이 받아들여지는 것입니다. 고맙게 느껴지는 것입니다. 여러분이 잘 아시는대로 건강할 때에 누가 찾아오면 '바쁜데 찾아와서 말썽이야. 왜 나를 이렇게 귀찮게 괴롭히는 거야?' 이런 유의 소리를 합니다. 하지만 병원에 입원해서 3년만 있어보십시오. 사람 하나 찾아오면 그가 천사같아보입니다. 그렇게 반가울 수가 없습니다. 보십시오. 사람 반갑다는 것, 여기까지 만드는 데도 한참 걸립니다. 사람은 겸손해야 사랑을 알게 됩니다.

그런고로 확증을 얻어야 하는데, 이 확증은 철학적인 것도 아니고 논리적인 것도 아닙니다. 이것은 사건을 통해 이루어지는 것입니다. 미국의 우리 교포들이 모이는 교회 가운데 가나안교회라고 제 친구 목사님이 목회하는 교회가 있습니다. 이 교회에는 아주 좋은 사찰집사님이 한 분 있습니다. 원래는 미국에 유학을 와서 대학원의 박사코스까지 밟은 그런 분입니다. 그런데 어느날부터인가 갑자기 눈이 나빠지기 시작하는데 아무도 고치지를 못합니다. 점점 눈이 어두워져가지고 바로 앞에 있는 것밖에는 못봅니다. 책도 못보게 되고 심지어는 사람도 못알아보게 되었습니다. 그러자 그는 그 교회에서 청소를 하면서 그럭저럭 밥을 얻어먹고 살았습니다. 이렇게 한 2년이 지났습니다. 하루는 그가 차를 타고 나갔는데 그만 차사고를 당했습니다. 그런데 '꽝' 하고 부딪히는 순간, 갑자기 그의 눈이 밝아졌습니다. 왜 TV같은 것 안나올 때 한 대 탁치면 잘 나올 때가 있지요. 이와 마찬가지로 한번 크게 부딪힌 덕분에 뇌에 충격요법이 가해져서 눈이 환하게 밝아진 것입니다. 그는 생각했습니다. '이 밝은 눈을 가지고 내가 어떻게 다시 세상으로 나갈 수 있겠는가?' 그래서 귀한 마음으로 사찰일을 계속하고 있는 것입니다. 여러분, 이분에게 있어서는 눈이 어두워진 것도 하나님의 사랑이요, 차사고가 난 것도 하나님의 사랑입니다. 이런 사건을 통하여 하나님께서 나를 하나님의 사람 되게 하셨다고 그는 감격합니다. 여러분, 꼭 이런 드라마틱한 사건을 만나야 되겠습니까. 그실 우리가 멍청해서 모르는 것이지 알고보면 순간순간 얼마나 많은 사건들이 지나갑니까. 위험한 일들이 우리 앞에 얼마나 많이 지나가고 있습니까. 아찔아찔합니다. 그런데 사람들이 미련해서 이 사랑을 다 깨닫지 못하고 있습니다. 문제는 오늘성경말씀대로 성령이 마음을 열어주어야 한다는 것입니다. "성령으로 말미암아 하나님의 사랑이 우리 마음에 부은 바 됨이니(5절)"—성령이 우리 마음을 열어주어야 이 사랑을 알 수 있게 된다는 말씀입니다. 그 반대로 말하면 이렇습니다. 우리의 마음이 강퍅해지기 시작하고 굳어지기 시작하면 어떤 사건을 통해서도 점점 악해집니다. 점점 굳어집니다. 사랑은 전혀 보이지 않습니다. 세상은 투쟁뿐이요 전쟁뿐이요 싸움뿐입니다… 이렇게 생각하게 된다는 얘기입니다. 사랑은 없다는 것입니다. 그러나 성령이 마음문을 열 때는 사랑으로 충만합니다. 사랑 아닌 것이 없습니다.

　사랑의 확증이 필요합니다. 여러분은 어떤 사랑을 어떤 확증으로 받아들이고 있습니까. 어떤 증거를 통하여 하나님을 사랑이라고 부릅니까. 어떤 증거를 통하여 하나님께서 나를 사랑하신다고 믿게 되었습니까. 사랑의 확증—성경이 말씀하고 있는 사랑의 확증 가운데 가장 선하고 가장 온전한 것은 십자가사건입니다. 예수 그리스도의 십자가입니다. 성경은 이렇게 말씀합니다. "하나님이 세상을 이처럼 사랑하사 독생자를 주셨으니…(요 3 : 16)" 그런데 어리석은 자는 이런 말도 합니다. '하나님이 나를 사랑하신다면 나한테 돈보따리를 주셔야지. 내 병을 고쳐주셔야지.' 예수님께서는 2천 년전에 십자가를 세워놓으시고 '이것을 바라보아라. 내가 너를 이렇게 사랑한다'고 오늘도 계시하고 계십니다. 이 사랑의 언어를 여러분은 어떻게 이해하겠습니까. 여기에 문제가 있는 것입니다. 십자가는 하나님의 사랑에 대한 최고 최선의 계시입니다. 그 내용은 자기희생입니다. 피를 흘리셨습니다. 죽으신 보혈이 바로 그것을 말하는 것입니다. 자기희생, 그것이 사랑입니다. 또한 사랑은 값을 지불하는 것입니다. 우리가 갚아야 할 값을 그가 지불하십니다. 우리가 죽어야 할 대신 그가 죽으십니다. 우리가 저주받아야 할 대신 그가 저주를 받아 십자가에 달리신 것입니다. 이것은 바로 우리를 의롭다 하심입니다. 무가치한 존재를 가치있는 자로 세우시는 것입니다. 우리의 신분을 회복하십니다. 우리의 의를 회복하십니다. 우리의 생명을 회복하십니다. 마귀의 자녀로 바꾸어서 지금 하나님의 자녀로 영접하시는 것입니다. 하나님의 자녀로 영접하시기 위하여 그는 이같은 엄청난 희생을, 값을 지불하셨습니다. 이것만은 분명합니다. 주님께서는 십자가를 통하여 우리를 향한 당신의 사랑을 확증하셨습니다. 이 언어가 소통할 때, 이것이 믿어질 때 비로소 사랑의 세계가 열리게 되는 것입니다. 오늘본문을 자세히 보십시오. 이 사랑은 우리에게 이렇게 확증되고 있습니다. 먼저는 "우리가 아직 연약할 때에(6절)" — 우리가 아무것도 모를 때에 우리를 사랑하셨다는 것입니다.

몇달 전에 TV에 '내 남편을 찾아주십시오' 하는 논픽션 프로가 나왔습니다. 그 주인공은 김영숙씨라고 하는 분입니다. 그녀는 지금 정신지체장애자인 남편 이광식씨를 찾아 헤매고 있습니다. '내 남편을 찾아주십시오' 하는 전단을 뿌리면서 동네방네 온 도시를 돌아다니고 있습니다. 지난날 그녀는 인천 장애인보호소 교육교사로 일했습니다. 거기에서 지금의 남편을 만나게 되어 사랑을 느끼게 되었고, 아주 헌신적으로 구애해서 마침내 그와 결혼을 했습니다. 두 사람은 따로이 살림을 차려 오손도손 살았습니다. 하지만 남편은 전혀 돈을 벌 수 없었습니다. 아내 혼자서 이렇게저렇게 갖은 애를 다 썼지만 영 여의치 않았습니다. 그래서 그녀는 다시 장애인보호소에 교사로 들어가게 되었습니다. 그런데 이 사실을 안 남편은 자기를 또 장애인보호소에 집어넣으려는 줄로 알고 도망쳐버렸습니다. 어디로 간지도 모르게 집을 나가버렸습니다. 그래서 이 아내는 지금 정신장애자인 그 남편을 찾아 헤매고 있는 것입니다. 기자는 물었습니다. "남편을 왜 찾습니까?" 그녀는 대답합니다. "그는 내가 아니면 아무 것도 못합니다. 내가 아니면 하루 세 끼 먹지도 못합니다. 내가 아니면 그는 도저히 살 수 없습니다." 이것이 첫째이유입니다. 그리고 곧바로 그녀는 이렇게 말했습니다. "나는 그 사람을 사랑합니다. 이제는 그가 없으면 나도 살지 못합니다." 이것이 사랑입니다. 보십시오. 정신장애자남편을 찾아서 어쩌자는 것입니까. 사랑한다는 말 한마디도 할 줄 모르는 남자, 그 고마움도 느끼지 못하는 멍청한 사람을 사랑해서 어쩌자는 것입니까. 요새사람들은 사랑이 너무 이기적입니다. 그러나 이 아내는 '내 남편을 찾습니다' ―이렇게 헤매고 있습니다. 이것이 사랑입니다. 우리가 받은 사랑이란 사실상 내가 모를 때에 받은 것입니다. 깊이 연구해보면 가장 큰 사랑은 4살까지 받는다고 합니다. 자, 갓태어난 핏덩이를 진자리 마른자리 갈아뉘고 그 많은 고생을 하면서 애지중지 키우지 않습니까. 그런데 이상하게도 사람들은 4살 전의 일은 까맣게 기억하지 못합니다. 여러분에게 묻습니다. 갓난아기 때 우유를 먹었습니까, 젖을 먹었습니까. 만일에 그것을 아는 사람이 있다면 그 사람은 4살까지 우유나 젖을 먹은 사람입니다. 그 소중한 사랑은 다 모르게 되어 있습니다. 이것이야말로 믿음으로만 알 수 있습니다. 우리 어머니가 나를 먹였다더라, 저분이 나를 도왔다더라… 다 알 수 있는 것입니다. 이것은 믿음으로 알게 되어 있지 결코 피부로 알게 되어 있지 않습니다. 우리가 받은 소중한 사랑은 나 모르는 사이에 지나가는 것입니다. 내가 모르는 사이에 받는 것입니다. 그것을 알아야 합니다. 이는 엄청난 사랑입니다. 내가 아는 부분이란 그야말로 빙산의 일각과 같습니다. 이 엄청난 사랑을 내가 지금 받고 있는 것입니다. 이제라도 그것을 깨달아야 하는 것입니다. 그래서 내가 모를 때, 알지 못할 때에 사랑을 받았다고 성경은 말씀하는 것입니다.

또 "우리가 아직 죄인되었을 때에(8절)"라고 성경은 말씀합니다. 그가 나를 위하여 십자가에 죽으셨습니다. 내가 죄인되었을 때—이것을 알아야 합니다. 의인으로서 받은 사랑이 아닙니다. 저주받을 수밖에 없고 영원히 죽을 수밖에 없고 아무 살 가치가 없는 그런 죄인으로서 하나님의 사랑을 받은 것입니다. 좀더 나아가서 오늘성경은 이렇게 말씀합니다. "우리가 (하나님과) 원수되었을 때에(10절)"—사도 바울에게 있어 이 부분은 아주 실감나는 이야기입니다. 자기딴에는 자기생각이 옳다고 여겨 예수믿는 사람을 잡아다죽이고 스데반을 죽이고 다메섹까지 쫓아가서 예수믿는 사람들을 끌어오겠다고 극악을 부렸습니다. 그러나 하나님께서 그의 길을 막으시고 그를 장님되게 하시고 꼼짝못하게 포로하셔서 그를 구원하셨고 사도로 세우셨습니다. 이제 그는 고백합니다. 내가 하나님과 원수되었을 때에 하나님께서 나를 사랑하시고, 나를 위하여 주님께서 십자가에 돌아가셨다고. 그렇다면 이제 하나님께서 나를 사랑하시지 않을 리가 없지 않습니까. 내가 얼마나 소중한 존재인데, 얼마나 큰 값을 지불한 존재인데요. 그런고로 하나님께서 사랑하시지 않을 이치가 없다는 것입니다.

바울은 생각합니다. "내가 원하는 바 선은 하지 아니하고 도리어 원치 아니하는 바 악은 행하는도다… 오호라 나는 곤고한 사람이로다 이 사망의 몸에서 누가 나를 건져내랴(롬 7 : 19 - 24)"—이렇게 괴로워합니다. 그러나 곧이어서 오직 하나님의 은혜, 내가 원수 되었을 때에 나를 구속하신 그 은혜가 나와 함께 있다고 그는 십자가 안에서 자기에게 향하신 하나님의 사랑을 확증받습니다. 확실한 증거를 받습니다. 그런고로 이제 그 사랑을 깨닫게 되고, 믿게 되고, 그 사랑 안에 살게 됩니다. 여기서 용기를 얻습니다. 자기가치가 소중합니다. 사는 것 하나하나가 그렇게 아름다울 수 없습니다. 내게 맡겨진 사명도 엄청난 것입니다. 그런고로 '어찌하면 보답할꼬'— 그렇게 한평생을 살아가고 있습니다. 이 사랑이 그에게 있어서 생명력이었다는 것입니다.

독일의 헤르만 헷세는 여러분이 잘 아는 세계적인 소설가입니다. 그의 글 가운데 「어거스터스」라고 하는 소설이 있습니다. 어거스트라는 사람 이야기입니다. 그가 세상에 태어나자마자 아주 이상하게 생긴 노인 하나가 그 어머니를 찾아와서 말합니다. "이 아기가 장차 어떤 사람이 되기를 원합니까. 내가 이 아기의 탄생을 기념으로 한 가지 소원을 들어주겠소." 어머니는 곧 대답을 합니다. "이 아기가 모든 사람에게 사랑받는 사람이 되기를 바랍니다." 노인은 그 소원이 이루어질 것이라고 했습니다. 그는 정말로 어려서부터 누구에게나 사랑을 받았습니다. 학교에서는 친구의 사랑을 받습니다. 많은 사람의 사랑을 받습니다. 한평생 계속 사랑을 받습니다. 그래서 그는 교만해졌습니다. 방탕해졌습니다. 안하무인의 사람이 되었습니다. 결국 그는 말년에가서 사람들한테 버림을 받고 아주 비참하게 되었습니다. 늙은몸으로 거지가 되어서 이곳저곳을 헤맵니다. 바로 이런 때 다시 옛날의 그 노인이 나타났습니다. "당신이 너무 비참하니 이 시간에 소원을 한 가지 들어주겠소. 내게 말하시오." 어거스트는 대답합니다. "모든 사람을 사랑할 수 있게 해주십시오." 사랑을 받았으나 그는 사랑을 몰랐습니다. 그래서 사랑할 줄을 몰랐습니다. 사랑을 받기만 했지 사랑할 줄을 몰랐습니다. 그래서 이제는 사랑할 줄 아는 사람이 되게 해달라고 구합니다. 여러분, 우리의 소원이 어디에 있습니까. 사랑을 몰랐기에 문제입니다. 바로 이것을 아는 순간, 사랑하는 사람이 됩니다. '모든 사람을 사랑하게 해주십시오. 하나님의 사랑을 알게 해주시고 모든 사람을 사랑하되 원수까지도 사랑할 수 있는 그런 사람이 되게 해주시옵소서' ─이것이 우리의 기도제목이 되어야 할 것입니다.

우리가 왜 절망하는 것입니까. 무엇이 부족합니까. 결국은 아직도 사랑에 대한 지각이 없기 때문이요, 사랑에 대한 이해가 없기 때문이요, 사랑에 대한 감격이 없기 때문입니다. 사랑의 확증, 사랑의 증거를 내가 받아들이면서 사랑의 이해가 있고 사랑의 문이 열릴 때에 모든 세계를 사랑으로 볼 수 있습니다. 모든 사건을 사랑으로 소화할 수 있습니다. 모든 사람을 사랑할 수 있습니다. 그 사랑 안에 나의 삶의 생명과 보람과 의미가 있는 것입니다. △

하나님의 자녀가 구하는 것

내가 또 너희에게 이르노니 구하라 그러면 너희에
게 주실 것이요 찾으라 그러면 찾을 것이요 문을 두
드리라 그러면 너희에게 열릴 것이니 구하는 이마다
받을 것이요 찾는 이가 찾을 것이요 두드리는 이에게
열릴 것이니라 너희 중에 아비 된 자 누가 아들이 생
선을 달라 하면 생선 대신에 뱀을 주며 알을 달라 하
면 전갈을 주겠느냐 너희가 악할지라도 좋은 것을 자
식에게 줄 줄 알거든 하물며 너희 천부께서 구하는
자에게 성령을 주시지 않겠느냐 하시니라
(누가복음 11 : 9 - 13)

하나님의 자녀가 구하는 것

앤드루 카네기라고 하는 사람은 우리에게도 많이 알려진 사람입니다. 흔히 '강철왕 카네기' 라고 소개되고 있습니다. 그는 미국의 철강업을 세계 정상으로 끌어올린 절대적인 공헌을 한 인물입니다. 카네기 공과대학을 설립하기도 하고 카네기 교육진흥청을 만들기도 했습니다. 그리고 「승리의 민주주의」「실업의 왕국」「오늘의 문제」 등 유명한 저서를 남기기도 했습니다. 사실 카네기는 세상에 태어날 때 의사나 조산원의 도움을 받지도 못하고 집에서 아주 어렵게 태어났습니다. 너무나 가난했기 때문입니다. 그가 자랄 때 옷이라고는 단 한 벌밖에 없어서 그가 잠들면 어머니가 그것을 빨아서 다려놓았다가 아침에 입혀 내보냈습니다. 그는 자기를 위하여 온갖 정성을 기울이는 어머니를 보면서 늘 감사하게 생각했습니다. 그래서 어머니에게 늘 이렇게 이야기하곤 했습니다. "어머니, 저는 커서 부자가 될 것입니다. 그래서 어머니에게 좋은 드레스를 꼭 사드릴 것입니다." 그는 성인이 된 다음에도 이렇게 말합니다. '내가 이만큼 성공할 수 있었던 것은 어머니를 생각하는 마음이 그 원동력이 되었기 때문이다.' 아들 카네기는 어머니를 위하여 부자가 되겠다고 합니다. 어머니를 기쁘게 하기 위하여 어머니에게 좋은 드레스를 입혀드리고 환하게 웃는 어머니의 모습을 보고 싶었습니다. 이것이 그의 소원이었고, 마침내 그 소원이 이루어져서 강철왕 카네기가 된 것입니다.

성도 여러분, 여러분의 마음속에는 무슨 소원이 있습니까? 그 소원이 어떤 것입니까. 하나님께서 아름답게 보실 수 있는 소원입니까? 구체적으로 여러분의 마음속에 있는 소원은 무엇입니까? 이것을 알아야 합니다. 사람은 그가 살아가는 물리적 현상에 따라 평가되지 않습니다. 그가 처한 처지나 지위에 따라서 평가되지 않습니다. 인간을, 그 인격을 평가할 수 있는 기준은 그의 소원에 있습니다. 깊은 소원, 즉 무엇을 목적으로 사느냐, 하는 것입니다. 무엇을 바라고 소원하느냐, 하는 것입니다. 가령 생리적 욕구가 그의 소원이라고 합시다. 먹는 것, 마시는 것, 입는 것, 자는 것… 이런 정도의 가장 기초적 본능에, 동물적 본능에 매여서 이것이 소원이라고 한다면 그는 그 수준에 사는 동물적 인간입니다. 이미 세상을 떠났지만 저는 김일성 북한주석이 했던 말을 기억합니다. '이팝에 고깃국' 그것이 소원이라 했습니다. 그러니까 공산주의자입니다. 그저 잘먹고 잘사는 것, 이것 외에는 소원이 없다는 것이었습니다. 이 정도의 인간이 나라를 다스린 것이니 어떻게 되겠습니까. 얼마전 신문에 난 것을 보니 미국의 대통령이 제일 좋아하는 책 다섯 가지가 줄줄이 나왔는데 그 첫째가 성경입니다. 저는 그 기사를 보면서 이런 생각을 했습니다. '역시 세계를 무대로 일할만한 사람이다.' 그만큼 그가 읽는 책이 아주 귀한 것들이었기 때문입니다.

자, 이제 생각을 해보십시오. 인간의 두 번째 소원은 철학적인 것입니다. 진선미를 추구하고, 모든것에서 합리성을 추구합니다. 그만하면 괜찮은 인간일 것입니다. 이 철학적 소원에 의해서 철학적 인간이 됩니다.

그리스도인은, 하나님의 형상을 지닌 인간은 언제나 영적 소원을 지닙니다. 하나님을 찾는 마음, 영원을 지향하는 마음, 하나님을 향하는 소원… 이것이 있어서 그리스도인입니다. 유감스러운 것은 하나님께 예배하고, 하나님께 나오고, 하나님을 위하여 봉사한다고 하면서도 소원은 여전히 동물적인 것입니다. 기도하는 제목은 항상 저속합니다. 간절한 소원은 언제나 세속에 매여 있습니다. 예수님의 시각으로 볼 때 이 사람은 그리스도인이 아닙니다. 예수님께서 친히 말씀하십니다. '무엇을 먹을까 무엇을 마실까 염려하지 말라, 그것은 다 이방사람들이 구하는 것이다, 그것은 안믿는 사람들이 구하는 것이다, 너희는 그의 나라와 그의 의를 구하라.' 그의 나라와 그의 의—이것이 내 소원이 되고 내 기도제목이 될 때 그때부터 교인입니다. 하나님의 능력을 빌어서 내가 잘되고, 하나님의 지혜를 빌어서 내가 성공한다고 하는 내 육신적 욕망에 매여 있는 동안 그는 결코 그것을 이룰 수 없을 뿐만 아니라 그리스도인이 아니라는 말씀입니다.

특별히 오늘본문에 나타난 이 귀중한 말씀은 예수님께서 친히 주신 말씀입니다. 기도에 대해서 아주 근본적인 원리를 말씀하고 계십니다. 하나님과 우리와의 관계는 기도로 이어집니다. 기도에서 나타납니다. 그런데 이 기도가 어떻게 되어야 되느냐, 하는 것입니다. 오늘본문을 자세히 읽어보면 주시려고 하시는 하나님 아버지의 마음과 받으려고 하는 우리의 마음이 만나는 것을 볼 수 있습니다. 자세히 보십시오. 우리는 받지 못해서 늘 소원이 많습니다. 불만이 많습니다. '왜 하나님께서 내 소원을 들어주지 않으실까. 능력이 없으신가? 지혜가 없으신가? 나를 사랑하시지 않는가? 나를 버리셨나? 혹은 내 죄를 심판하시는가? 나를 저주하시는 것인가?…' 이런 생각에 매여 있습니다. 그러나 오늘의 말씀은 너무나도 자비롭습니다. 너무나도 차원이 다릅니다. "구하라 그러면 너희에게 주실 것이요 찾으라 그러면 찾을 것이요 문을 두드리라 그러면 너희에게 열릴 것이니

(9절)"—하나님께 능력이 있습니다. 무한한 능력이 있습니다. 하나님께 지혜가 있습니다. 또 하나님께서는 우리를 사랑하십니다. 우리에게 무엇이 필요한지 다 아십니다. 창조주되신 그가 모르실 리 있겠습니까. 내가 구하지 아니한 것까지도 다 아신다고 주님께서 분명히 말씀하십니다. 그런데 가끔 기도하는 것을 보면 하나님께 정보제공 하려는 사람이 많습니다. 그 의도가 무엇이냐하면 '하나님, 이런 것 모르십니까. 이런 것도 모르고 계십니까. 물론 내 사정을 모르실 것입니다. 지금 이야기할 테니 들어보슈'—뭐, 이런 얘기입니다. 그래서는 자기사정을 열심히 얘기하는데, 하나님과의 만남을 가만히 생각하면 참 웃기는 짓이지요. 누가 누구에게 하는 말입니까. 가끔 이런 일도 있습니다. 어떤 교인이 저를 찾아아서 이러쿵저러쿵 얘기를 열심히 하는데 저는 그 속을 다 알고 있습니다. 뱃속까지 알고 있습니다. 그래도 그 사람의 얘기를 들어주기는 합니다마는 웃기더라고요. 하나님 앞에 기도하는 그 내용의 의도가 무엇입니까. 다름아니라 하나님께서 잘못하셨다는 것입니다. 내게 복을 주지 왜 저 사람에게 주었습니까, 왜 이건 이렇게 하고, 왜 정치는 이렇게 하고, 왜 이런 사람은 살려둡니까?… 뭐, 말이 많습니다. 전부 하나님 책임입니다. 지금 하나님 앞에 책임추궁 하고 앉아 있는 것입니다. 그 기도가 사실 얼마나 외람되고 건방진 것인지 모릅니다. 그나마도 또 '믿습니다, 아멘' 합니다. 제멋대로입니다. 누가 누구를 믿습니까. 도대체 한다는 것이 너무 불경건합니다. 신앙적이 아닙니다. 하나님 앞에 감히 어찌 그렇게 호통을 칠 수 있단말입니까. 하나님의 크고 놀라운 능력 앞에 어찌 그렇게 건방진 기도를 하는 것입니까. 이 마음이 고쳐질 때까지는 아무 일도 이루어지지 않습니다. 이것을 우리

가 분명히 알아야 합니다. 하나님께서는 우리에게 무엇이 필요한지 아십니다. 능력도 있고, 지혜도 있고, 사랑도 있습니다.

　이제 문제는 여기에 있습니다. 하나님께서는 우리에게 더 좋은 것으로 주시고자 하십니다. 그러나 우리는 너무도 좋지 않은 것을 달라고 할 때가 있습니다. 지금 가져서는 안될 것을 달라고 하는 것입니다. 또 유익하지 못합니다. 그것을 주면 안됩니다. 이것을 알아야 합니다. 분명히 성령은 말씀합니다. 우리가 못받는 이유가 하나님께 있는 것이 아니라 우리자신에게 있다는 것입니다. 우리에게 준비된 바가 없어서, 우리가 잘못되어서 못받는다는 것입니다. 무엇이 잘못되었느냐? 소원이 잘못됐습니다. 하나님께서는 더 좋은 것을 주려고 하시는데 우리는 좋지 못한 것을 달라 하고, 하나님께서는 유익한 것을 주려고 하시는데 우리는 유익하지 못한 것을 달라고 합니다. 그런고로 주실 수가 없습니다. 우리는 어린아이들이 억지쓰는 것을 가끔 봅니다. 저거 달라고 소리치고 발버둥치지만 절대로 줄 수가 없습니다. 그것은 그 어린아이에게 유익하지 않기 때문입니다. 그것은 좋은 것이 아니기 때문입니다. 또한 하나님께서는 좋은 때에 주시려고 하십니다. 성장한 다음에, 어느만큼 지위도 있고 능력도 있고 관리능력이 붙은 다음에 주려고 하시는데 우리는 당장 내놓으라는 것입니다. 그 당장은 필요가 없습니다. 하나님께서 좋은 때에 주려고 하십니다. 또 좋은 방법으로 주려 하십니다. 우리는 어리석어서 그저 내 방법대로 달라고 조르지마는 아닙니다. 하나님께서는 아주 지혜로운 방법으로 주신다는 말씀입니다. 그것이 다릅니다. 그러니까 우리는 못받았다고 할 수밖에요. 왜 안주시느냐고 할 수밖에요. 바로 여기에 문제가 있다는 말씀입니다.

예수님께서 친히 비유를 들어 말씀하십니다. '너희가 악할지라도, 설사 못된 부모라 하더라도 자식에게만은 좋은 것으로 주려고 하지 않느냐. 하물며 하늘아버지께서 왜 안주시겠느냐.' ― 참 뜨거운 마음입니다. 간절한 말씀입니다. '왜 안주시겠느냐.' ― 우리는 못 받는다고 원망인데 하나님께서는 그것이 아닙니다. 하나님께서 왜 안주시겠느냐, 안주실 이치가 없다, 최선의 것으로 주신다, 하심입니다. 여러분, 우리의 믿음은 여기에 있어야 합니다. 하나님께서는 항상 내게 최선의 것으로 주셨고 또 최선의 것으로 주실 것입니다. 그것을 믿을 수 있어야 합니다.

그런데 오늘말씀의 맥락은 이렇게 이어집니다. 우리는 늘 외적인 것을 원합니다. 세상이 변하고, 정치가 변하고, 또 나와 같이 사는 사람이, 내 남편이 변하고, 내 아내가 변하고, 내 아이들이 변하고… 나는 부동자세로 있고 주변환경이 모두 변하기를 원합니다. 그러나 오늘말씀은 그것이 아닙니다. 이것은 내적으로 말씀하시는 것입니다. 가장 좋은 것, 가장 필요한 것, 가장 근본적이고 절대우선적인 것, 이것이 있고야 나머지일이 이루어집니다. 이것을 얻고야 나머지것을 받을 수가 있습니다.

바로 그것이 무엇인지 예수님께서 말씀하십니다. "너희 천부께서 구하는 자에게 성령을 주시지 않겠느냐(13절)" ― 비약이 있는 것 같으나 정확한 해답입니다. 성령을 구하는 마음이 되어야 한다는 것입니다. 성령을 구할 때 안주실 리가 없다는 것입니다. 돈을 달라면 안주십니다. 성령을 달라면 주십니다. 세상환경을 고쳐달라고 아무리 졸라도 소용없습니다. 성령을 달라는 기도가 먼저 있어야 합니다. '성령을 주십시오' 하여야 합니다. 그러면 이 성령이란 무엇입니까. 쉽게 이해합시다. 그것은 우리 마음에 작용하는 것입니다. 성령으로 인해서 내게 이적이 나타나고, 성령으로 병이 낫고, 성령으로 인해서 돈을 벌고… 그런 이야기가 아닙니다. 가장 근본적인 것 ─ 성령은 내 마음에 작용을 합니다. 내 감성, 내 마음을 움직입니다.

허밍웍이라고 하는 사회학자는 성공의 비결에 4가지가 있다고 했습니다. 우선 지능이 높아야 하고, 지식이 있어야 하고, 그리고 기술이 있어야 한다는 것입니다. 네 번째는 자세가 좋아야 한다는 것입니다. 이 자세에 대해서 그는 성공의 97%는 자세, attitude에 달렸다고 말합니다. 공부하는 사람은 공부하는 자세가 좋아야 합니다. 예배하는 사람은 예배하는 자세가 좋아야 합니다. 봉사하는 사람은 봉사하는 자세가 좋아야 합니다. 기도할 때는 기도하는 자세가 중요합니다. 마음의 자세, 이것이 중요합니다. 마음의 자세를 움직이는 것이 바로 성령입니다. 내가 하나님과의 관계에서 마음의 자세가 바로잡혀야 한다는 것입니다. 이것이 먼저입니다.

여러분, 이제 대학입학시험을 보는 12월이 가까워오는데, 이때쯤 되면 사람들이 새벽기도에 많이 나옵니다. 일년 중 제일 많이 나올 때입니다. 그런데 보십시오. 아이들 학교 입학해야겠으니까 열심히 기도합니다. 또 남편이 새벽기도에 안나오면 '당신 때문에 우리 아이가 떨어질 것같다'고 합니다. 그러면 남편은 '아, 나가야지' 하며 끌려나옵니다. 이렇게 비상이 걸려서 꼼짝못하고 열심히 기도합니다. 기도하는 것을 보면 어떤 부모는 아주 지혜롭습니다. 아무리 생각해도 저 녀석이 공부를 잘 안했습니다. 이제까지도 안했고 지금도 빈둥거립니다. 그런데 그걸 놓고 '합격하게 해주십시오. 철커덕 붙게 해주십시오' 하는 기도는 영 마음에 안든다는 것입니다. 자기

생각에도 체면이 안선다는 것입니다. "이런 때는 어떻게 기도해야 합니까?"하고 나한테 묻습니다. 이것 참 좋은 질문입니다. 저는 두 가지를 얘기합니다. 먼저는 그 아이를 움직일 생각 말고 나 자신을 위해서 기도하자고요. '내 마음을 고요하게 하시사 아이의 마음이 불안하지 않게 해주십시오.' 이렇게 기도하자고 합니다. 내가 자꾸만 초조해지면 아이들은 더 불안해집니다. 내가 지나치게 걱정을 하면 아이들은 집을 나가버립니다. 자살합니다. '우리 가정의 분위기가 평안하고 내가 평안해서 아이들이 걱정 없이 기쁜 마음으로 공부할 수 있게 해주십시오' —이것이 그 첫째입니다. 그 다음에는 '아이들은 아이들대로 공부할 때마다 마음에 잡념이 없고 평안하게, 고요한 가운데서 아주 즐겁게 공부할 수 있게 해주십시오' 라고 기도할 것입니다. 또 시험을 볼 때도 '공부 안한 것이 계시로 생각나게 해주시고…' 그런 소리 하지 마십시오. 안한 건 안한 것이지요. 시험보는 바로 그 시간에 마음이 평안하게 하시사 언제라도 한 번 본 것은 흔들리지 않고 잘 생각나게 해달라고 기도하십시오. 그러니까 어떤 부모는 그럽디다. "아, 맞습니다. 그게 과학적인 기도입니다." 기도도 과학적인 기도를 해야지 엉터리기도를 해서야 되겠습니까. 마땅한 기도를 해야지 무조건 철커덕 붙기만 해달라고 하는 것이 무슨 소리입니까. 생각해보십시오. 뭐니뭐니해도 마음이 중요합니다. 내 마음이 고요해야 됩니다. 그리고야 모든 일이 되는 것입니다. 연구도 되고, 공부도 되고, 건강도 되고, 지혜도 되고… 모든것이 여기서부터 이루어집니다. 이것이 근본입니다. 마음은 부글부글 끓고 근심걱정에서 헤어나지 못하고 자살직전에 있는데 여기서 무엇이 나타나기를 바라는 것입니까. 여기서 나오는 소원이 무엇입니까. 마음은 증오와

시기, 질투, 원망과 불평으로 가득차 있는데 이 마음그릇에 무슨 축복이 임하겠습니까. 그런고로 성경은 말씀합니다. '성령을 구하라. 그러면 안주시겠느냐.' 성령은 우리 마음을 엽니다. 사도행전 16장 14절에 보면 성령이 임해서 마음문을 열어주심으로 교만을 버리고, 영접하게 됩니다. 편견을 버리고, 오해를 버리고, 그리고 주님의 말씀을 영접하게 됩니다. 성령이 우리에게 믿음을 줍니다. 믿는다는 것은 큰 축복입니다. 안믿어지는 데는 도리가 없습니다. 하나님이 믿어지고, 하나님의 사랑이 내 마음에 와서 믿어집니다. 이것은 엄청난 축복입니다.

또 성령은 나에게 신령한 기쁨을 줍니다. 기쁨으로 충만하게 합니다. 여러분, 이제는 철이 나서 알 것같지요? 기쁨이란 돈에 있는 것도 아니고 선물에 있는 것도 아닙니다. 여건이 좋아서 오는 것이 아닙니다. 기쁨이 오면 오는 것이고 안오면 안오는 것입니다. 왠일인지 이유도 없이 기쁜 때가 있는가하면 이유도 없이 울적한 때가 있는 것입니다. 괜스레 죽고 싶은 때도 있는 것입니다. 여기에 무슨 이유가 있습니까. 오직 성령이 우리 마음을 감동할 때라야 남들이 보기에는 비참해보일지라도 나는 기쁩니다. 남들이 보기에는 한심해 보일지라도 내 마음의 기쁨은 누구도 상상 못하는 것입니다. 예수님께서는 이렇게 말씀하십니다. '내 기쁨을 너희에게 주노라. 이것은 세상이 주는 것과 다르니라.' 바로 이런 기쁨이 우리 안에 있습니다. 이것이 생산적인 것입니다.

또 소망이 있습니다. 성령이 우리에게 감화하사 저 먼 미래를 관조하게 합니다. 멀리 내다봅니다. 조금도 좌절할 것이 없습니다. 성령이 열정도 주고 담력도 주고 용기도 줍니다. 이는 엄청난 것입니다. 성령이 권세를 줍니다. 그래서 병든 사람을 고치기도 하고, 이적을 행하기도 하고, 표적을 나타내기도 하는 것입니다.

성령의 역사는 크게 둘로 나뉩니다. 하나는 우리 인간의 마음을 감동해서 사람을 변화시키는 것입니다. 인간성을 변화시키고 마음을 변화시키는 것입니다. 이것을 은혜적 역사라고 합니다. 또하나는 하나님의 말씀을 전하고, 전도하고, 봉사하고, 이적을 나타냅니다. 이것을 은사적 역사라고 합니다. 이렇듯 은혜의 역사, 은사적인 역사가 있습니다. 다 성령으로 말미암은 것입니다. 그리고 성령이 권세 있게 역사하게 될 때 지혜가 생깁니다. 성령은 진리의 영입니다. 우리를 진리로 인도합니다. 여러분의 소원은 무엇입니까? 우리 마음 깊은 곳에 무엇이 있습니까. 주님의 마음으로 우리 마음이 변화하고, 주님의 기쁨이 내 안에 있고, 주님의 용기가 내 안에서 역사하게 될 때 이젠 주의 사람으로 살아가게 됩니다.

열왕기상 3장에 보면 솔로몬이 하나님 앞에 나아가서 기도합니다. 하나님께서는 말씀하십니다. "내가 네게 무엇을 줄꼬 너는 구하라(5절)." 그 때 솔로몬이 대답합니다. 사실 많은 기도제목이 있겠지요. 21세에 왕이 되어서 생각도 많고 계획도 많습니다. 그러나 그는 단 한 가지를 구합니다. '하나님이여, 지혜로운 마음을 주십시오.' 긴 설명을 드리지 못합니다마는 구약적 지혜가 신약에서는 성령의 역사입니다. 그래서 '지혜로운 마음을 주십시오' 할 때 성경은 이렇게 말씀합니다. "그 말씀이 주의 마음에 맞은지라(10절)"—채널이 딱 맞았습니다. 이때 하나님께서 말씀하십니다. '너는 다른 것도 구할 것이 많을 텐데 어떻게 그걸 구하게 됐느냐. 내 마음에 꼭 맞는구나. 네게 지혜를 주리라. 전무후무하게 주리라.' 그런데 우리는 이 말씀에 불만이 좀 있습니다. '전무'는 좋은데 '후무'는 마음에 안듭니다. 지혜가 왜 이 솔로몬에서 끝나는 것입니까. 솔로몬보다 더 지혜로운 사람이 없다는 얘기니까 좀 섭섭합니다. 아무튼 하나님께서는 전무후무하게 지혜를 주시고, 겸하여 구하지 아니한 것도 모든것을 주신다고 하셨습니다. 부귀와 영화, 권세, 능력을 다 주셨습니다. 지혜를 구하는 마음이 있을 때―이것을 잊지 말아야 합니다. 예수님께서 친히 말씀하십니다. "너희는 먼저 그의 나라와 그의 의를 구하라." 그의 나라와 그의 의를 구하는 마음이 있을 때 "이 모든 것을 너희에게 더하시리라" 하십니다. 먹을 것, 입을 것, 쓸 것을 염려하지 말라, 그의 나라와 그의 의만 구하면 다 이루어질 것이라 하심입니다. 바로 이 성령을 구할 때, 보십시오. 구하면 주실 것이요, 찾으면 찾을 것이요, 두드리는 자에게 열릴 것입니다.

　주님께서는 친히 마지막 설교에서 말씀하십니다. "너희가 내 안에 거하고 내 말이 너희 안에 거하면 무엇이든지 원하는대로 구하라. 그러면 이루리라(요 15 : 7)." △

강퍅케 됨을 면하라

그러므로 성령이 이르신 바와 같이
오늘날 너희가 그의 음성을 듣거든 노하심을 격
동하여 광야에서 시험하던 때와 같이 너희 마음
을 강퍅케 하지 말라 거기서 너희 열조가 나를
시험하여 증험하고 사십 년 동안에 나의 행사를
보았느니라 그러므로 내 이 세대를 노하여 가로
되 너희가 항상 마음이 미혹되어 내 길을 알지
못하는도다 하였고 내가 노하여 맹세한 바와 같
이 저희는 내 안식에 들어오지 못하리라 하셨다
하였으니 형제들아 너희가 삼가 혹 너희 중에 누가
믿지 아니하는 악심을 품고 살아계신 하나님께서 떨
어질까 염려할 것이요 오직 오늘이라 일컫는 동안에
매일 피차 권면하여 너희 중에 누구든지 죄의 유혹으
로 강퍅케 됨을 면하라

(히브리서 3 : 7 - 13)

강팍케 됨을 면하라

　요즘 세계적으로, 또 우리 사회에서도 가장 문제로 등장하고 있는 말이 있습니다. 바로 addiction이라고 하는 말입니다. addiction`— 사전에서는 이 말을 탐닉이라고 번역하고 있습니다마는 그 내용은 이렇습니다. 너무 깊이 빠져들어가서 다시 헤어날 수 없는 상태, 다시 말하면 같은 일이 반복되면서 습관이 되고 상습화하고 좀더 나아가서는 중독상태에 이르렀다는 것입니다. 여기에서 헤어나지를 못합니다. 이런 상태를 addiction이라고 합니다. 예컨대 술이 그렇습니다. 마약이 그렇고, 도박이 그렇고, 음식이 그렇고, 혹은 오락도 그렇습니다. 요새들어 컴퓨터라는 것도 그렇습니다. 건강을 해치는 것도 모르고 여기에 마냥 빠져들어갑니다. 심지어 지금 일본에서는 이런 일도 있습니다. 이 전자오락에 빠져들어가서 결혼을 해서도 결혼생활이 없습니다. 17%가 그렇습니다. 아이를 낳지 못합니다. 그저 이것만 좋은 것입니다. 여기까지 빠져들면 이것은 마약보다 더 무서운 것입니다. 이런 addiction현상이 옵니다. 또 폭력도 그렇고 혈기도 그렇습니다. 나쁜 말로 말하면 미치는 것입니다. addiction, 익숙한 말로 하면 중독증입니다. 이것은 참으로 무서운 것입니다. 일이 이렇게 되면 인간성이 바뀝니다. 어디까지가 본래의 사람인지를 알 수 없습니다. 도대체 인간이 무엇이냐, 인간성이 어디 있느냐고 묻기도 어려울 정도로까지 깊이 빠져들어가는 것입니다.

　addiction의 초창기에는 반드시 honeymoon의 시기가 있다고 합니다. honeymoon, 밀월여행입니다. 그렇게 달콤한 때가 있다는 것입니다. 보십시오. 재미가 나고 즐거우니까 미치는 것이지요. 즐겁지 않으면 빠져들어가겠습니까. 재미가 나고 좋고 하지 않으면 어떻게 여기에 마음이 끌리겠습니까. 어떤 일이든지 어떤 죄든지 어떤 행위든지 재미가 나서 그쪽으로 미쳐들어가는 것입니다. 두 번째 단계는 발전기라고 합니다마는 다른 말로 하면 갈등기입니다. 이제 이렇게 빠져들어가고 있을 때 이성이 비판을 합니다. 그래서는 안된다고, 여기에서 멈추어야 된다고요. 그래서 이성적 비판과 그에 끌리고 있는 감성 사이에 부단한 싸움이 벌어집니다. 갈등이 생깁니다. 고민이 생깁니다. 그래서 중독과정은 서서히 진행됩니다. 조금씩조금씩 의지를 상실하게 됩니다. 서서히 그쪽으로 기웁니다. 마지막에는 그 즐거움이 이성을 능가하게 됩니다. 이성의 판단은 점점 희미해지고 중독성이 점점 강해집니다. 독이 확 퍼지게 됩니다. 이럴 때에 합리화하게 되고 정당화하게 됩니다. 가장 무서운 것은 자기변명에 빠지는 것입니다. 변명할 때, 그렇듯 빠져들어갑니다.

마귀가 졸개들을 모아놓고 사람을 죄짓게 하는 방법에 관한 훈련을 시켰습니다. 그런데 그 마귀 괴수가 가르치는 내용 가운데 top class, 으뜸가는 것이 바로 이것입니다. '언제나 사람을 유혹할 때에는 그것에 대해 옳다 아니다, 하자 말자, 해가지고는 안된다. 나쁜 일은 어디까지나 나쁘다는 것을 다 아니까. 그런고로 딱 한 번만 해라—이렇게 말하라.' 이것이 마귀의 작전계획 1호입니다. 늘 그러라는 것이 아니다, 늘 먹으라는 것도 아니다, 딱 한 번만 먹어라, 딱 한 번만 해라—이렇게 해서 한 번만 넘어지면 그는 끝난 것이다, 그 다음부터는 아주 일이 성공적으로 되는 것이다, 이것입니다. 여러분이 아시는대로 예수님께서 광야에서 시험받으실 때도 마귀가 이렇게 말했습니다. '내게 경배하라. 그러면 천하만국을 너에게 주리라.' 이 역시 ‘한 번’이었습니다. 한 번만 경배하라―이 한 번이 무서운 것입니다. 이 한 번에 빠지지 말아야 하는 것입니다.

발전기에서 좀더 깊이 빠져들어가면 중독기가 됩니다. 이때가 문제입니다. 의지를 상실합니다. 빠져나오지 못할 뿐더러 이제는 비판능력도 없습니다. 무엇이 옳은지 그른지 생각할 여지도 없이 그대로 끌려가는 것입니다. 내 운명이 잘못되고 있는 것도 압니다. 이대로 가면 사망이라는 것도 압니다. 그러나 그냥 끌려갈 수밖에 없는 상태가 된다는 것입니다. 여러분이 잘 아시는대로 술먹는 사람들을 보십시오. 어떤 부인이 남편이 술을 안먹게 하기 위해서 애를 쓰는데, 아무리 권면해도 남편이 안듣는 것입니다. 술먹고 들어와서 한바탕 할 때 보면 어디서 그런 생각을 했는지 참 말이 많습니다. 그런데 술깬 다음에 왜 그런 얘기를 했느냐, 하고 물으면 하나도 모릅니다. 그래, 이렇게 멀쩡한 사람이 어쩌면 술먹고 한 얘기는 하나도 모를까, 이상하게 여긴 나머지 부인이 직접 한 번 술을 먹어보았습니다. 실컷 취해보았습니다. 그런데 술에서 깬 다음에 돌이켜보니까 다 생각나거든요. 아, 이것, 남편이 거짓말을 하는구나 싶었습니다. 그래서 한바탕 부부싸움이 벌어졌습니다. 의사가 이 문제를 심판합니다. “그것은 당신이 몰라서 그런 것입니다. 보통사람은 술먹고 취했을 때 한 일도 다 생각이 나게 되어 있습니다. 그러나 중독상태로 딱 넘어가고나면 술취했을 때의 일이 하나도 생각이 나지 않습니다.” 언제부터 중독이냐―술취했을 때의 일이 생각이 안나면 중독상태입니다. 이제는 술을 끊기가 어렵습니다. 이제는 내가 술을 먹는 것이 아니라 술이 나를 먹는 것입니다. 처음에는 내가 술을 먹었습니다. 그 다음에는 술이 술을 먹었습니다. 이제는 술이 나를 인도

하고 있습니다. 술이 나를 끌고다니는 것입니다. 나는 질질 끌려가는 비참하고 형편없는 인간입니다. 그것을 알아야 합니다. 이것이 중독상태라는 말입니다.

여러분, 할 수 있을 때에 하지 아니하면 하고자 할 때에 할 수 없게 됩니다. 할 수 있을 때에 해야 됩니다. 한 번 딱 한계를 넘고나면 하고자 해도 안됩니다. 좀 미안한 얘기지만 가만히 보니 나이 한 50 넘으신 분들이 이제와서 영어공부 한다고 모이고 책을 가지고 다닙니다. 제가 말리지는 않습니다만 속으로는 '웃기지 마라' 합니다. 지금 아는 것도 잊어버리는 판에 무엇을 기억하겠다는 것입니까. 35세가 넘었다면 어학은 끝난 것입니다. 이제 기억하는 일은 되지 않습니다. 종합하는 일은 되어도 분석하는 일은 소용이 없습니다. 할 수 있는 일이 따로 있지 아무 때나 한다고 되는 것이 아닙니다. 아무 때나 노력한다고 되는 것이 아닙니다. 여러분이 오르간이나 피아노 치는 분을 보고 '나도 한 번 해보겠다'고해서 그게 되는 일입니까. 그것은 울어도 못하고 힘써도 못하고 믿어도 못합니다. 안되는 것은 안되는 것입니다. 다 끝난 것입니다. 할 수 있을 때에 안하면 안됩니다. 그것, 어린아이도 하는 것이지만 나는 끝났습니다. 못합니다. 마찬가지로, 죄와 사망과 사단과 싸우는 일도 이길 수 있을 때에 이겨야 합니다. 간단하게 이길 수 있는 것이지만 한계를 딱 넘어서고난 다음에는 안됩니다. 그래서 흔히 말하기를 '건강은 건강할 때에 지켜라' 합니다. 정말 그렇습니다. 뭐 운동이 좋다해도 그것은 건강한 사람의 얘기지, 병든 사람에게 운동하라고 하면 그 사람 운동하다 죽습니다. 될 일이 아닙니다. 약도 그렇지요. 다 소용없는 것입니다. 할 수 있을 때에 할 수 있는 것입니다. 할 수 없을 때가 된 다음에는 이제 하고자 해도 안되는 것입니다. 중독상태에 빠지면 구제불능이라는 말입니다.

사단이 특별히 예수믿는 사람을 죄짓게 만들 때, 예수믿는 사람을 유혹할 때 쓰는 방법이 네 가지 있다고 합니다. 첫째가 무엇이냐 하면 바로 다윗 이미지를 가지고 나오는 것입니다. 다윗 왕을 보라, 그렇게 범죄했지만 회개한 다음에 훌륭한 왕이 되지 않았느냐, 그저 죄 많이 짓다가 어느 때 가서 회개만 하면 된다—이렇게 유혹을 한다는 말입니다. 또, 모세의 이미지를 가지고 나온답니다. 모세는 위대한 하나님의 사람이지만 그에게는 혈기가 있었습니다. 모세를 보아라, 그는 사람을 쳐 죽이기도 했고, 십계명판을 깨뜨리기도 했고, 사람들 앞에서 반석을 땅땅 내리치기도 했던 혈기많은 사람이었다, 그래도 위대한 사람이었지 않느냐, 네가 혈기 좀 부리기로니 뭐 걱정할 것 있느냐, 괜찮다—이래가면서 유혹을 하는 것입니다. 그리고 베드로의 이미지를 가지고 유혹을 합니다. 베드로를 보아라, 그는 예수께서 기도하실 때 겟세마네동산에서 잠만 잤다, 예수를 세 번이나 모른다고도 했다, 그러나 그는 성령받은 다음에 큰 일을 하지 않았느냐, 지금은 잘 때다, 푹 쉬어라—이래가면서 유혹을 합니다. 마지막으로 가장 무서운 유혹이 무엇이냐하면 바로 바울 이미지입니다. 사도 바울의 메시지를 들어보라, 오직 믿음으로 구원을 얻는다고 말하지 않느냐, 행위는 상관이 없다, 마음대로 살아라, 이미 구원은 받아놓은 것이다—이렇게 유혹을 합니다. 또 어떤 사람들은 '나는 구원받기로 예정된 사람이니까 거꾸로 가건 바로 가건 천당가기로 정해졌다. 걱정말아라' —이런 식입니다. 이 말들이 전부 사람을 타락시키는 것입니다. 그리스도인을 타락시킵니다. 그실 사단의 유혹이라는 것을 잊지 말아야 합니다.

　오늘말씀은 우리에게 귀한 교훈을 줍니다. "죄의 유혹으로 강퍅케 됨을 면하라(13절)." 욕심이 잉태한즉 죄를 낳고 죄가 장성한즉 사망을 낳는다고 하였습니다. 욕심을 잉태하지 말아야 됩니다. 정신 못차리면 안됩니다. 죄가 있어서는 안됩니다. 죄를 반복해서 죄가 장성하면 안됩니다. 그러면 끝입니다. 루터의 유명한 말이 있습니다. '머리 위로 지나가는 새는 막을 길이 없다. 그러나 내 머리 위에 둥지를 트는 새는 막아야 한다.' 우리 앞에 잠깐 지나가는 시험이 있겠지만 강퍅케 됨을 면해야 합니다. 강퍅하다는 말은 굳어진다는 말입니다. 신학적으로 말하면 강퍅함이란 내가 선택하는 것입니다. 시험은 나에게 초창기에도 있고 과도기에도 있고 발전기에도 있습니다마는 그러나 어느 한계를 넘어설 때는 내가 강퍅케 되고 맙니다. 구제불능의 상태로까지 갈 수 있습니다. 그 다음에는 하나님께서 강퍅케 하십니다. 이것은 심판입니다. 바로왕이 그랬고, 바리새인들이 그랬고, 거짓선지자들이 그랬습니다. 하나님께서 강퍅케 하시는, 강퍅케 만드시는 그 무서운 심판을 받게 되었다는 말입니다. 여러분, 깊이 생각하여야 됩니다. 믿지 아니함으로 신앙이 식어질 때 강퍅하게 됩니다. 악심을 품고 악심이 주는 악한 동기에서 일을 이루게 되고 조심없이 나가다가 그렇듯 강퍅하게 되는 심령들을 봅니다. 어떤 사람이 고민이 많았습니다. 많은 문제를 가지고 있었습니다. 마침내 그는 유명한 수도사를 찾아가서 고민을 털어놓기 시작합니다. 그런데 끝없이 자기얘기만 하는 것입니다. 한 시간 두 시간을 들어도 끝이 없습니다. 수도사는 가만히 있는 상대방의 찻잔에다가 물을 부었습니다. 이미 가득차 있는 찻잔에 계속 물을 부었습니다. 물이 철철

넘쳐흘렀습니다. 그러자 그는 이야기 도중에 물었습니다. "수도사님, 아직 잔을 비우지 않았는데 어째서 이렇게 자꾸만 물을 붓습니까?" 수도사는 대답합니다. "당신의 마음이야말로 당신의 생각으로 꽉차서 이제 내가 할말은 없습니다. 당신에게는 내 말을 들을 여지도 없고 빈 방이 없습니다. 당신의 마음은 이 찻잔과 같습니다." 여러분, 내 생각으로, 내 고집으로, 내 고정관념으로, 내 편견으로, 내 욕심으로 꽉차가지고 있으면 아무것도 들리는 것이 없습니다. 미치는 것이 별것입니까. 이렇게되면 사람이 미치는 것입니다. 아무것도 들리는 것이 없습니다. 그래서 오늘성경은 말씀합니다. "그런고로 강퍅케 됨을 면하라." 마지막 메시지입니다.

오늘의 말씀은 우리에게 몇 가지로 가르쳐줍니다. "오늘이라 일컫는 동안에(13절)"—오늘이 중요합니다. 내일로 미루지 마십시오. 우리가 종종 이런 사람을 봅니다. 오늘까지는 이렇게 지내고 내일부터는 바로하겠다고, 오늘까지 이렇게 한잔 하고 내일부터 정결하게 살겠다고. 쓸데없는 소리입니다. 지금 바로 이 시간 여기서부터 출발하는 것입니다. 한치도 뒤로 물리지 마십시오. 그래야 강퍅케 됨을 면할 수 있습니다. 아무 이유도 묻지 마시고 아무 변명도 하지 마십시오. 이대로 여기서부터 다시 시작하는 것입니다. "오늘이라 일컫는 동안에"—이 사건부터, 바로 지금 이 시간부터 회개하고 다시 시작하는 것입니다. 단 한 시간도 미뤄서는 안되는 것입니다.

또 "매일 피차 권면하여(13절)"라고 말씀합니다. '매일'이라는 말을 강조합니다. 반복적으로 성찰하여야 합니다. 계속 두드리며 다시한번 점검하여야 됩니다. 내가 지금 어디 와 있나, 내가 바른 신앙에 와 있는가, 나와 하나님의 관계가 바른 관계에 있는가, 물어야 할 것이라는 말씀입니다. 어떤 사람이 이런 재미있는 비유를 들었습니다. 대개 시골동네를 다니다보면 개가 많지 않습니까. 아주 무서운 개가 자꾸 짖는 경우도 있습니다. 옛날에 제가 심방을 많이 다닐 때는 개짖는 소리가 참 싫었습니다. 가정에 들어가서 예배를 드리면 이 개가 무슨 큰일난 줄 알고 더 요란하게 짖거든요. 그럴 때에 저는 생각했습니다. '이 집에서는 찬송을 한 번도 안불렀구나. 그러니까 저 개가 저렇게 난리를 치지.' 어쨌든 이 개가 대들면 큰일이고 여전도사님들은 가끔 개한테 물리기도 했습니다. 그런데 이렇듯 개가 짖을 때는 어떻게 대비해야 되는지, 여기에는 세 가지 방법이 있다고 합니다. 하나는 개를 노려보는 것입니다. 정면대결 하는 것입니다. 일대 일로 딱 지켜봐야 된다는 것입니다. 절대 딴곳을 보지 말고 개를 노려보라는 것입니다. 이렇듯 자기자신을 직시할 수 있어야 합니다. 사건을 똑바로 보는 것입니다. 절대로 피하지 말고요. 두 번째는 개가 엎드리고 있거든 나도 엎드려야 됩니다. 개처럼 딱 엎드려요. 개는 자기언어를 가지고 있기 때문에 사람이 엎드리는 것을 무서워합니다. 개처럼 네 발로 엎드려요. 그래야 무서워한답니다. 그 다음에는 옆에 돌이 있든 막대기가 있든 일단 주워야 합니다. 그러면 개가 도망갑니다. 왜 이 말씀을 드리는고하니, 우리가 우리의 잘못된 속성이나 타락된 행위 속에서 이것을 직시하고 엎드려 기도하여야 된다는 것입니다. 내 방법으로는 안됩니다. 그런고로 다시 말씀의 무기를 얻어야 됩니다. 말씀의 영력을 얻어야 이길 수 있는 것입니다. 내가 또 결심해봐야 소용없습니다. 지금까지는 내 방법으로 했으나 이제는 하나님께서 주시는 방법, 거기에 의존해야 한다는 말입니다. 그리고 오늘본문은 가르쳐줍니다. "피차 권면하여"—이것을 잊지 말아야 합니다. 우리는 항상 기도하고 권면을 받아들일 수 있어야 합니다.

마가복음 9장에 보면 아주 드라마틱한 이야기가 있습니다. 변화산에서 예수님께서 기도하셨는데 변화산 밑에는 예수님의 제자 아홉이 있었습니다. 저들에게 한 아버지가 귀신들린 어린아이를 데리고 왔습니다마는 저들이 귀신을 내쫓지 못했습니다. 저는 이 대목에서 늘 생각합니다. '예수님 오실 때까지 기다리시오, 했더면 좋았을 것을' 하고요. 저들은 자기들이 귀신 내쫓아보겠다고 한 번씩 소리를 질러보았는데, 요지부동입니다. 점점 일이 난감하게 되었습니다. 아주 부끄러운 형편이 되었습니다. 이때 예수님께서 내려오셔서 쉽게 귀신을 내쫓아주셨습니다. 예수님의 제자들은 조용히 여쭈었습니다. "우리는 어찌하여 능히 그 귀신을 쫓아내지 못하였나이까(막 9 : 28)." 거기에 딱 추가하고 싶은 말씀이 있습니다. '엊그제는 내쫓았는데 왜 오늘은 내쫓지 못했습니까?' 하는 질문입니다. 이에 대하여 예수님께서는 간단하게 대답하십니다. "기도 외에 다른 것으로는 이런 유(類)가 나갈 수 없느니라(막 9 : 29)" ─며칠전에는 기도 때문에 되었고 오늘은 기도가 없었기 때문에 너희가 못한 것이니라, 하심입니다. 이것을 잊지 말아야 합니다. 과거에 가졌던 신앙 가지고 오늘 이길 수 없습니다. 어제 기도했다고 오늘 이기는 것이 아닙니다. 매일매일 시간시간마다 바른 자세로 기도하여야 합니다. 회개하고, 바른 자세로 점검하고, 성찰하고, 기도하는 자세라야 이 시험을 이길 수 있는 것입니다. 그리고 권면하기도 하고 권면을 받아들여야 합니다. 저는 이 말씀에 깊이가 있다고 생각합니다. "피차 권면하라" ─우리는 권면에 대해서 너무 거창한 것만을 구합니다. 하늘에서 내려온 천사라든가, 굉장한 계시가 있다든가, 이상한 체험이 있다든 가, 혹은 굉장히 존경하는 분이 충고한다든가… 뭐 그런 것을 기다 립니다. 그 마음자세가 잘못되었습니다. 피차 권면합니다. 아내의 충고도 좋고, 아들의 충고도 좋고, 친구의 권면도 좋습니다. 이것을 받아들일 수 있어야 합니다. 누구의 말이라도 좋습니다. 나를 위해 하는 권면이라고 할 때 잘 받아들일 수 있는 수용능력이 있어야 합 니다. 그러면 길이 있습니다. 이 사람의 충고는 그도 형편없는 사람 이니까 받을 것 없고, 이 사람의 충고는 아랫사람의 말이니까 들을 수 없고, 아내의 말은 창피해서 못듣겠고… 다 거절하니까 고집불통 의 인간이 되고마는 것입니다. "피차 권면하라"—누구의 권면이든 지 받아들일 수 있는 넓고 온유한 마음이 있을 때 비로소 강퍅케 됨 을 면할 수 있는 것입니다. 여기에 길이 있습니다. 마르틴 루터는 이 렇게 말했습니다. '술취한 사람을 말에 태우기란 쉽지 않다. 이 발을 올려놓으면 저 발이 도망가고, 저 발을 올려놓으면 이 발이 도망가 고… 길은 오직 하나, 내가 그와 함께 타는 것이다.' 어려운 문제를 당하고 있는 사람이 있으면 내가 권면하며 그 일에 동참합니다. 여 러분, 하나님의 음성이 들려옵니까? 성령의 역사가 체험됩니까? 그 리고 가까운 친구의 충고가 고맙게 느껴집니까? 그렇다면 당신에게 는 길이 있습니다. 그러나 아무것도 들리지 않고 더구나 가까운 사 람의 충고가 역겹다면 당신은 지금 일촉즉발 위기에 처해 있습니다.

　강퍅케 됨을 면하라—온유하고 겸손할 때 그가 땅을 차지할 수 있는 것입니다. △

한 아버지의 소원

내 아들아 나의 법을 잊어버리지 말고 네 마음으로 나의 명령을 지키라 그리하면 그것이 너로 장수하여 많은 해를 누리게 하며 평강을 더하게 하리라 인자와 진리로 네게서 떠나지 않게 하고 그것을 네 목에 매며 네 마음판에 새기라 그리하면 네가 하나님과 사람 앞에서 은총과 귀중히 여김을 받으리라 너는 마음을 다하여 여호와를 의뢰하고 네 명철을 의지하지 말라 너는 범사에 그를 인정하라 그리하면 네 길을 지도하시리라 스스로 지혜롭게 여기지 말지어다 여호와를 경외하며 악을 떠날지어다 이것이 네 몸에 양약이 되어 네 골수로 윤택하게 하리라 네 제물과 네 소산물의 처음 익은 열매로 여호와를 공경하라 그리하면 네 창고가 가득히 차고 네 즙틀에 새 포도즙이 넘치리라

(잠언 3 : 1 ~ 10)

한 아버지의 소원

성도 여러분, 요사이 세계적으로 새로이 유행하는 용어가 하나 있습니다. 그것은 바로 young drifter—젊은 표류자라고 하는 말입니다. 중산층의 자녀의 모습과 그 인생관을 가리키는 용어입니다. 우리는 지금까지 그저 가난을 면해보려 애썼고, 정치적 안정을 도모하려 애썼고, 흔히들 말하는대로 복지국가, 복지사회 그리고 복지적 현실을 이루려고 몸부림쳐왔습니다. 아직 거기에 도달했다고는 못하겠습니다. 그래도 우리는 이미 어느 정도의 부와 번영을 누리고 편리한 생활을 하게 되었습니다. 하지만 그동안에 우리는 소중한 것을 잃어버리고 있었습니다. 그것은 바로 미래입니다. 자녀의 문제입니다. 이것은 어느 한 가정에 국한된 문제가 아닙니다.

이런 사람들을 자주 봅니다. 그저 유학만 보내면 좋을 줄 알고 있는 돈 없는 돈 다 해서 자식을 유학 보냅니다. 한 사람의 이야기를 들어볼까요? 의사인 아버지가 나이많아서 은퇴한 다음에 그 아들을 따라 미국에 갔는데 아들 며느리가 돌아보지를 않습니다. 그래서 이 아버지는 샌디에이고의 한 조그만 방 하나를 얻어가지고 살다가 외로이 세상을 떠났습니다. 그 다음에 알아보니 7년 동안 아들이 아버지한테 전화 한 통 건 일이 없었다고 합니다. 아버지의 친구들이 장례식을 치르고는 땅을 치며 복통을 하는 것입니다. 세상에 이럴 수가 있느냐고요. 보십시오. 그럴 줄 몰랐던가요. something wrong, 무언가 지금 잘못되고 있는 것입니다. 부모들은 '나처럼 셋방살이 안하고 너희들은 좀 잘살아다오. 나처럼 돈 때문에 쪼들리지 말고 너희들은 편안하게 살아다오' 하는 마음에 나름대로 열심히 돈을 모으고, 열심히 출세하려 하고, 열심히 살아보았습니다. 이것이 무엇인지도 모르고 소위 말하는 꿈과 욕망에 끌려 살아왔다는 것입니다. 그러나 자식들은 그 꿈의 결과를 이미 보았습니다. 아버지가 그렇게 추구했던 꿈이 아무것도 아닙니다. 어머니가 그렇게 좇아가던 욕망도 별게 아닙니다. 그것이 행복이기는커녕 얼마나 허망한 것인지를 알았습니다. 아무 소용 없는 헛된 꿈이라는 것을 알았습니다. 부모는 꿈이 무엇인지도 모르고 좇아왔지만 아이들은 이미 꿈을 버렸습니다. 꿈이 없습니다. 적어도 부모가 생각했던 것같은 꿈은 가지고 있지 않습니다. 꿈이 없기 때문에 저들은 표류할 수밖에 없습니다. 세계적으로 이것이 문제입니다. 표류 방황하는 이 젊은이의 정신세계를 누가 인도할 것입니까. 부모들은 그저 답답하기만 합니다. 그러나 그럴 수밖에 없도록 일이 되어졌습니다. 부모에게 소원이 있으나 그 소원에 문제가 있었던 것입니다. 나와 같은 꿈을 가져달라고 하지만 그 꿈은 이미 효용성이 없습니다. 적어도 젊은세대에게는 아무 관계도 없는 꿈입니다. 이것을 잊지 말아야 합니다. 그런고로 우리는 다시한번 꿈을 재정비하여야 하겠습니다. 무엇을 바라보고 살아왔습니까. 확실한 꿈을 다시 정립하기 전에는 미래란 없는 것입니다. 내가 바라고 구하는 그 간절한 꿈이 저 젊은세대에게 설득력이 있어야 합니다. 그들도 우리와 같기를 원하고 '아버지의 소원이 내 소원이고 어머니의 소원이 내가 바라는 것입니다' 라고 그들이 말하기까지는 이 나라건 이 세계건 미래는 없는 것입니다. 소원, 꿈을 다시한번 진단하여야 되겠습니다. 부모의 소원이란 우선 많은 경험에서 나오는 것입니다. 가난했기 때문에 부하기를 원했고, 시달렸기 때문에 평안하기를 원했습니다. 어떤 의미에서 마지막 소원이기도

합니다. 어쩌면 못이룬 소원이기도 합니다. 나는 이 소원을 이루지 못했지만 자식 대에 가서는 꼭 이루기를 바라는 마음입니다. 정말로 그렇습니까. 여러분이 가진 소원은 무엇입니까? 지금 다시 태어난다면 무엇을 원하겠습니까? 유명한 덴마크의 철학자 키에르케고르의 아버지도 철학자였습니다. 그의 여섯 번째 아들로 태어난 키에르케고르는 어렸을 때부터 철학적 자질이 있어서 너무 깊이 사색에 잠기거나 우수에 젖기도 하고 엉뚱한 질문을 하고는 했습니다. 아버지는 이것이 걱정이었습니다. 그래서 하나님께 이렇게 기도했다고 합니다. "하나님, 저 아들이 어떤 위대한 인물이 되기를 바라지 않습니다. 다만 예수 그리스도를 열심히 믿는 아들이 되게 하여주시옵소서." 그것이 키에르케고르의 아버지가 품은 소원이었다고 합니다. 여러분의 자녀를 향한 소원은 무엇입니까? 여러분의 소원이 그대로 있는 것입니까? 아니면 나이와 함께 시정된 것입니까? 아니면 마지막 유언과 같은 것입니까? 간절한 소망, 그것이 무엇입니까? 많은 시련 가운데, 많은 환난과 고통을 겪어가면서 다듬어지고 마지막으로 나온 그 소중한 소원은 무엇입니까? 어찌생각하면 이것은 회개와 함께 이루어졌습니다. 깊은 뉘우침이 있습니다. 당연히 그래야 합니다. 후회가 많습니다.

제가 미국에서 공부할 때 어떤 우리 교포 가정을 방문해보았더니, 커다란 RCA TV를 보는데 볼륨을 죽이고 화면만 보는 것이었습니다. 왜 그렇게 하느냐고 물었더니 "어차피 영어는 못알아들으니까 화면만 봅니다" 합니다. 그래도 총소리는 들어야 할 것 아니냐고 했더니 그 다음 얘기가 재미있습니다. "저기서 영어가 나올 때마다 내가 중고등학교 다닐 때 왜 그렇게 영어공부를 열심히 안했던가 해서 가슴이 터지는 것같아요. 정말 영어 못하는 것으로 구박당할 때면 지난날이 그렇게 후회스러울 수가 없습니다." 그런고로 때때로 우리가 자녀에게 무리한 요구를 합니다. 내가 공부 안했으니 너는 열심히 해라—글쎄요. 영어공부 열심히 하면 모든 일이 해결되는 것입니까. 그 소원이 얼마나 멍청한 소원인지 아십니까. 또 때때로 내가 절제하지 못한 바가 있습니다. 먹는 것, 마시는 것, 깨는 것, 자는 것… 좀 규칙적으로 살았어야 되는데 뻔히 알면서도 비위생적으로 살았습니다. 절제하지 못했습니다. 그때문에 몸도 마음도 다 망쳐버리고, 인격도 체면도 다 없어져버렸습니다. 절제하지 못한 후회가 한으로 남았습니다. 그래서 이런 부모가 자식에게 엄합니다. 너는 절제해라, 내가 못한 절제를 네가 해다오—이 강요는 무서운 것입니다. 사실은 이것도 문제가 있는 소원입니다. 때로는 내가 진실하지 못한 것으로 인해서 여한이 많습니다. 좀더 정직하고 좀더 정결하게 의롭게 살았어야 되는데, 그렇지 못했던 사무치는 한이 있습니다. 그런고로 너희는 정직해다오—이러한 소원이 있습니다. 일리가 있습니다. 또 베풀지 못한 후회가 있습니다. 좋은 일을 할 기회가 많았습니다. 돈있을 때 줄 수 있었고, 건강이 있을 때 줄 수 있었고, 얼마든지 좀더 좋은 일을 할 수 있었는데 어쩌다가 인색해서 노랭이에다 구두쇠라는 욕을 면치 못하게 되고… 지금 생각하니 후회스럽기만 합니다. 나는 왜 그렇게 살았던가. 그래서 자식에게 이제는 어떻게 요구하고 있습니까? 생각해보십시오. 제발 자식은 나와 같게 되지 않기를 원합니다. 여러분, 자식을 향해서 나와 같게 되지는 말아 달라고 하는 것이 얼마나 답답한 노릇인지 아십니까. 내가 품고 있던 소원을 다는 이루지 못했지만 그것은 옳은 것이었다, 사도 바울처럼 '너희는 나를 본받으라' 할 수 있다면 얼마나 좋겠습니까. 내 소원과 같은 소원을 가져다오—이렇게 말할 수 있다면 얼마나 훌륭하고 능률적이고 효과적이고 설득력이 있겠습니까. 내 소원은 잘못된 것이었다, 그런고로 너는 이러지 말아라—하지 말라는 말까지만 했지 그 다음이 없습니다. 그런고로 이것은 소용이 없는 것입니다. 한평생 술만 먹고 이것 때문에 망신을 하던 사람이 죽을 때는 아들을 앞에 놓고 '술먹지 말아라' 하면서 죽읍디다. 그런 사람을 제가 보았습니다. 그런데 어떻게 해야 바로 사는 것인지에 대해서는 단 한 마디도 없었습니다. 결국은 그 자녀가 대학교 3학년 때부터 술을 마시기 시작하는데 아버지보다 한술 더 뜨는 것이었습니다. 좌우간 술 먹고 우리집에까지 찾아온 녀석은 그 녀석밖에 없습니다. 그리고는 떡 하는 말이 "부전자전입니다"라는 것입니다. 자, 내가 술먹고 망신했으니 너는 그러지 말아라—그것가지고 유언이 되겠습니까. 바른 삶의 모습을 보여주었어야지요. 바른 소원을, 부모가 한평생 지향했던 그 소중한 소원을 그들에게 보여주었어야지요. 바로 그것이 없었다는 이야기입니다.

또한 우리는 자녀를 사랑하는 크나큰 마음으로 그들에게 소원을 품습니다. 유명한 발명가 에디슨이 자기의 일터인 공장과 연구실, 그리고 한평생을 발명하고 실험해온 그 많은 자료들을 화재로 하루 아침에 다 잃어버렸습니다. 1914년 12월 9일에 그 모든것이 홀랑 불에 타버렸습니다. 그 당시 액수로 200만 달러가 넘는 큰 피해였습니다. 한창 불타고 있을 때 에디슨과 아들은 속절없이 멀리서 우두커니 바라볼 뿐이었습니다. 24살난 그의 아들 찰스는 너무 마음이 아프고 괴로웠습니다. 그래, 아버지를 어떻게 하면 위로할 수 있을까

해서 이런 말 저런 말로 딴에는 안타깝게 애를 썼습니다. 이 때에 그러나 예순여섯의 늙은 아버지 에디슨은 오히려 빙그레 웃으면서 아들 보고 이렇게 말하는 것이었습니다. "아들아, 기존건물과 낡은 시설들을 아까워서 뜯어버리지 못하고 있었는데 그런 이 아버지의 작은 마음을 책망하시며 새것을 창조하시는 하나님께서 이러한 방법으로 나를 가르쳐주시고 계시는구나. 나는 이제 다시 시작할 것이다." 아들은 크게 깨달았습니다. 그렇게 엄청난 일을 당해도 하나님께 감사하고, 자기의 노력이 몽땅 불타버리는 때에도 하나님의 음성을 듣고 하나님의 인도하심을 조용히 지켜보는, 이같이 위대한 아버지를 그 아들은 존경어린 마음으로 우러러보았습니다. 여러분의 소원은 무엇입니까? 부모가 자식에게 무엇을 보여주고 있습니까? 무엇을 물려주고자 하는 것입니까? 또한 부모의 소원이란 종말론적인 것이라고 생각합니다. 이제 우리는 세상을 떠나야 합니다. 이 마지막길에 우리는 자식에게 무엇을 물려주고 싶습니까? 어떤 가치관을 심어주고 싶습니까? 무엇이 가장 영원한 것인지를 그들에게 말해주어야 할 것인데, 그리고 나의 이 소원이 너의 소원이 되고 우리 가문의 소원이 되고 길이길이 이어지는 소원이 되어야 할 것인데 말입니다.

오늘본문에 나타난 솔로몬 왕은 그의 사랑하는 아들들에게 이렇게 말씀하고 있습니다. 지혜의 왕으로서 자녀들에게 하는 유언입니다. 지혜 중의 지혜입니다. 본문을 자세히 상고해보면 네 가지로 요약해서 말씀하고 있습니다. 첫번째는 "인자와 진리로 네게서 떠나지 않게 하고(3절)" ― 인자(仁慈)라고 하는 것은 사랑입니다. 사랑을 왜 인자라고 번역했느냐하면 수직적 사랑이기 때문입니다. 연애하는 유의 사랑이 아닙니다. 친구의 사랑이 아닙니다. 위에서 밑으로, 하향으로 내려오는 사랑입니다. "그것을 네 목에 매며 네 마음판에 새기라(3절)" — 인자와 그 사랑과, 그리고 진리를 네 입에서 떠나지 말게 하고 네 마음판에 새기라, 하는 것입니다. 그렇습니다. 사랑은 뜨거운 것입니다. 진리는 찬 것입니다. 어떤 일을 해도 사랑이 없는 일은 소용이 없습니다. 아무리 바르게, 아무리 옳게, 아무리 내 목숨을 바치고 내 몸을 불사르게 내어줄지라도 사랑이 없으면 아무것도 아닙니다. 한평생 수고했더라도 사랑이 없었다면 소용없습니다. 사랑이 없으면 아무것도 아닙니다. 가슴에 늘 사랑이 있어야 합니다. 그리고 하나 더, 가슴에 진리가 있어야 합니다. 진리가 없는 사랑은 방종을 낳습니다. 사랑이 없는 진리는 열매가 없습니다. 진리와 사랑이 아울러 있어야 합니다. 신약으로 돌아와서 보면 예수 그리스도를 쳐다보는 사도 요한의 고백이 있습니다. "은혜와 진리가 충만하더라(요 1 : 14)." 그렇습니다. 바로 그것이 그리스도십니다. 그런고로 우리의 소원은, 우리 가슴에 담을 소원은 사랑과 인자입니다. 이것이 항상 마음에 있어야 합니다. 사랑과 진리가 충만해 있어야 하는 것입니다. 여기서 떠나면 안되겠습니다. 모름지기 이것이 소원이어야 합니다. 이런 사람이 되기를 원할 것입니다.

두 번째는 "범사에 그를 인정하라(6절)" 합니다. 범사에 하나님을 인정하라, 모든 처지에서 하나님을 인정하라는 말씀입니다. 독일의 독재자 히틀러는 국민들에게 네 가지를 요구했다고 합니다. 철저한 애국심, 그리고 어떤 고난이라도 참고 견디는 인내, 그리고 충성심과 준법정신이었습니다. 이 네 가지가 다 훌륭하고 좋은 것입니다. 그러나 하나님 없는 마음에서 애국심을 요구하니까 게르만민족의 우월성을 내세우게 되고 집단적 이기주의에 빠져서 온세계를 어지럽히고 말았습니다. 하나님 없는 인내심을 가지라고 한 것은 결국 많은 사람들을 고통 속에서 참고 견디라고 하는 억압책이 되고 말았습니다. 하나님 없는 충성심이라는 것은 자기를 우상화하고 자기에게 충성하게 하는 결과가 되고 말았습니다. 하나님 없는 준법정신이란 독재자의 질서를 지켜가는 구실에 불과했습니다. 아무 의미가 없습니다. 애국도, 인내도, 충성도, 준법정신도 다 귀한 것이로되 하나님 빠지면 아무것도 아닌 것입니다. 그런고로 하나님을 인정하라, 범사에 하나님을 인정하라—잘될 때도 하나님, 안될 때도 하나님, 칭찬을 들을 때도 하나님을 먼저 생각하고 굴욕을 당할 때도 하나님을 생각할 것입니다. 영국에 가누트라고 하는 유명한 왕이 있었습니다. 이 왕이 저 스웨덴과 덴마크까지 다 점령하고 대영제국을 크게 넓혔습니다. 모든 사람들과 신하들은 왕에게 면류관을 씌워주면서 "이 온천하에 왕의 명령을 거역할 자는 아무도 없습니다"—이렇게 경배하고 아첨을 했습니다. 이 말을 들은 왕은 신하들을 데리고 바닷가에 가서 소리를 질렀습니다. "바다여, 조용하라!" 바다가 그 말을 들을 리 없지요. 그러자 그는 빙그레 웃으면서 말했습니다. "보아라. 내 말을 순종할 자가 어디에 있느냐. 오직 하나님만이 저 바다를 고요하게 하실 수 있는 것 아니냐. 이 세상에 왕이 어디 있느냐." 왕은 머리에서 조용히 왕관을 벗어서 내려놓고 "나는 한평생 왕관을 쓰지 아니하리라"하였습니다. 그래서 지금까지 그 벗어버린 왕관이 박물관에 보관되어 있다고 합니다. 자, 누구도 왕관을 탐내서는 안됩니다. 누구도 면류관을 쓰려고 해서는 안됩니다. 누구도 영광을 받을 수는 없습니다. 오직 하나님, 하나님만을 인정하라—이것이 목적이기 때문입니다.

또한 아버지 솔로몬은 아들들에게 이런 부탁을 합니다. "스스로 지혜롭게 여기지 말지어다(7절)." 잘난 체하지 말라는 것입니다. 스스로 지혜롭게 여기는 것처럼 어리석은 것이 없습니다. 여러분, 우리는 아무것도 아닙니다. 우리 생각도 아무것도 아닙니다. 자기를 작게 여겨야 한다는 것을 잊지 마십시오. 무얼 가졌다는 것입니까. 우리의 소용돌이치는 역사도 우리에게 인간이 얼마나 어리석은지를 가르쳐주고 있습니다. 이 확실한 증거 속에서 아직도 겸손을 배우지 못했다면 그 사람은 참 불행한 사람입니다. 행복의 근원이 어디에 있습니까. 겸손한 자에게 행복이 있습니다. 스스로 지혜롭게 여기지 말 것입니다. 여러분의 마음에 고민이 있습니까? 잘 살펴보십시오. 아직도 잘난 체하기 때문입니다. 가정에 불화가 있습니까? 똑똑한 척하기 때문입니다. 마음을 비우십시오. 스스로 지혜롭다 여기지 마십시오. 솔로몬 왕은 지혜의 왕입니다. 그는 한평생 높은 지혜를 칭송받은 사람입니다. 그런 그가 말씀합니다. "지혜롭게 여기지 말지어다." 그것이 소원입니다.

그리고 "처음 익은 열매로 여호와를 공경하라(9절)" 합니다. 재물은 하나님께로부터 옵니다. 하나님의 것입니다. 그런고로 하나님께 바칠 것입니다. 네가 얻었다고 자랑하지 말고 네것이라고 하지도 말라, 재물은 하나님의 것인즉 첫것으로 소중히 십일조를 바쳐라, 그렇게 한평생 살라—이것이 지혜로운 아버지의 소원이었습니다. 유대사람들은 자녀들을 가르치는 교육장이 넷 있다고 말합니다. 그것은 바로 가정이요 회당이요 학교요 사회입니다. 그러나 근본은 가정입니다. 아무리 많은 교육을 받아도 사람은 달라지지 않습니다. 하나도 달라지지 않아요. 공부 많이 한 박사를 사위로 맞았다고 좋아하다가 나중에 딸이 고생하는 것을 보고 그때가서야 깨닫는 부모가 있습디다. "박사, 그것 아무것도 아니더라고요. 공부 많이 하면 좋은 사람 될 줄 알았는데 사람은 달라지는 것이 하나도 없습디다." 사람됨됨이는 가정에서 비롯됩니다. 아버지의 소원에서 옵니다. 부모의 간절한 신앙적 소원이 있고 이 소원을 자녀들이 존중할 때 '나도 아버지처럼 소원합니다. 그 소원을 따르겠습니다' 합니다. 여기에 설득력이 있고 여기에 새로운 미래가 있는 것입니다. △

교회됨의 의미

사도와 장로들이 이 일을 의논하러 모여 많은 변론
이 있은 후에 베드로가 일어나 말하되 형제들아 너희
도 알거니와 하나님이 이방인들로 내 입에 복음의 말
씀을 들어 믿게 하시려고 오래전부터 너희 가운데서
나를 택하시고 또 마음을 아시는 하나님이 우리에게
와 같이 저희에게도 성령을 주어 증거하시고 믿음으
로 저희 마음을 깨끗이 하사 저희나 우리나 분간치
아니하셨느니라 그런데 지금 너희가 어찌하여 하나
님을 시험하여 우리 조상과 우리도 능히 메지 못하던
멍에를 제자들의 목에 두려느냐 우리가 저희와 동일
하게 주 예수의 은혜로 구원받는 줄을 믿노라 하니라

(사도행전 15 : 6 - 11)

교회됨의 의미

　　지난 19년 동안에 소망교회를 오늘의 교회로 성장케 하신 하나님께 감사드리고 찬송과 영광을 돌립니다. 소망교회가 이만큼 부흥한 덕에 저는 여기저기 초청을 받아서 교회성장에 대하여, 교회부흥에 대하여, 미래의 교회상에 대하여 세미나를 인도하게 되고 강연을 하고는 합니다. 그럴 때 종종 이러한 질문을 받습니다. "소망교회 성장의 비결이 무엇입니까? 간단하게 말씀해주십시오." 그런 말을 들을 때마다 저는 당혹스럽습니다. 사실로 말하면 깜짝놀라게 됩니다. 왜냐하면 그 비결을 저도 모르고 있기 때문입니다. 프린스턴대학의 큰 모임에서 있었던 일입니다. 많은 사람 앞에서 저를 소개하면서, 또 소망교회를 소개하면서 '21세기를 향한 모델적인 교회'라고 격찬하는 것이었습니다. 참으로 과분하기도 하고, 아무튼 저는 몸둘 바를 몰랐습니다. 그리고 생각해보았습니다. '정말 그런가?' 아무리 생각해도 이런 이야기를 듣기에는 너무도 부족한 것이 많습니다.

　　내년이 소망교회 20년째입니다. 그래서 교회사를 편찬하면 어떠냐, 화보를 만들면 어떠냐… 그렇게 말하는 분들이 있습니다. 이 말에 저는 그저 "생각해봅시다"라고 대답했다가, 하지 말라고 했습니다. 왜냐하면 이 교회의 역사라는 것은 사실은 하나님만이 아시는 것이니까요. 겉으로 나타나 있는 봉사자보다는 숨어 있는 봉사자, 이름도 없이 빛도 없이 숨어 기도하고 헌신한 분들이 있습니다. 이 분들의 수고가 사실은 하나님 앞에 더 크고 놀라운 것입니다. 뭐 어떻게 어떻게 했다, 하고 밖으로 드러난 것은 의미가 없습니다. '개국공신'이라는 것이 별게 아닙니다. 누구도 이 교회를 위해서 특별히 수고한 사람은 없습니다. 없다는 것이 특징입니다. 아무리 생각해도 특별히 돈을 많이 낸 사람도 없고, 특별히 공을 세운 사람도 없습니다. 그런데 이런 교회사같은 것을 편찬해서 숨은 봉사자를 몰라라 하는 것도 안되겠고, 또 시원치않은 이야기를 가지고, 그런 근거로 돈을 자랑한다 싶어 마땅치 않았습니다.

보아하니 교회마다 30년사, 40년사, 50년사… 그런 책을 써서 제게 보내옵니다. 그런데 이상하게도 그런 것을 쓰고나면 교회가 부흥이 안되더라고요. 그것이 실은 자기자랑 아닙니까. 여기에 심각한 문제가 있습니다. 하나님께서는 이런 것을 원치 않으십니다. 예수님께서 하신 말씀이 있습니다. 제자들이 전도하고 돌아와서 '우리가 병고치고 우리가 귀신을 내어쫓았습니다' 했더니 '너희 이름이 하늘나라 생명책에 기록된 것으로 인하여 기뻐하라' 하셨습니다. 그리고 끝입니다. 다른 말씀이 없으셨습니다. 여러분, 하나님께서 아시고, 하나님께서 기억하실 것이고, 주님 오실 때 다 불타버리고 말 것인데 기록은 무슨 기록입니까. 또 가끔 어떤 분들은 우리 교회에 와서 부흥되는 비결, 그 자료를 달라고 합니다. 그러나 우리 교회 사무실에는 아무 자료도 없는 것이 특징입니다. 교인명부밖에는 아무것도 없습니다. 아시는대로 우리 교회는 금년표어도 없고 금년계획표도 없습니다. 왜요? 그게 별것 아니더라고요. 해마다 외쳐봐야 그 소리가 그 소리지요. 전도하는 해, 부흥하는 해… 밤낮 그 소리 해도 그 모양입니다. 다 행사중심의 이야기입니다. 이것이 교회의 본래성이 아닌 것입니다.

아무튼 사람들로부터 격찬을 듣게될 때 저는 아주 부끄럽게 생각합니다. 당혹스러운 것만이 아닙니다. 해야 할 일을 너무 많이 못했다는 생각에 자책감을 느끼게 됩니다. 교인들 앞에도 죄송합니다. 하나님 앞에도 매우 두렵습니다. 왜냐하면 여러분이 아시는대로, 교인들이 교회에 와도 저와 인사도 한번 못합니다. 어떤 분은 예배를 마치고 나갈 때 목사님 얼굴이라도 한번 봤으면 좋겠다고, 4부 중에 한 번만이라도, 한 달에 한 번이라도 악수했으면 좋겠다고 합니다. 대단하지도 않은 사람, 악수해서 뭘 하겠다는 건지 모르겠지만 좌우간 그것조차도 제가 못합니다. 제가 이제 변명을 좀 하겠습니다. 예배가 끝나면 대개 우리 교회 장로님이나 집사님은 다 비껴가고 밖에서 오는 손님들이 주로 악수를 청합니다. 딱 붙들고 그 시간에 애기를 합니다. 우리 교회 부흥회에 와주십시오, 우리 교회가 예배당을 짓는데 좀 도와주십시오, 뭘 해주십시오, 하고는 손을 놓지 않습니다. 여기서 제가 잠깐 잘못하면 별애기가 다 나옵니다. 그 중에 하나를 공개해볼까요? 어떤 목사님이 악수를 청하면서 이런저런 애기를 하는데 제가 "지금 여기서는 그 애기를 할 수가 없습니다" 그랬더니 "큰 교회에 있다고 까불지 마"—이렇게 나옵디다. 그 이야기를 듣고 나서 가만히 생각해보니 좀 까부는 것같기도 하고… 이러고나면 그 다음 시간 설교하는 데 얼마나 어려운지 모릅니다. 그리고 더 어려운 것은, 어떤 분은 "목사님, 저, 아십니까?"라고 묻는 것입니다. 제가 어떻게 압니까. "저 모릅니다"—이렇게 하기가 참 힘듭니다. 그래서 제가 밖에서 악수를 잘 못합니다. 좀 이해해주십시오.

　보십시오. 저는 인사도 안하지요, 심방도 안하지요, 죽어간다고 해도 찾아가지도 않지요, 만나러 오겠다고 해도, 한 번만 만나자고 해도 저는 박절하게 거절을 합니다. 또 어떤 분은 마침 제가 예배인도 하러 나서는데 문간에서 붙들고 "딱 5분만 애기합시다"라고 합니

다. 저는 이렇게 대답합니다. "제가 5분을 당신과 말할 수 있지만 저
는 들을 수 있는 마음이 아닙니다. 제가 예배시간에 무슨 말씀을 하
나 이 생각만 하고 있는데, 저 혼자서 말씀을 전하게 될 텐데 그 얘
기를 해서 무엇하겠습니까. 다른 시간에 만납시다." 그러면 그분은
자기딴에는 기도하고 왔고 준비하고 왔는데 얼마나 섭섭해하는지 모
릅니다. 생각해보니 저라도 섭섭하겠더라고요. 일방적으로 생각하면
그렇거든요. 자, 이렇게 시원치않게 목회를 하는데 우리 교회가 부
흥됐거든요. 교회가 부흥됐다고해서 이런 잘못한 일들이 다 정당화
될 수는 없습니다. 그러나 하나님의 교회는 역시 은혜로 교회되는
것입니다. 저는 그래서 한 가지만 생각합니다. 이 한 가지만 늘 대답
으로 대신합니다. "교회로 교회되게 하십시오. 그러면 교회는 부흥
할 것입니다. 성경을 열심히 연구하고 원점으로 돌아가서 교회가 뭐
냐, 바른 교회가 뭐냐, 이렇게 교회상을 바르게 세우도록 힘써봅시
다. 그리고 비교회적인 요소를 제거해봅시다. 교회되지 못한 요소가
있고, 교인답지 못한 교인이 있고, 교회답지 못한 행위가 있거든요.
이런 것들을 다 될수있는대로 제거합시다. 그리고 보다 더 순수한
의미의 교회로, 이렇게 교회상을 세워가도록 힘씁시다. 그러면 하나
님께서 분명히 교회를 부흥시켜주시리라 믿습니다"—이것이 언제
나 제가 대답하는, 준비된 대답입니다.

오늘본문을 자세히 보십시오. 아시는대로 예루살렘교회는 제 1
교회입니다. 시설이 그렇다는 게 아닙니다. 행정이 그렇다는 게 아
닙니다. 정치체제로도 아닙니다. 무슨 특별한 프로그램이 있는 것도
아닙니다. 목회계획이 있는 것도 아닙니다. 초대교회라는 것은 다만
하나님의 말씀이 있을 뿐입니다. 하나님께서 세우신 일꾼이 있을 뿐

이요, 하나님께서 택하신 종을 통하여 말씀이 전해지고 있을 뿐입니다. 그것이 전부입니다. 이 교회는 폭발적으로 부흥합니다. 그런데 이렇게 부흥할 때 첫번째로 걸리는 문제가 있습니다. 오늘본문에 나타난대로 그것은 문화적 장벽이었습니다. 교회가 부흥함에 있어서 첫번째로, 어쩌면 가장 큰 장애물이 바로 문화적 장벽입니다. culture barrier에 딱 걸렸습니다. 보십시오. 교회는 예루살렘에서 시작이 됩니다. 유대사람들이 먼저 예수를 믿었습니다. 유대말을 하고, 유대 문화에 젖어 있고, 성경을 알고, 할례를 받고, 소위 거룩하게 산다는 선민의식을 가진 사람들이 예수를 믿었습니다. 이제 이방사람들이 예수를 믿게 됩니다. 이 사람들은 율법도 모르고, 하나님의 법도 모르고, 안식일도 모르고, 할례도 모릅니다. 우상을 섬기며 자기네 나름대로 살던 사람들이 예수를 믿고 세례를 받게 됩니다. 자, 엊그제까지 유대사람들은 이방사람들을 개같이 취급했습니다. 상종하지를 않았습니다. 같이 만나고, 같이 음식을 나누고, 같이 유숙하고, 통혼을 하고… 이것은 상상도 못하는 일입니다. 그런데 예수민은 저 이방사람을 한 형제로 영접해야 된다니 그것은 보통 어려운 일이 아닙니다. 신앙이 좋은 사람들은 가능했지마는 일반적으로는 거의 불가능한 일입니다. 여기서 문제에 부딪치게 됩니다.

그런데 오늘본문에 보면 사도 베드로는 이 문제를 신학적으로, 논리적으로, 철학적으로 설명하려 하지 않고 자기가 당한 경험을 이야기합니다. 사도행전 10장 처음에서부터 주욱 읽어가노라면, 하나님께서 내게 고넬료의 집에 가라 지시하셨다고 베드로는 말씀합니다. ‘그는 로마군인이요, 이방사람이요, 도저히 용납할 수 없는 그러한 사람입니다마는 나는 하나님께서 가라 하시기에 갔고, 유숙하라 하셨기에 유숙했고, 복음 전하라 하셨기에 전했습니다. 복음을 전하니까 성령이 충만해지고, 저들이 방언을 하고 은혜가 충만했습니다. 그런데 내가 어떻게 하나님께서 하시는 일을 막을 수 있겠습니까.' 요샛말로 하면 노회, 총회에서 결의할 것도 없고, 공회결의를 거치지도 아니하고 베드로는 이방사람에게 세례를 주었습니다. '하나님께서 하시는 일을 내가 어찌 막을 것이냐. 하나님께서 평등하게 대하시는데 내가 어떻게 차별할 것이냐' —이래서 문화적 장애를 넘어선 것입니다. 뛰어넘고 맙니다. 이것이 시비가 되어서 모인 것이 예루살렘공의회입니다. 그것이 사도행전 15장 전 장에 나타나는 내용입니다. 공의회에서 지금 베드로가 설명하고 있는 부분이 바로 본문의 말씀입니다. 버나드 쇼의 유명한 말이 있습니다. '이웃에 대한 가장 악한 죄는 이웃을 미워하는 것이 아니라 그와 나를 구별하는 것이다.' 여러분, 이것이 얼마나 무서운 죄가 된다는 것을 알아야 합니다. 때로는 이것이 살인보다도 더 무서운 죄입니다. 인권에 대한 살인이니까요. 우리는 어느 누구도 차별해서는 안됩니다.

교인들간에 주고받는 대화를 들으면, 본인들은 생각없이 하는 말이지만 저는 가슴이 뜨끔할 때가 있습니다. 무슨 말인고 하니, 아주 예쁘고 돈이 많은 집 딸이 어떤 총각하고 연애를 해서 그와 결혼을 하겠다고 했습니다. 그 총각은 신앙도 좋고, 공부도 잘하고, 머리도 좋은데 전혀 돈이 없습니다. 고학을 하고, 형편없이 고생을 했습니다. 저도 옛날에 고학을 했기 때문에 고학생에 대해서는 동정하는 바가 많습니다. 어쨌든 지금 그 둘이 사랑해서 결혼한다고 하니까 그 신부 어머니가 저한테 와서 대놓고 이렇게 말합니다. "그 인간이 감히 어떻게 우리 딸을 넘봅니까." '감히' —가만히 계산해보니 돈 몇푼 있는 것밖에는 더 나은 게 아무것도 없습디다. 족보로 봐도 시원치않고, 공부로 봐도 저쪽이 훨씬 낫고, 뭘 봐도 얘기가 안되는데 이쪽에서는 돈 몇푼 있다고 '감히 우리 가문을 어떻게 넘보냐' 합니다. 죄송하지만 그 말을 들을 때 저는 당장 벼락이 떨어지는 것같은 기분이었습니다. 이 사람이 무사하기 어렵지, 하는 생각이 듭디다. 어떻게 이렇듯 사람을 무시합니까. 돈 몇푼이 뭐 대단한 것인 줄 아십니까. 하나님께서 혹 불어버리시면 하루아침에 재가 되고 마는 것인데 어떻게 감히 이런 생각을 합니까. 이럴 때 저는 너무도 괴롭습니다. 그 자리에서 무슨 말을 못합니다마는 정말 괴롭습니다.

여러분, 차별의식을 가져서는 안됩니다. 무릇 사람은 동질성을 확대하고 이질성을 줄여야 합니다. 같은 것이 99%입니다. 다 같아요. 다 죄인이요, 다 하나님 앞에 부족하고, 다 믿음으로 구원을 얻고, 다 그렇게 태어나서 그렇게 죽어가는 것입니다. 무덤에 가서 아무리 봐도 비석이 크든작든 무슨 의미가 있습니까. 저는 무덤에 장식하는 것처럼 맹랑한 것이 없다고 생각합니다. 어차피 썩는데 관이 크면 어떻고 작으면 어떻습니까. 비석이 큰 게 무슨 대단한 것입니까. 쓸데없는 짓입니다. 생각해보십시오. 동질의 것, 같은 것이 99% 입니다. 다른 것이라야 고작 돌덩이 하나 가져다 세워놓은 것밖에 더 있습니까. 남녀도 그렇습니다. 아내와 남편 사이가 불화하다면 무엇 때문에 불화한 것입니까. 나는 본질적으로 너와 다르다, 우리 가문과 네 가문이 다르다—이것 때문에 싸우는 것입니다. 알고보면 나와 너는 똑같다, 다 죄인이고 다 부족하다, 하나는 돈벌어오고 하나는 아이 낳고, 그것만 다르다—이렇게 생각을 해야 가정이 평안할 텐데 무엇을 더 좀 배웠다고해서 대단한 것처럼 생각합니다. 우스운 얘기입니다마는, 며칠전에 95세이신 한경직 목사님을 뵈었는데 그분은 영어를 얼마나 잘하시는지 모릅니다. 제가 늘 부러워했습니다. 영어실력이 아주 높습니다. 그런데 이제는 하나도 기억이 나지 않는답니다. 늘 읽던 영어성경을 봐도 하나도, 한 단어도 생각이 안 난답니다. 그러니까 공부 많이 했다고 잴 것 없습니다. 다 없어질 것입니다. 몽롱해져요. 쓸데없는 것입니다. 그런고로 우리는 다 같다는 것을 잊지 마십시오. 교회마다 부흥되지 않는 교회를 찾아가보면 거기에 귀족이 있습니다. 터줏대감이 있습니다. 오래 믿은 몇 사람이 앉아서 자기들이 주인노릇을 하겠다는 것입니다. 바로 그런 귀족 때문에 안됩니다. 제가 목회하는 데 있어 10가지 기본철학 가운데 하나가 그것입니다. 비귀족—절대로 귀족을 용납하지 않습니다. 그것이 제 신조입니다. 제 목회철학입니다. 왜요? 초대교회에서 이것이 문제가 되었으니까요. 이것을 넘어서야 교회가 부흥하는 것입니다. 귀족이 생기기 시작하면 끝나는 것입니다. 특별히 문화적 장벽은 아주 중요한 것입니다.

그렇다면 교회의 교회됨이 어디에 있느냐? 복음에 있습니다. 하나님의 말씀이 전해지는 것입니다. 예수 그리스도에 대한 이야기가 아니라 예수 그리스도의 생명력이 전해지는 것입니다. 복음이 전해지고, 십자가의 복음이 전해지고, 하나님의 사랑이 선포되는 것입니다. '하나님이 세상을 이처럼 사랑하사 독생자를 주셨습니다. 당신을 사랑하십니다'—이것이 복음입니다. 이 사랑의 복음이 그 마음 속에 깊이 들어가서 믿어지고, 생명력으로 활력으로 작용할 때 비로소 중생의 역사가 이루어집니다. 이것이 교회입니다. 잊지 말 것입니다. 2세기에 셀서스라고 하는 사상가가 있었습니다. 문서적으로는 그의 글이 기독교에 대한 비평의 글 가운데 가장 오래된 글입니다. 그는 기독교인들을 이렇게 비평하고 있습니다. '기독교인들은 논리나 사상을 벗어난 사람들이다. 인사도 나누기 전에 사랑하며, 상대방이 누구인지 제대로 알지도 못하면서 사랑부터 먼저 한다. 기독교인들은 부도덕하다. 왜냐하면 노예를 형제라고 부르기 때문이다.' 옛날에 노예라고하면 사람도 아니었습니다. 우리가 벌거벗은 노예를 그리기가 민망해서 옷을 입혀가지고 그림도 그리고는 하지만, 사실 노예는 옷이 없습니다. 신발도 없습니다. 침실도 없습니다. 동물들과 같이 외양간에서 먹고 자고 했습니다. 말을 못배워서 말을 못하고 알아듣기만 했습니다. 이게 노예입니다. 그런데 이런 노예를, 팔고사는 노예를 기독교인은 '형제 자매'라고 부릅니다. 이것이 교회입니다. 초대교회로 돌아가 상상을 해보십시오. 저 '사람도 아닌' 노예와 같이 앉아서, 귀족과 노예가 함께 앉아서 형제 자매라고 부르고, 기도하고, 같이 먹고 마시고 나누어요. 이것이 교회였습니다. 그런데 우리가 누구를 차별하겠다는 것입니까. 이것이 복음입니다. 그리고 여기에 성령이 역사하였습니다. 고넬료의 집에도 역사하고, 베드로의 마음에도 역사하였습니다. 성령이 주인되어서 마음을 열고, 말씀을 영접하고, 말씀을 믿고, 말씀에 순종해서, 성령이 함께함으로 교회입니다. 성령의 역사가 떠나면 교회가 아닙니다. 성령의 역사는 기도와 함께 있습니다. 그런고로 기도가 없으면 교회가 아닙니다. 기도가 없으면 교인도 아닙니다. 그것을 잊지 말아야 합니다.

또한 오늘본문을 잘 읽어보면 베드로는 "하나님이… 나를 택하시고(7절)"라고 말씀합니다. 여기에 선택적 교리가 나옵니다. 이것은 특별한 의미를 가졌습니다. 선민사상과 다릅니다. 베드로를 택하셨다는 것입니다. 베드로를 택하셨다, 그는 하나님께서 보내신 자라, 함입니다. '사도'는 헬라어로 '아포스톨로스'라고 하는데 여기서 '아포슬'이라고 하는 말은 보내심받았다는 뜻입니다. 하나님께서 보내셨다는 것입니다. 베드로는 생각합니다. '나는 허물이 많고 예수믿는 사람들 속에 있을 수 없는 사람이다. 예수님을 세 번이나 모른다고 했고, 예수님께서 십자가를 지실 때에 도망갔다. 비겁하기 짝이 없는 나같은 죄인이 어떻게 하나님의 일을 하겠느냐?' —그러나 성령이 나를 부르시고, 택하심받았다고 하는 의식이 있을 때, 하나님께서 나를 들어 쓰신다는 것입니다. 허물많고 부족한 나를 들어 쓰신다고 느낍니다. 그럴 때에 용기를 얻게 됩니다. 이 용기와 담력이 초대교회 부흥의 원동력입니다.

베드로는 3천 명 앞에 서서 담대하게 하나님의 말씀을 전합니다. 듣는 사람들은 베드로의 말로 들은 것이 아닙니다. 하나님께서 베드로를 택하시사 우리에게 보내셔서 주님의 말씀을 주신다고 믿었습니다. 그래서 3천 명이 회개한 것입니다. 그래서 고넬료가 말합니다. '우리가 다 하나님 앞에 있습니다. 말씀하십시오.' 일개 갈릴리 어부 앞에서 훈장을 단 로마군인 백부장이 무릎을 꿇고 말합니다. '하나님께서 당신께 주신 말씀을 전해주십시오. 우리가 듣겠습니다. 우리가 다 하나님 앞에 있습니다' —이것이 교회입니다. 제가 이 자리에 선 것도 그렇습니다. 하나님께서 나를 보내셔서 여기에 있는 것입니다. 그 누가 나를 부른 것이 아닙니다. 하나님께서 나를 쓰셔서 내가 여기에 섰습니다. 내 의로 내 공로로 여기에 선 것이 아닙니다. 하나님께서 나를 택하시사 이 자리에 세우셨습니다. 사도 바울처럼. 사도 바울은 말씀합니다. '어머니의 태로부터 택정함을 받아

내가 사도가 되었노라.' 저 역시 생각합니다. '내가 세상에 나기 전부터 하나님께서 나를 택하시사 나로 나되게 하시고, 훈련을 시키셔서 소망교회, 여기에 있게 하셨다' —이렇게 믿고 전합니다. 받는 여러분도 똑같은 마음입니다. '하나님께서 저 분을 통하여 내게 말씀하신다.'

우리 교회에서 전도하는 분들이 종종 그런다면서요? 자기친구 보고 교회 나가자고 할 때 '우리가 대학 다닐 때 교양과목으로 철학을 듣지 않았느냐. 이제 나이도 들고 다 잊어버렸는데 교양과목 들으러 가자' 라고 말한다고 합니다. 그래서 교회에 나왔다고 하기에 그래, 교양과목 잘 들었느냐고 제가 본인에게 물었습니다. 그런데 이것을 알아야 합니다. 강의가 아니라, 철학이 아니라 하나님의 말씀으로 들려지는 바로 그때부터 교인입니다. 거기에 교회가 있는 것입니다. 하나님의 말씀으로 들을 수 없는 자, 아직도 듣지 못하는 자에게는 여기가 교회가 아닙니다. 그에게 이곳은 하나의 강의실에 불과합니다. 교회의 교회됨은 여기에 있습니다. 하나님께서 택하시고, 택하심받음을 믿고, 택하심받은 자의 거룩한 신분을 인정하고, 그를 통하여 시간시간 하나님의 말씀을 듣습니다. 말씀으로 받아들입니다. 여기에 교회가 있는 것입니다. 여기서 죄와 율법으로부터 자유합니다. 영혼이 깨끗함을 얻습니다. 점점 소생하는 것을 느낍니다. 이것이 교회입니다. 하나님의 자녀됨의 역사가 여기에 있고, 자유케 하는 역사가 여기에 있습니다. 너무나도 답답하고 괴로운 세상을 살지마는 교회와 함께 우리는 무한한 자유를 얻습니다. 오직 은혜로 우리는 구원을 받고 교회는 부흥할 것입니다.

교회를 가리켜서 신학적으로 이렇게 표현합니다. 'the means of

grace' — 은혜의 방편이라고 합니다. 저는 제 앞에 있는 이 마이크를 볼 때마다 생각을 합니다. '예수님께서 이 땅에 계실 때 마이크가 있었더면 얼마나 좋았을까. 도대체 5천 명을 앞에 놓고 광야에서 설교를 하셨다는데 과연 몇 사람이나 들었을까?' — 이것이 궁금합니다. 그래서 옛날에는 아무리 교회를 크게 지어도 5백 명 이상 모이는 큰 교회가 없었습니다. 그래서 옛날목사님들은 목소리가 대개 컸습니다. 목소리 큰 사람이 제일이었습니다. 이 마이크라고 하는 이기(利器)가 나온 다음부터 교회가 커지기 시작한 것입니다. 이제는 만 명, 수십만 명도 일시에 들을 수 있지 않습니까. 목사로서 이 마이크라고 하는 것이 그렇게 감사할 수가 없습니다. 이것이 바로 은혜의 방편입니다. 전해지는 말씀을 마이크를 통해서 확성하여 모든 사람에게 전합니다. 또 고장이 나서 지직거리면 야단이지요. 깨끗한 육성으로 잘 들려지도록 하여야 합니다. 교회는 하나님의 은혜를 모든 백성에게 전하는 방편입니다. 'the means of grace'로 역사할 때 교회는 반드시 부흥하게 되어 있습니다. 그 교회를 통하여 모든 백성이 구원을 얻게 될 것입니다. △

지극히 작은 자 하나

또 왼편에 있는 자들에게 이르시되 저주를 받은 자들아 나를 떠나 마귀와 그 사자들을 위하여 예비된 영영한 불에 들어가라 내가 주릴 때에 너희가 먹을 것을 주지 아니하였고 목마를 때에 마시게 하지 아니하였고 나그네 되었을 때에 영접하지 아니하였고 벗었을 때에 옷입히지 아니하였고 병들었을 때와 옥에 갇혔을 때에 돌아보지 아니하였느니라 하시니 저희도 대답하여 가로되 주여 우리가 어느 때에 주의 주리신 것이나 목마르신 것이나 나그네 되신 것이나 벗으신 것이나 병드신 것이나 옥에 갇히신 것을 보고 공양치 아니하더이까 이에 임금이 대답하여 가라사대 내가 진실로 너희에게 이르노니 이 지극히 작은 자 하나에게 하지 아니한 것이 곧 내게 하지 아니한 것이니라 하시리니 저희는 영벌에, 의인들은 영생에 들어가리라 하시니라

(마태복음 25 : 41 - 46)

지극히 작은 자 하나

　　미국의 유명한 가수이면서 라디오 방송인으로 크게 성공했던 에디 칸토라고 하는 분이 있습니다. 그는 소위 성공을 위해서 정신없이 달리는 전형적인 미국청년이었습니다. 앞뒤를 가리지않고 열심히 공부하고, 열심히 일하고, 열심히 뛰는 그러한 청년이었습니다. 그러던 어느날, 그는 시골에 있는 어머니로부터 한 줄밖에 안되는 짧은 편지를 받습니다. 그는 이 편지에 크게 충격을 받고 이것을 교훈 삼아서, 어머니의 충고를 바로 받아들인 결과로 이만큼의 생을 살 수 있었노라고 뒤늦게 고백하고 있습니다. 그 어머니의 편지는 이렇습니다. '에디야, 너무 빨리 달리지 말아라. 그렇게 하면 주변의 좋은 경치를 하나도 못보고 그냥 지나친단다.' 'Don't go too fast.' ─여기서 그는 깊은 생각에 잠기게 되었고, 자기수첩에 다음의 네 가지 질문을 써놓고 한평생 이 질문을 생각하면서 살아왔다고 합니다. 첫째로 '나는 맹목적 야심을 위해 달리는가, 아니면 가치있는 일을 위해 사는가' ─ambition or value, 내가 하는 일이 단순한 욕망에서 비롯된 것이냐, 여기에 가치가 있느냐, 이것을 물었습니다. 둘째로 '내가 경력을 위해 일하느냐, 아니면 가족을 위해 일하느냐' ─career or family. 누구를 위해 일하는 것이냐입니다. 셋째는 '내가 물질적 성공을 원하고 있느냐, 아니면 인생의 참다운 귀한 보물을 추구하고 있는 것이냐' ─material success or genuine treasure, 아주 중요한 얘기입니다. 단순한 물질적 욕망을 추구하는 것, 물질적 성공만을 추구하는 것처럼 비참한 일이 없습니다. 마지막으로 그는 스스로 이렇게 물었습니다. '이 일이 나 자신을 위한 것이냐, 혹은 남을 위한 것이냐' — for myself or others, 그는 한평생 이 네 가지 질문에 비추어 한 가지 한 가지를 결정하고 추구했다고 합니다. 이것이 성공의 비결이었다는 것입니다.

여러분, 잠깐 길을 멈추고 생각을 정지하고 그 모든 욕망과 고통과 근심, 걱정, 불안을 일단 접어두고 종말을 생각해보아야 하겠습니다. 우리의 생의 omega point를 생각하여야겠습니다. 세계가 어떻고 경제가 어떻고 정치가 어떻고 하기 이전에 내 생명의 운명은 어디로 가느냐고 물어야 하겠습니다. 히브리서 9장 27절은 사람이 한 번 죽으면 심판대 앞에 서야 한다고 말씀합니다. "한 번 죽는 것은 사람에게 정하신 것이요 그 후에는 심판이 있으리니…" 여러분, 나이가 얼마든 간에 우리 앞에 분명한 죽음이 있는 것은 사실입니다. 이 결정적인 시간을 앞에 놓고 그 앞에서 나는 지금 어떤 모습으로 살아가고 있습니까. 이것을 물어야 할 것입니다.

예수님께서 하신 말씀 가운데 예수님의 윤리가 가장 분명하게, 독특하게 부각되어 있는 대목이 바로 '선한 사마리아사람 비유' 입니다. 예수님께서는 길게 논리적으로 철학적으로 말씀하지 않으셨습니다. 간단한 이야기 속에 간단한 사건을 들어 말씀하시면서 그 속에 귀중한 질문과 귀중한 해답을 주고 계십니다. '여기에 불한당을 만난 사람이 있다. 제사장은 그를 보고 그대로 지나갔다. 레위사람도 그를 외면하고 지나갔다. 그러나 너희가 업신여기는, 상종하기도 꺼리는 저 천한 사마리아사람이 길을 멈추고 그를 돌보아주었느니라' — 바로 누가 이웃이냐고 물으십니다. 누가 사람다운 사람이냐고 물으십니다. 누가 하나님의 사람이냐고 물으십니다. 여기서 우리는 세 가지의 요점을 찾게 됩니다. 하나는 외면했다는 것입니다. 죽어가는 사람을 보고 돌보지 않은 것은 살인입니다. 특별히 내가 이 시간 돌보지 않으면 죽을 사람, 그 사람을 보고 외면했다면 그것은 분명한 살인입니다. 내가 칼을 들어 남을 찌르지 않았다, 남의 물건을 도둑질하지 않았다… 이것가지고 의가 되는 게 아닙니다. 예수님께서 말씀하신 높은 차원에서의 윤리는 이것입니다. 꼭 내가 도와주어야 할 시각에 내가 이를 외면하면 그것이 바로 살인이라는 것입니다. 죽도록 내버려두었으니 죽인 것입니다. 내가 손을 썼으면 사는 것입니다. 내가 손을 쓰지 않아서 죽었다면 그것은 내 책임이라는 것입니다. 외면은 죄다, 외면은 살인이다, 말씀하십니다. 이것이 주님의 말씀입니다. 또하나는 priority의 문제입니다. 어느 때에고 우리는 기로에 설 때가 많습니다. 어느 일이 우선이냐, 무엇이 먼저냐, 무엇이 더 중요하냐… 모름지기 제사장은 이렇게 생각했을 것입니다. '이 제사가 얼마에 한번 돌아오는 귀중한 시간인데, 제사드리러 가는 소중하고 거룩한 몸으로 저 죽어가는 하찮은 인간을 만질 수는 없다. 만일에 저 사람이 죽으면 나는 시체를 만진 것이 되고, 시체를 만지면 일주일 동안 나는 부정한 사람으로 성전에 못들어가고 만다. 내가 얼마나 기다려온 거룩한 행사인데… 고작 저 사람 때문에 그 귀한 일을 못해서야 되겠어?' 무엇이 먼저냐, 무엇이 우선이냐—제사장은 하나님께 예배하고 하나님께 제사드리는 것이 먼저라고 합니다마는 예수님께서는 아니라고 하십니다. 설사 제사를 못드려도 좋다, 예루살렘까지 못가도 좋다, 지금 네 앞에 있는 저 사람을 도우라—이것이 주님의 말씀입니다. 레위사람도 마찬가지입니다. '내가 성전에서 봉사하는 사람으로서 성전일을 해야지 어떻게 이런 일을 하겠느냐' 입니다. 그러나 아닙니다. 예수님께서는 네 앞에 있는 일이 바로 'priority number 1' 이다, 하십니다. 그것이 먼저라고 말씀하고 계십니다. 또 한 가지, 예수님께서는 행함을 요구하십니다. 봉사에 대한 지식, 하나님에 대한 율법, 또 때로는 불쌍한 사람에 대한 뜨거운 눈물, 감정… 이런 것이 내 마음에 있다 한들 무슨 소용이 있느냐입니다. 문제는 이 사람을 도와야 한다는 것입니다. 안됐다고 생각하고, 불쌍하다고 생각한다고해서 대체 무슨 소용이란말입니까. 손을 펴서 이 사람을 구제한 바로 그 사람만이 주님의 마음에 합합니다. 이것이 바로 주님의 마음이었다는 말씀입니다.

오늘본문말씀은 매우 심각합니다. 이 세상 끝에, 주님 재림하실 때에 모든 인류, 모든 사람을 앞에 놓고, 특별히 모든 크리스찬을 앞에 놓고 심판하게 될 것을 미리 예고하시는 말씀입니다. 이것은 먼 미래에 있을 것같으나 지금 있는 것이요, 옛날이야기가 아니라 바로 오늘 우리에게 주어진 말씀입니다. 말씀의 문맥을 살펴보십시오. "목자가 양과 염소를 분별하는 것같이 하여 양은 그 오른편에, 염소는 왼편에 두리라(32, 33절)"―마치 목자가 양과 염소를 구별하는 것같은 시간이 오리라, 들에서 풀을 뜯던 양과 염소를 다 불러서 우리에 들여보낼 때 염소는 이쪽으로, 양은 저쪽으로 갈라놓듯이 그렇게 된다는 것입니다. 이럴 때 오늘의 성경이 의인에게 주는 말씀은 이렇습니다. '내가 주릴 때 너희가 먹을 것을 주었고, 내가 목마를 때 마실 것을 주었고, 내가 헐벗었을 때 입을 것을 주었고, 내가 감옥에 있을 때 찾아왔고, 내가 병들었을 때 돌아보았느니라. 착한 사람아, 영생을 누리라.' 그때에 그들이 말하기를 '주여, 어느 때에 우리가 주님을 도왔습니까. 우리는 주님을 뵌 일이 없는데요. 시간적으로나 공간적으로나 전혀 그런 일이 없었습니다. 주님을 만나 도와

드린 일은 정말 한 번도 없었습니다.' 이때에 주님께서는 말씀하십니다. '소자 중 하나에게 행한 것이 곧 나에게 행한 것이니라.' 그리고 다시 악한 자들에게 말씀하십니다. '내가 배고플 때 너희가 먹을 것을 주지 아니하였고, 내가 목마를 때 마실 것을 주지 아니하였고, 내가 병들었을 때 돌아보지 아니하였고, 내가 감옥에 있을 때 찾아보지 아니하였느니라. 악한 자들아, 영벌에 들어가라.' 저들도 꼭 같은 말을 합니다. '주여, 언제 우리가 주님을 만났습니까? 주님께서 오셨다면야 우리가 무심했을 리 있겠습니까. 주님께서 나타나셨다면야 우리가 무슨 일인들 안했겠습니까. 언제 우리가 주님을 만난 일이 있기에 우리를 책망하시는 것입니까?' 이에 주 예수님께서는 '소자 중 하나에게 행하지 아니한 것이 곧 나에게 행하지 아니한 것이니라' ―이렇게 결론을 내리십니다.

　오늘본문에서 가장 중요한 점은 이것입니다. 문제는 선행의 문제입니다. 하지 아니했다는 것입니다. 주지 아니했고, 베풀지 아니했다는 것입니다. 배고픈 자를 먹이지 않았다, 헐벗은 자를 입히지 않았다, 병든 자를 돌아보지 않았다,하십니다. 다시말하면 나를 위해 어떻게 살았느냐를 묻지 않습니다. 내가 얼마나 많이 아느냐, 어떤 사람이 되었느냐에 대해서도 묻지 않습니다. 내가 남을 위해서 무엇을 했느냐? 바로 그것을 묻습니다. 내가 세운 기념비를 묻지 않습니다. 내가 하는 사업의 업적을 묻지도 않습니다. 내가 남을 위해서 무엇을 했느냐?―얼마를 벌었느냐가 아닙니다. 얼마나 썼느냐를 묻습니다. 가끔 우리는 어떤 사람이 한평생 재산을 모아놓았다고 세상떠날 때 사회에 환원한다고 말하는 것을 듣습니다. 그래, 참 훌륭하다고 이야기들 합디다마는, 환원 안한 것보다는 나을는지 몰라도 저는 이렇게 생각합니다. 어차피 못가지고 갈 것을 내놓는 것이니까 별것도 아니라고요. 안그렇습니까. 내가 쓸 수 있을 때, 내가 가지고 있을 때, 내가 할 수 있을 때 해야지 이제 숨넘어가면서 내놓는 것이 무슨 대수로운 일입니까. 무슨 쓸데없는 것입니까. 하기는 그때까지도 "내가 왜 죽어!"하고 죽으니 큰일이지만요. 좌우간 가만히 생각해보면 우리네 기독교인들이 예수를 잘믿습니다. 봉사도 잘하는 것같습니다. 그런데 어느 순간에 가서 딱 걸립니다. 여러분, 문제는 내가 얼마를 벌었느냐가 아닙니다. '남을 위해서 얼마나 썼느냐?' 내가 어떤 사람이 되었느냐도 아닙니다. '남을 위해서 얼마를 봉사했느냐?' ―본문은 이것을 묻고 있는 것입니다. 깊이 생각해보십시오. 부자가 누구입니까. 오로지 나를 위해서 한평생을 산 사람은 정말 불쌍한 사람입니다. 남을 위해서 베푼 만큼, 그것이 얼마이든간에 그만큼이 바로 하나님 앞에 인정받을 수 있는, 내가 가진 부인 것입니다.

또 오늘본문의 중요한 포인트는 바로 대상의 문제입니다. 이 사람들은 예수님을 만난 일이 없습니다. 그런데 예수님께서 말씀하시기를 '소자 중 하나에게 한 것이 곧 나에게 한 것이니라' 하십니다. 소자가 누구입니까. 이는 어린아이를 말합니다. 가치가 낮고, 신분이 낮고, 아무것도 모르고, 감사하다고 할 줄도 모르는 미련한 인간을 말하는 것입니다. 가장 부족한 사람을, 고난당하는 사람을 소자라고 이릅니다. 여기서 '나에게' 라고 하는 말씀이 매우 중요합니다. 예수님께서는 우리가 만나고 있는 저 불쌍한 사람과 예수님 자신을 동일시하고 계시다는말입니다. 자, 사도 바울은 예수님 핍박하다가, 교회를 핍박하다가 예수믿는 사람을 잡아 죽이기 위해서 떠난 다메

섹 도상에서 주님을 만납니다. 주님께서는 그의 길을 막고 물으십니다. '사울아, 어찌하여 너는 나를 핍박하느냐?' 사도 바울이 여기서 깜짝놀랍니다. 큰 충격을 받습니다. 자기가 핍박한 것은 예수믿는 사람들입니다. 자기가 핍박한 것은 스데반입니다. 그런데 예수님께서 나타나셔서 왜 나를 핍박하느냐,하십니다. '그럼 내가 핍박한 사람이 바로 당신이라는말입니까?' ─여기서 그는 그리스도의 제자가 됩니다. 이처럼 예수님께서는 교인과 예수님 자신을 동일시하십니다. 때로는 제자들에게도 말씀하십니다. '너희를 영접하는 것은 나를 영접하는 것이요, 너희를 핍박하는 것은 나를 핍박함이니라' ─ 주의 사람들, 주의 일을 하는 종들과 당신을 동일시하고 계십니다. 오늘본문에서도 가난한 자, 병든 자, 그것이 바로 당신자신이라는 것입니다.

유명한 얘기가 있습니다. 예수도 잘믿는 어느 돈많은 부자가 있어 늘 '예수님을 한 번 만났으면, 꿈에라도 만났으면' 하고 간절히 소원했는데, 어느날 주님께서 정말 꿈에 나타나셨습니다. "네가 그렇듯 나를 보고 싶어하니 내가 이번 크리스마스에 네 집을 방문하마." 그래서 이 부자는 크리스마스 이브에 엄청난 음식과 꽃을 준비하고, 아주 화려하게 잔치채비를 해놓고 기다렸습니다. 그런데 아무리 시간이 가도 예수님께서 나타나시지 않는 것이었습니다. 해는 기울고 어느덧 밤이 깊었습니다. 예수님을 기다리고 기다리다가 지친 부자가 그만 자리에서 일어서려고 하는데 거지 하나가 문을 두드리더니 배고프다고 먹을 것을 구합니다. 이 부자는 대노했습니다. "예수님을 모시고자 잔치를 준비했는데 부정타게 이따윗것이 와서 재수없게 구는구나!"하고 욕을 퍼붓고 거지를 내쫓았습니다. 그리고 그날 밤에 잠을 자는데 꿈에 또 예수님께서 나타나셨습니다. 부자는 예수님께 따지듯이 여쭈었습니다. "예수님, 저희집에 오신다고 하시고는 왜 안오셨습니까?" 예수님께서는 조용히 대답하셨습니다. "내가 분명히 너희집에 찾아갔건만 너한테 문전박대를 당하고 쫓겨났느니라." 부자는 그제야 모든것을 깨닫고 참으로 회개하였다 합니다. 여러분, 주님께서 어떤 모습으로 나타나시겠습니까. 주님께서 어떤 모습으로 내게 다가오고 계시는가를 분명히 알아야 합니다. 깊이 생각할 문제입니다. 주님께서는 항상 우리 주변에서 나타나십니다. 특별히 오늘본문에 보면 "어느 때에(44절)"라고 하는 말씀이 나옵니다. 언제 예수님을 만났느냐, 때와 장소가 다르다, 그 말입니다. 이것을 우리가 예수님께 여쭙니다. 그러나 예수님께는 그것이 아닙니다. 지금 바로 네가 만나는 이 시간이 나와 너와의 관계라는 말씀입니다.

덴마크와 스웨덴이 전쟁을 할 때의 일입니다. 덴마크 병사 하나가 발에 부상을 입었는데 피가 자꾸 빠져나가니까 목이 말라 견딜 수 없었습니다. 그래서 여기저기 물을 찾아 전장을 헤매고 다녔습니다. 제발 단 한 모금이라도 좋으니 물을 마시고 싶었습니다. 마침내 그는 물병을 하나 발견하고는 그것을 딱 붙들었습니다. 동시에 바로 그 자리에서 부상당해가지고 다 죽어가고 있는 한 스웨덴 병사를 보았습니다. '나도 목마르지만 저 사람도 나 못지않게 목이 마르겠구나.' 그래서 그는 누워 있는 사람이 적군이라는 것도 잊어버리고 그에게 물을 먹이려고 다가갔습니다. 그러자 스웨덴 병사가 그를 향해 탕 총을 쏘았습니다. 총알은 아슬아슬하게 어깨를 스치고 지나갔습니다. 스웨덴 병사는 더는 힘이 없는지 털썩 손을 놓았습니다. 얼마의 시간이 지나고, 이 덴마크 병사는 그 스웨덴 군사에게 다가가 "내가 물을 한 병 다 주려고 했는데 당신이 나에게 총을 쐈으니 반만 주겠소"—이렇게 농담을 하면서 물을 먹였다는 얘기입니다. 여러분, 나를 향하여 총을 쏜다고해서 목마른 사람을 물 안먹여도 되는 것이 아닙니다. 성경은 분명히 말씀합니다. '원수가 주리거든 먹이라. 원수가 목마르거든 마시우라'—나를 향해 총을 쏘는 사람이라해도 배고픈 자는 먹여야 됩니다. 이유 없습니다. 이것이 주님의 마음이요, 이것이 성경입니다.

윤리학에 'life boat ethics' 라고 하는 재미있는 학설이 있습니다. 이른바 '구명보트 윤리' 라는 것입니다. 미국의 큰 기선 하나가 항해 중에 그만 커다란 빙산에 좌초되었습니다. 모든것은 다 침몰하였고 몇몇 사람들만이 간신히 구명보트 하나에 몸을 실었습니다. 다른 많은 사람들이 자기도 살려달라고 구명보트를 붙잡고 매달렸습니다. 말 그대로 아수라장이었지요. 그러나 한 사람이라도 더 타면 구명보트마저 가라앉습니다. 그래서 함장은 아우성치는 사람들을 무자비하게 때리고, 밀치고, 발로 찼습니다. 그렇게 해서 겨우겨우 이 구명보트의 몇 사람만이 살아남아 구조되었습니다. 함장은 뒤에 재판을 받게 됩니다. '너는 죽어가는 사람을 물속으로 밀어넣었다'—결국 그는 사형선고를 받았습니다. 그러나 얼마뒤에 미국대통령이 그를 사면해주었습니다. 사면의 사유는 이러했습니다. '제한된 상황 속에서 발생하는 일부의 희생은 불가피한 것이며 따라서 비윤리적이라고 말할 수 없다.' 자, 이 구명정과 같은 이야기, 우리는 이런 이야기를 통해서 변명을 하려고 듭니다. 내가 살기 위해서 남을 죽여야 하고, 보다 많은 사람을 살리기 위해서 적은 희생을 할 수밖에 없고, 정치적 문제, 경제적 문제, 더 큰 일을 위하여 이만큼의 불의는 감수해야 된다고, 필요악이라고, 어차피 죽을 사람이니 내버려두자고 합니다. 이래도 되는 것입니까. 깊이 생각하여야 됩니다.

간디의 유명한 말이 있습니다. '굶주린 배를 안고 잠자리에 들수밖에 없는 사람에게 하나님을 납득시킬 수 있는 유일한 방법은 빵을 주는 일밖에 없다.' 배고파 죽어가는 사람에게 구구한 논리가 필요없습니다. 긴 설명도 필요없습니다. 오직 빵을 주는 길밖에 없습니다. 가끔 이런 얘기를 듣습니다. 앞으로 북한이 열리면 가서 교회를 세워야겠다고, 어느 마을에는 누가 세우고, 어느 도에는 무슨 교회가 세우고… 이러면서 지금 북한선교 준비한다고 그럽니다. 돈을 몇백억씩이나 모금하겠다고 달려듭니다. 이 무슨 쓸데없는 짓입니까. 제가 북한에서 한 장관을 만났을 때 그가 이런 얘기 하는 것을 듣고 깜짝놀랐습니다. 그 말이 줄곧 뇌리에서 떠나지를 않습니다. 자, 세계 각처에서 북한에 의료선교 한다고 의료약품이니 병원이니 해서 들여옵니다. 이러니까 조용히 제 귀에 대고 하는 말이 "우리네 사정에서 의료라는 것은 사치입니다. 생사람 굶어죽는데 죽어가는사람 살리겠습니까. 병든 사람이 무슨 문제가 되겠습니까." 의료는 사치입니다―저는 이 말에 뜨거운 충격을 받았습니다. 생각해보십시오. 병원이 무슨 소용 있습니까. 생때같은 젊은이가 굶어죽어가는데요. 얘기가 다른 것입니다. 요새 우리 교회에서 북한에 옥수수가루를 보내줍니다. 옥수수가루 200g이면 아주 조그맣습니다. 저도 하나 제 방에 가지고 있습니다. 아무튼 이것을 풀에다가 섞어서 죽을 쒀 먹어야만 죽지를 않습니다. 곡물을 전혀 먹지 않고 풀만 먹으면 사람이 죽습니다. 이 옥수수가루를 한 사람에게 하루 200g씩 준다면 한 달 분량이 얼마인지 아십니까. 800원입니다. 1달러가 채 못됩니다. 800원 가지고 한 사람이 한 달을 살 수 있다는 말씀입니다. 그런데 이걸 우리가 마다하겠습니까. 그래, 우리 교회에서 한 달에 10만 명분, 그 외에 여러 가지로 이렇게저렇게 해서 평균 지금 1억 2천만 원 정도의 식량을 공급해주고 있습니다. 이것이 바로 10만 명 이상이 살아남는 양식입니다. 여러분, 800원이 돈입니까. 800원 가지고 한 달을 살 수 있다는 것입니다. 간혹 어떤 분들은 저들이 식량을 받으면 군량미로 쓴다느니 어떻다느니 합니다마는 이건 옥수수가루입니다. 3년 묵은 것입니다. 사람이 먹지 않는 사료입니다. 그래도 이런 것을 먹고 살아남겠다고 애걸하는데 이것을 외면할 수가 있겠습니까. 이것을 외면하고 그래도 내가 구원받겠다고 할 수 있겠습니까. 예수가 어떠니, 하나님이 어떠니… 얘기가 되는 것입니까. 저는 가끔 이런 환상에 사로잡힙니다. 언젠가는 하나님께서 북한을 분명히 열어주실 것입니다. 통일이 되는 날, 아마도 우리는 빨리 올라가서 마을마다 교회 세우려 하고, 전도하려고 할 것입니다. 그럴 때에 저들이 뭐라고 할까요? '내가 배고플 때 너희가 먹을 것을 주지 않았고, 굶주릴 때 먹을 것을 주지 않았고, 헐벗었을 때 입을 것을 주지 않았다' ―그런데 이제와서 하나님이 어떻고, 사랑이 어떻고… 이게 통하는 얘기겠습니까.

오늘성경말씀은 바로 우리에게 지금 묻습니다. "내가 주릴 때에 너희가 먹을 것을 주지 아니하였고 목마를 때에 마시게 하지 아니하였고…(42절)" 얼마나 심각한 얘기입니까. 여러분, 이 질문에 대답을 하여야 합니다. 예수께서는 우리에게 율법주의자들의 윤리를 요구하지는 않으십니다. 그러나 죽어가는 사람 외면하는 것은 용서하지 않으십니다. 깊이 생각해보십시오. 뭐니뭐니해도 전도하기가 참 힘듭니다. 여러분도 그걸 아시지 않습니까. 지난 주간에도 제가 일본에 가서 그곳의 목사님들과 세미나를 인도했습니다마는 그분들이 지금 제일 걱정하는 게 바로 전도가 안된다는 것입니다. 어떻게 해야 전도가 될지, 전도하기가 너무나 힘들다고 합니다. 한 사람 예수믿게 하기가 참으로 힘들다고 합니다. 이제 제가 분명히 얘기합니다. 빵 하나를 주어서 전도가 될 수 있다면 이것이야말로 제일 돈 안들고 제일 쉬운 전도방법입니다. 우리가 주는 그 하찮은 옥수수가루를 받을 때 북한사람이 묻습니다. 이것, 누가 주는 것이냐고요. 그래, 누가 주는 것인지는 밝혀야 되겠으니까 "예수믿는 사람들이 주는 것입니다"라고 말을 하니 그가 이렇게 대답합니다. 이건 공산주의자의 대답입니다. "그렇다면 우리도 예수믿겠습니다." 여러분, 우리가 깊이 생각하여야 됩니다. 아무 변명도 하지 마십시오. 아무 설명도 따로 필요하지 않습니다. 오늘 우리에게 맡겨진 일은 이것입니다. '배고픈 자를 먹이라.'

이해인 수녀의 시 한 구절을 제가 소개해드립니다.

—살아 있을 때에 한 번이라도 더 한마디의 기도를, 한마디의 찬미를 바치게 하소서.

살아 있을 때에 한 번이라도 더 이웃에게 따뜻한 격려의 말과 웃음을 주게 하소서.

남이 몰라줘도 즐거워할 수 있는 조그마한 선행, 봉사를 한 번이라도 더 겸손한 마음으로 실천할 수 있는 용기를 주옵소서. △

종교개혁의 현주소

어리석도다 갈라디아사람들아 예수 그리스도께서 십자가에 못박히신 것이 너희 눈앞에 밝히 보이거늘 누가 너희를 꾀더냐 내가 너희에게 다만 이것을 알려 하노니 너희가 성령을 받은 것은 율법의 행위로냐 듣고 믿음으로냐 너희가 이같이 어리석으냐 성령으로 시작하였다가 이제는 육체로 마치겠느냐 너희가 이같이 많은 괴로움을 헛되이 받았느냐 과연 헛되냐 너희에게 성령을 주시고 너희 가운데서 능력을 행하시는 이의 일이 율법의 행위에서냐 듣고 믿음에서냐 아브라함이 하나님을 믿으매 이것을 그에게 의로 정하셨다 함과 같으니라 그런즉 믿음으로 말미암은 자들은 아브라함의 아들인줄 알지어다 또 하나님이 이방을 믿음으로 말미암아 의로 정하실 것을 성경이 미리 알고 먼저 아브라함에게 복음을 전하되 모든 이방이 너를 인하여 복을 받으리라 하였으니 그러므로 믿음으로 말미암은 자는 믿음이 있는 아브라함과 함께 복을 받느니라

(갈라디아서 3 : 1 - 9)

종교개혁의 현주소

자동차를 운전하고 다니는 사람들은 특별히 길에 관심이 많습니다. 길이 잘 열리면 아주 쉽게 갈 수 있기 때문입니다. 요사이 저녁마다 제가 노량진교회에서 전도부흥회를 인도하고 있는데, 여기서 노량진까지는 아주 가깝습니다마는 갈 때는 1시간 반이 걸리더라고요. 얼마나 지루한지 알 수 없습니다. 그런데 집회를 마치고 저녁 9시에 돌아올 때는 15분밖에 안걸립니다. 그러니까 15분 갈 길을 1시간 반 가는 것입니다. 길이라는 것이 이렇게 중요합니다. 좋은 길, 평탄한 길이 있으면 쉽게 편히 갈 수 있거든요. 그리고 노면이 좋아야 합니다. 울퉁불퉁하면 재미가 없습니다. 더우기 여기저기 공사판이 벌어져 있으면 이것 비켜가느라고 아주 힘듭니다. 또 같은값에 주변경치도 아름다우면 좋지요. 먼 경치를 감상할 수 있다든가 경관이 좋은 강변으로 달리든가 하게 되면 몇 시간을 운전해도 피곤하지 않고 즐겁습니다. 저는 이 운전을 하면서 늘 생각합니다. '이것이 인생이다. 인생철학이 따로 없다. 여기에 무궁무진한 진리가 있구나.' 어떤 때는 새로 포장한 길을 갈 때가 있습니다. 새까맣게 포장해놓은 길이 아주 좋고 평탄해서 이것 만드느라고 수고들 많이 했다 싶고, 또 고맙기도 하고 그렇습니다. 그런데 며칠 있다가 그 자리를 가보니 곡괭이로 전부 다 파헤치더라고요. 기계로 전부 뒤집어놓는 것입니다. 저는 이런 것을 볼 때 참 마음이 아픕니다. 엊그저께 길을 만들어놓고 왜 오늘은 그 길을 뜯어고치고 있나, master plan이 있는 것인가, 왜 일관되지 못한가, 목적은 어디에 있었던가, 생각을 합니다. 시간낭비요, 재산낭비요, 얼마나 잘못된 일인지 모릅니다. 그래서 저는 생각합니다. 개혁이라는 것이 이렇게 되기가 쉽구나, 하고 말입니다. 개혁이라는 것은 변화의 일종입니다. 이 세상은 변화합니다. 생명체는 변화합니다. 그런데 변화에는 두 가지가 있습니다. 썩어지는 변화가 있고, 성장하는 변화가 있습니다. 땅으로 기울어지는 변화가 있고 위로 향한 변화가 있습니다. 죽음으로 내리닫는 변화가 있고, 생명으로 치닫는 변화가 있는 것입니다. 그런데 먼저의 변화는 무의식적입니다. 무비판적이요, 세속적이요, 이유도 목적도 모르고 그저 줄레줄레 따라갑니다. 요새 화제거리가 되는 우스운 얘기가 있지요. 세간에 '황신혜 머리핀'이 그렇게 많이 팔린다면서요? TV 드라마의 여주인공이 머리에 꽂았던 머리핀 말입니다. 이 유행을 모르는 사람은 시대적으로 뒤떨어진 사람이라고들 합디다. 아무튼 이게 날개돋친듯이 팔려서 아예 트럭으로 가져다가 판다고 합니다. 한번 생각해보십시오. 황신혜 머리핀을 꽂는다고 황신혜 됩니까. 이것을 알아야 합니다. 도대체 궁합이 안맞는데 머리핀만 꽂으면 뭘합니까. 그게 무슨 상관입니까. 어쨌든 사람들은 이런 유의 변화를 일으키려고 합니다. 그래서 남들이 하는대로 줄레줄레 아무 생각 없이 따라가고 끌려갈 때가 많습니다.

그런가하면 의식적 변화, 생명적 변화, 선택적 변화, 목적적 변화, 확실한 목적이 있는 변화, 창조적인 변화가 있습니다. 이것을 개혁이라고 합니다. 그냥 고쳐보는 것이 아닙니다. 확실해서 고치는 것입니다. 한번 변화해보자는 것이 아닙니다. 뚜렷한 의식이 있어서 고치는 것이 바로 변화입니다. 변화되는 변화가 아니라 변화하는 변화요, 변화시키는 변화입니다. 이것이 개혁입니다. 여러분, 주변환경을 아무리 바꾸어본다고해도 그것으로 뭐가 달라지지 않습니다.

우리가 역사를 통해서도 이런 것을 볼 수 있지 않습니까. 공산주의를 했다가 자본주의를 했다가 민주주의를 했다가… 뭐 제도를 아무리 바꾸어보아도 이것가지고 되는 것이 아니더라고요. 어떤 사람들은 그저 답답해서 마누라도 바꾸어보고, 직업도 바꾸어보고, 이사도 해보고, 이민도 가보고… 별둔갑을 다해보는데, 소용없습니다. 중요한 것은 이것입니다. 내 마음 속에 변화가 와야 합니다. 인간성에 변화가 와야 합니다. 혹 어떤 사람은 자기의 옷차림도 바꾸어보고, 생활태도도 바꾸어보고, 이렇게저렇게 무던히 애를 씁니다마는 다 소용없습니다. 변화를 이루지 못합니다. 결국은 우리 마음속깊이 영적 존재의 변화가 와야 됩니다. 하나님과 나와의 만남의 관계, 이것이 바른 관계를 이룰 때 비로소 성품도 변하고, 언어도 변하고, 얼굴빛도 변하고, 그리고 인격도 생활도 변합니다. 사회를 변화시킬 수 있는 원동력도 여기서 나오는 것입니다. 요새 보면 많은 사람들이 개혁을 외칩니다. 그러나 소리뿐이지 정작 달라지는 것이 없습니다. 또 다른 사람에게 개혁을 요구합니다. 다른 사람 보고 바꾸라고 하면서 나는 부동자세입니다. 여기에 문제가 있는 것입니다. 가정에서도 보면 자기자신을 바꿀 생각은 안합니다. 나는 완전하다, 너무도 정확하다, 할일 다 했다고 합니다. 그래서 안되는 것입니다. 어느 부모가 몹시도 말썽을 부리는 자식한테 많은 얘기를 합니다. 부모들은 사실 공부를 잘했습니다. 자수성가 했고 또 훌륭하게 살아왔습니다. 그런데 아이들이 말을 안듣는 것입니다. 부모가 잔소리를 하고, 이 좋은 여건에 왜 이 모양이냐고 아무리 말해도 전혀 변화가 안일어납니다. 그래, 제게 와서 도대체 어떻게 해야 하느냐고 묻기에 이렇게 대답을 했습니다. "회개하시오." 그 부모가 제 말을 잘 알아들었던 것같습니다. 곧 집으로 돌아가서 아이들한테 이렇게 말했다고 합니다. "미안하다"—여기서부터 얘기를 풀어나갔더니 아이들이 "아닙니다. 우리가 잘못했습니다" 하더랍니다. 보십시오. 내가 태도를 고치지 않는데 상대방이 고쳐질 것같습니까. 문제아는 없습니다. 문제 부모가 있습니다. 내가 무엇이 문제라는 것도 모르고 있습니다. 나 자신에게 변화를 일으켜야 합니다. 내가 180° 돌려야 상대방이 90° 돌아가는 것입니다. 세상 달라지기를 바라지 마십시오. 몇백 번 둔갑해도 다를 것 없습니다. 나 자신, 내 신용 속에 문제가 있는 것입니다. 이것은 물리적인 것이 아니고, 형식적인 것이 아니고, 제도적인 것이 아닙니다. 헬라에 전해지는 이야기입니다. 어떤 왕이 정치를 잘해나가는데 이상하게도 그 나라에 도적질이 많습니다. 도적질을 근절할 길이 없습니다. 그래서 그는 엄한 법을 만들었습니다. '무릇 도적질을 하는 것은 눈으로 보는 데서 비롯되는 것이니 이제부터 도적질을 하는 놈은 눈을 빼버리겠노라.' 그랬더니 얼마동안은 정말 온나라가 도적질이 없이 조용했습니다. 그러다가 이 법이 선포된 후 맨첫번으로 도적질을 한 사람이 왕 앞에 끌려왔는데 아뿔싸, 그는 다름아닌 왕의 아들이더랍니다. 밖으로 개혁을 외치면서 안으로 썩고 있었던 것입니다. 다른 사람에게 변화를 요구하면서 나 자신은 지금 엄청나게 속으로 썩어들어가고 있었던 것입니다. 이것을 몰랐더라는 것이지요. 깊이 생각하여야 합니다. 우리는 이런 일을 너무나 많이 보고 있습니다. 개혁의 뿌리가 어디 있습니까. 그 현주소는 어디입니까.

종교개혁의 대표격인 마르틴 루터는 애초에 종교개혁을 하려고 했던 것이 아니었습니다. 그는 하나의 수도사일 뿐이었습니다. 수도원에 들어가서 수도생활을 하는 사람이었습니다. 이 속에서 죄를 지을래도 지을 것도 없습니다. 여자가 없으니 간음할 것도 없고, 사유재산이 없으니 도적질할 것도 없고… 물리적으로는 아무 죄도 없고 죄를 지을 수도 없는 형편입니다. 그러나 그는 하나님 앞에 기도할 때마다 죄책에 시달립니다. 그가 자기 죄목을 기록한 내용을 보니 시기, 질투, 의심, 음란한 생각, 욕심, 자존심… 이렇게 마음속에서 이루어지는 죄들뿐이었습니다. 그는 자기 죄 때문에 너무도 고민이 되어서 당최 견딜 수가 없었습니다. 그래서 유명한 얘기가 있습니다. 참 재미있는 얘기입니다. 루터는 늘상 내 죄, 내 죄, 하면서 고민을 하다가 신부를 찾아가서 고해성사를 합니다. 내가 이런 죄를 지었습니다, 내게 이런 죄가 있습니다…하고 하루에도 수십 번씩 찾아갔습니다. 마침내 신부는 그에게 말했습니다. "루터야, 죄 좀 모았다가 오너라." 내가 너 때문에 정말 괴로워서 못견디겠다, 들어보니 별 얘기도 아닌데 뭘 자꾸 그렇게 고민하느냐, 그 말입니다. 자, 생각해 보십시오. 여기에 해결이 있습니다. 내 죄, 내 죄… 문제를 깊이깊이 고민하는 거기서부터 개혁이 이루어지는 것입니다. 거기서 내 의가 다 무너지는 것입니다. 죄로 인한 고민 끝에 그는 마침내 신앙의 개혁을 이루고, 자기신앙의 개혁이 종교개혁으로 치닫게 된 것입니다. 루터는 바로 여기서 해결을 합니다. 그는 하나님의 의를 생각했습니다. 복음에는 하나님의 의가 나타났다(롬 1 : 17)—그는 하나님의 의로 인하여 많은 고민을 합니다. '성경을 읽어보니 하나님께서는 무서운 하나님이시구나, 죄인된 몸으로 하나님을 쳐다볼 때 너무나도 무서운 하나님이시구나…' 특별히 그가 쓴 창세기주석에 보면 노아홍수에 대해서 얼마나 무섭게 기록하는지 모릅니다. 인간의 죄로 인하여 하나님의 진노가 쏟아지는 장면을 엄청나게 무섭게 묘사하고 있습니다. 루터의 신앙의 가장 기본은 wrath of God—하나님의 진노 개념입니다. 제가 옛날 60년대 초에 '루터의 하나님의 진노 개념'에 대하여 논문을 썼는데, 저는 그것을 쓰면서 많은 것을 깨달았습니다. 정말 하나님께서는 무서운 하나님이십니다. 하나님의 진노, 이것부터 먼저 생각하여야 하는 것입니다. 루터는 이것 때문에 고민을 합니다. 참으로 많은 고민을 합니다. 그래서 자기가 할 수 있는 일은 다 해보았습니다. 명상도 해보고, 고행도 해보고, 참회도 해보고, 금식도 해보고, 특별히 자기 나름대로 성계단을 무릎으로 기어오르면서 입을 맞추기도 하고… 가톨릭에서 제시한 모든 방법을 다 써보았지만 여전히 죄 문제는 남아 있었습니다. 이것 때문에 통분하여 죽도록 고민을 하다가 그는 주님의 음성을 듣습니다. "의인은 믿음으로 말미암아 살리라(롬 1 : 17)"—이 큰 음성을 듣고 그는 벌떡 일어납니다. '그렇다! 복음에는 하나님의 의가 나타났다. 하나님의 의가 복음에 나타났고, 복음은 바로 십자가사건이다. 하나님의 진노는 십자가 위에 떨어진 것이다.' 그의 로마서강해에 보면 하나님의 진노가, 온인류를 향한 하나님의 진노가 십자가에 떨어질 때 벼락을 치듯이 꽝하고 떨어지게 되는데, 예수님께서 이를 견디지 못하시고 너무도 힘들어서 "하나님이여 어찌하여 나를 버리시나이까"—이렇게 부르짖으셨다고 말합니다. 하나님의 진노는 참으로 무서운 것입니다. 그러나 우리가 알아야 할 것은, 그것이 우리 위에 떨어지지 않고 예수 그리스도의 십자가 위에 떨어졌다는 것입니다. 이것이 복음입니다. 그래서 그는 그 순간을 이렇게 말하고 있습니다. '나는 여기서 전적으로 다시 태어나고 환하게 열린 문을 통하여 낙원 바로 그 자체에 들어가는 느낌을 받았다. 하늘문이 열리는 기쁨을 얻었다. 여기서 의롭다 하심을 얻었다. 의인은 믿음으로 산다. 오직 믿음으로.'

　'오직 믿음으로'라는 것은 '오직 은혜로'를 말합니다. 오직 은혜, 오직 긍휼입니다. 누가 하나님 앞에 서겠습니까. 이제까지 은혜로 살았고, 앞으로도 은혜로 살 뿐입니다. 오직 그 은혜 앞에 나는 겸손히 섭니다. 그래서 '져스티티아 파시바데'라고 하는 유명한 말이 있습니다. '파시바데' — 하나님의 은혜에 대한 수동적 자세입니다. passive righteousness, 능동적인 의가 아니라 수동적인 의입니다. 하나님의 의를 내가 받아들이는 겸손한 의입니다. 이것이 믿음입니다. 하나님의 사랑, 하나님의 은혜 — 이것을 받아들이는 데 있어서 먼저 행해야 할 것이 있습니다. 그것은 내 의를 포기하는 것입니다. 내 의를 완전히 포기할 때 그리스도의 의를, 하나님의 의를 받아들이게 됩니다.

　성지를 방문해본 분들은 다들 사해(死海)에 가보았을 텐데, 그림에 보면 사람들이 사해바다에 둥둥 떠 있는 채로 책을 봅니다. 저도 몇해 전에 사해에 갔었는데, 그때에 그 그림이 기억납니다. 그래, 여기서는 몸이 잘 뜨는가보다해서 한번 그 물에 제 몸을 띄워보았습니다. 가만히 뻗으니까 정말 몸이 잘 뜨는 것입니다. 물결에 따라 절로 몸이 흐르는 게 여간 재미있는 것이 아니었습니다. 그런데 같이 갔던 친구는 자꾸 텀벙거리기만 하고 가라앉습니다. 몇번이고 다시 해보았지만 물만 실컷 먹고는 도로 나왔습니다. 그러니까 안내자가 하는 말이 "손을 펴십시오. 죽었다, 생각하고 손을 펴십시오" — 그런데도 자꾸만 버둥거려가지고 한 15분 동안 헤매다가 한번도 못떠보고 말았습니다. 그래서 나중에 제가 그 친구한테 말했습니다. "너는 사해에 헛갔다왔다." 보십시오. 손을 들어야 됩니다. 나는 죽었다, 하고 가만히 있으면 몸이 둥실 떠오르는데 왜 버둥거려가지고 말썽입니까. 손을 드십시오. 하나님 앞에 백기를 들어야 됩니다. 깨끗하게 항복을 하십시오. 과거도 현재도 하나님, 내 죄를 용서해주신 것 고맙습니다, 앞으로도 용서해주시기를 바랄 뿐입니다, 하십시오. 아시겠습니까? 뭐가 잘났다고 도대체 뭘 내세운단말입니까.

제가 목회한 지 35년이 되는데, 여러 교인들의 가정을 살펴보면 어떤 집은 참 행복하게 사는데, 어떤 집은 참 안됐습니다. 살기는 사는데 티격태격합니다. 왜 저렇게 사나 싶습니다. 그 이유를 제가 꽤 오랫동안 연구했습니다. 보아하니 어떤 집은 그 집 안주인이 참 예뻐요. 남의 부인이지만 참 예쁘더라고요. 잘났지요, 똑똑하지요, 학벌 좋지요, 음식솜씨 좋지요… 그런데 이렇듯 예쁜 여자가 사랑을 못받습니다. 그래서는 밤낮 티격태격하고, 사느니 못사느니 합니다. 그렇게 한평생을 살아요. 참 안됐습니다. 그런가하면 어떤 집은 부인이 못생겼어요. 사실 얼굴 못생긴 것은 본인 잘못이 아니지요. 그렇게 태어난 것을 어떻게 하란말입니까. 그렇지만 참 안생겼다, 저런 얼굴이면 아마 거울 보고 싶지 않겠다 싶은 분들이 있습니다. 그런데 이상하게도 이런 부인은 남편의 사랑을 얼마나 많이 받는지 모릅니다. 우리 교회 여자화장실 앞에 핸드백 들고 서 있는 남자들이 대개 이런 부인의 남편입니다. 참 볼만합니다. 아무튼 아주 극진히 사랑받습니다. 그래서는 남편을 자기 맘대로 휘두릅니다. 도대체 어떻게 이럴 수 있나, 참 알 수 없는 일이구나, 했지요. 그러나 사실 비결은 간단합니다. 아주 간단합니다. 이 얼굴예쁜 여자는 어렸을 때부터 늘상 '너는 예쁘다, 똑똑하다'는 말을 듣고 자라서 콧대가 높습니다. 기고만장입니다. 그래서 나는 할일 다 했다, 너는 뭘하고 있느냐는 것이지요. 자기 의에 도취되어 있습니다. 그런고로 좌충우돌입니다. 누구에게도 사랑받을 수가 없는 존재입니다. 그런가하면 좀 덜생긴 분들은 남편한테 언제나 감지덕지하며 삽니다. 그저 나랑 살아주는 것만도 고맙지, 사흘에 한 번만 들어와도 고마울 뿐이지, 직장에 아름다운 여자들도 많은데 그리 안가고 이리로 돌아왔으니 얼마나 고마운 일이냐, 그것입니다. 또 자기가 차린 음식을 남편이 잘 먹으면, 이 시원치 않은 솜씨로 만든 것을 먹어주니 얼마나 고마우냐 싶습니다. 이런 마음이기 때문에 계속 사랑을 받는 것입니다. 여러분, 이것을 알아야 합니다. 신앙생활도 그렇습니다. self-righteousness, 내 의를 완전히 포기해야 합니다. 그러면 하나님의 은혜가 다가옵니다. 그 은혜를 내가 수용합니다. 이것이 믿음입니다.

마르틴 루터가 종교개혁을 할 때, 한쪽으로는 이성주의라고 하는 적이 있었습니다. 이것은 catholicism, rationalism입니다. 또하나는 소위 mysticism입니다. 아나밥티스트(anabaptist), 제세례파라고 하는 신비주의가 있었습니다. 여러분, 이것을 알아야 합니다. 이성주의도 인본주의요, 신비주의도 인본주의입니다. 내가 기도하고, 내가 금식하고, 내가 고행을 하고, 내가 선행을 해서 하나님 앞에 보상을 받아내겠다는 것입니다. 그리고 몸부림을 치는 것입니다. 이것도 또하나의 인본주의입니다. 그러면 '믿음으로'란 무엇이겠습니까. 이성을 다 포기합니다. 내 신비적인 노력이나 인간적인 공로, 내 의를 다 포기합니다. 그리고 깨끗한 마음으로 대합니다. 겸손하게 대합니다. 오직 하나님의 은혜만을 의지합니다. 이것이 믿음입니다.

그리고 오늘성경에도 말씀합니다마는 율법과 행위, 이것은 인본주의입니다. 믿음과 성령―영적 개혁이 여기에서 이루어집니다. 오늘본문은 우리에게 중요한 사실을 시사합니다. "성령으로 시작하였다가 이제는 육체로 마치겠느냐(3절)"―얼마나 중요한 말씀입니까. 가만히 보면 처음 예수믿을 때는 죄사함받고, 구원받고, 은혜에 감격합니다. 그런데 이제 예수믿어가기 시작하면서, 선행을 하고, 구제도 하고, 봉사도 하면서 점점 달라집니다. 이제는 자기 의를 내세웁니다. 내가 더 잘 믿는 것같고, 내가 이렇게 열심히 봉사를 하는데 왜 하나님께서는 내게 복을 안주시나 불평도 하고… 자기 의를 내세우고 공명심에까지 빠집니다. 사람들이 나를 알아주느니 안알아주느니 합니다. 이제 다시 성경으로 돌아가보십시오. '성령으로 시작했다가 육체로 마치겠느냐, 믿음으로 시작했다가 행위로 마치겠느냐.' 여러분, 깊이 생각하여야 합니다. 믿음으로 시작했으니 믿음으로 끝낼 것이요, 감사함으로 시작했으니 감사함으로 끝낼 것이요, 헌신하는 마음, 사랑하는 마음으로 시작했으니 끝까지 헌신하고 사랑할 것입니다. 사랑받는 데 신경쓸 것 없습니다. 오직 믿음으로―이는 내 노력과 내 의를 완전히 포기하는 그런 상태를 의미합니다. 여러분, 내 믿음의 현주소가 어디입니까? 어느새 내가 내 의만 내세우는 어이없는 인간이 되어가고 있지 않습니까? 다시 원점으로 돌아가서 처음사랑, 처음믿음으로, 오직 하나님의 긍휼, 하나님의 은혜에만 의지하는 깨끗한 심령으로 돌아가보십시오. 내 영혼에 개혁이 있을 때 내 신앙에 개혁이 있고, 내 신앙에 개혁이 있을 때 모든 생활에 새로운 역사가 이루어질 것입니다.

마르틴 루터는 '믿음이란 무엇이냐?'에 대해서 이렇게 정의합니다. ‘믿음은 구체적인 생활 속에서의 하나님과의 바른 관계를 말한다.’ right relationship between God and me — 하나님과 나 사이에, 구체적인 생활 속에서 — concrete life입니다. 우리 매일 사는 생활 속에서 하나님과 바른 관계를 맺어야 합니다. 아내와도 하나님과의 관계에서 대하여야 합니다. 자녀와도 하나님과의 관계에서 바른 관계로 대하여야 합니다. 하나님 앞에 죄인으로, 하나님 앞에 구원받은 죄인으로, 의롭다 하심을 얻은 죄인으로 살아가는 것입니다.

본문에서는 중요한 예를 들었습니다. 아브라함은 허물이 많은 사람입니다. 그러나 아브라함의 훌륭한 점은 하나님께서 말씀하실 때마다 믿었다는 것입니다. 아들을 주신다 하셔서 25년 동안을 기다렸는데 아직도 아들이 생기지 않았습니다. 그래서 실망도 했겠지요. 낙심도 했겠지요. 그러나 그는 하나님께서 말씀하실 때 믿습니다. 100년을 기다렸더라도 오늘 주신 말씀을 또 믿습니다. 깨끗하게 믿습니다. 이에 성경은 말씀합니다. 그 믿음을 보시고 의로 인정하셨다고. 바로 그 믿음입니다. 하나님의 말씀을 받아들이는 믿음, 이 믿음의 체질개선이 있어야 합니다. 대 포기가 있어야 새 용기를 얻게 됩니다.

오직 믿음으로, 오직 성령으로, 오직 말씀으로 — 여기에 참 개혁이 있고, 이 개혁으로 인하여 모든 생활에 변화가 함께 따라올 것입니다. △

홀로 남은 자의 고민

또 너희는 말하기를 주의 종 야곱이 우리 뒤에 있다 하라 하니 이는 야곱의 생각에 내가 내 앞에 보내는 예물로 형의 감정을 푼 후에 대면하면 형이 혹시 나를 받으리라 함이었더라 그 예물은 그의 앞서 행하고 그는 무리 가운데서 경야하다가 밤에 일어나 두 아내와 두 여종과 열한 아들을 인도하여 얍복 나루를 건널새 그들을 인도하여 시내를 건네며 그 소유도 건네고 야곱은 홀로 남았더니 어떤 사람이 날이 새도록 야곱과 씨름하다가…… 그 사람이 가로되 날이 새려 하니 나로 가게 하라 야곱이 가로되 당신이 내게 축복하지 아니하면 가게 하지 아니하겠나이다 그 사람이 그에게 이르되 네 이름이 무엇이냐 그가 가로되 야곱이니이다 그 사람이 가로되 네 이름을 다시는 야곱이라 부를 것이 아니요 이스라엘이라 부를 것이니 이는 네가 하나님과 사람으로 더불어 겨루어 이기었음이니라 야곱이 청하여 가로되 당신의 이름을 고하소서 그 사람이 가로되 어찌 내 이름을 묻느냐 하고 거기서 야곱에게 축복한지라 그러므로 야곱이 그곳 이름을 브니엘이라 하였으니 그가 이르기를 내가 하나님과 대면하여 보았으나 내 생명이 보전되었다 함이더라 그가 브니엘을 지날 때에 해가 돋았고 그 환도뼈로 인하여 절었더라 그 사람이 야곱의 환도뼈 큰 힘줄을 친고로 이스라엘사람들이 지금까지 환도뼈 큰 힘줄을 먹지 아니하더라

(창세기 32 : 20 - 32)

홀로 남은 자의 고민

미국 LA의 UCLA대학 로저 골드 박사는 성인의 심리발달을 7단계로 설명하고 있습니다. 여기서 성인이란 16세 이후의 나이를 지칭하는 것입니다. 그는 다음과 같이 구분해서 발달과정을 설명하고 있습니다. 16세에서 17세는 도망기라고 하는 시기로, 부모의 통제로부터 혹은 선생님의 간섭으로부터 어떻게든 도망해보려고 하는 반항적인 시기라는 것입니다. 아마 여러분도 다 겪어보았을 것입니다. 18세부터 22세는 탐색기라고 합니다. 이때는 여러 가지 가능성을 놓고 내가 앞으로 무엇을 하여야 하나, 또 어떤 사람이 될 것인가, 나름대로 탐색을 하게 됩니다. 23세로부터 28세까지는 투쟁의 시기로서 생존을 위하여, 혹은 경쟁자와의 무서운 싸움에서 이기고 때로는 살아남기 위해서 피나는 싸움을 벌여야 하는 시기라고 말했습니다. 또 29세로부터 34세는 회의의 시기라고 합니다. 열심히 뛰면서 이제 깊이 생각을 하게 됩니다. 도대체 어떻게 될 것인가, 내 운명이 어떻게 되나, 지금 어디로 가고 있는가? 자기가 하고 있는 일에 대해서, 자기 미래에 대해서, 주어졌던 가능성에 대해서 회의를 느끼기 시작한다는 것입니다. 35세로부터 43세까지는 불안의 시기라고 합니다. 이때는 허탈에 빠지고 어딘가 초조해지기 시작합니다. 이대로 끝나는 것 아닌가? 더 발전하지 못하는 자기자신을 보면서 가능성의 한계를 느끼고 위기를 느끼고 허탈감에 빠지고 초조해진다는 것입니다. 44세로부터 50세까지는 회고의 시기라고 합니다. 지난날을 생각해봅니다. 무엇을 얻었고 무엇을 잃었나, 깊이 생각하게 됩니다. 또 후회되는 것이 너무 많습니다. 이렇게 했어야 되는데, 저렇게 했어야 되는데, 하고 지난일을 후회하게 된다는 것입니다. 회고하게 됩니다. 그리고 50대를 넘으면서 성숙의 시기가 온다고 말합니다. period of mellowing—이제 비로소 정착이 되는 것입니다. 로저 골드 박사는 사람이란 50대에야 철이 난다고 했습니다. 사실은 부부간의 사랑도 50대부터 진짜라고 합니다. 그 전에는 철딱서니가 없는 것이지요. 이제 생각을 하기 시작합니다. 무엇이 중요했던가? 재산이 아니요 역시 사람이 중요하고, 출세가 아니요 내 진실이 중요하다는 것입니다. 나는 무엇을 얻었고 무엇을 잃었나, 생각해보면 마지막에 남는 것은 가족입니다. 그리고 가까운 친구가 있을 뿐입니다. 정말로 소중한 것이 무엇인지를 유감스럽게도 그때부터 생각한다는 것입니다.

인생은 한평생 공부를 한다고 생각합니다. 지능이 높든낮든 사람은 한평생 공부를 하는 것입니다. 학교공부와는 관계없습니다. 우리는 먼저 가치관에 대해서 공부하고 있습니다. 무엇이 중요한가—생각해보십시오. 아주 어렸을 때는 먹는 것만 있으면 됐습니다. 사탕 한 알이면 족합니다. 그 다음에는 친구가 소중하고, 장난감이 소중하고, 그 다음에는 사랑하는 사람이 있어야 되고, 그 다음에는 출세를 해야 되고, 사업을 해야 되고, 명예를 얻어야 됩니다. 이렇게 허우적거리면서 무엇이 중요할까 해서 가졌던 걸 버리고 또 다른 것을 취하고, 또 다른 것을 취하기 위해서 또 다른 것을 버려야 하고, 이렇게 반복하면서 우리는 가치관을 나름대로 정립해갑니다. 그런가 하면 어이없게도 목적을 배웁니다. So what? 무엇 때문인가? 우리는 무엇 때문에 이 일을 해야 하는가? 목적을 다시 묻게 됩니다. 실패와 성공은 소유에 있는 것이 아니라 목적에 있습니다. 목적을 바로 세우고 목적에 유감 없고 목적에 자신이 있어야 그것이 성공한 것입니다. 목적이 흔들리면 실패할 것입니다.

또한 인간은 궁극을 배웁니다. 인간에게 주어진 추리능력은 대단한 것입니다. 특별히 우리는 앞에 어떤 일이 있을 것인가, 그 D-day란 무엇을 말하는 것인가, 인생의 마지막에 무엇이 있는가, 끝에 가서는 무엇이 있는가, 우리는 생각하여야 합니다. 그 다음문제를 생각하며 공부하고 있는 것입니다. 그런데 유감스러운 것은 이것들을 미리 알고 출발하여야 한다는 것입니다. 일찍 알수록 그는 좀더 보람있는 생을 살 수 있을 것입니다. 책을 읽기도 합니다. 남의 이야기를 듣기도 합니다. 남의 죽음을 보기도 합니다. 남의 실패와 성공을 보기도 합니다. 병든 사람을 방문하기도 합니다. 갖가지 사건을 간접적으로 경험합니다. 그러나 사람은 참 미련합니다. 내가 직접 경험하기까지는 못배웁니다. 깨닫지를 못합니다. 확실하게 깨닫지를 못합니다. 그래서 엎치락뒤치락합니다. 생각해보십시오, 무엇이 중요한가. 이제와서 알아서야 되겠습니까. 목적을 처음 출발할 때부터 알았어야지 이제 쉰이 되어가지고 인생이 무엇이냐를 생각하다니 이것이 될 이야기입니까. 도대체 인생은 무엇을 위해 사느냐를 이때가서 물어서야 되겠습니까. 그러나 그때에도 묻지 못하니 걱정이지요. 이래서 실패가 오는 것입니다. 인생궁극은 피할 수 없는 길입니다. 그렇다면 진작부터 알고 출발했어야 되는 것 아닙니까. 그러나 끝까지 모르고 끝내 생각지 못하고 '이럴 줄 몰랐다' 하고 끝내는 것입니다. 이 얼마나 한심한 인생입니까. 인생은 one way trip입니다. 한 번 가고 못오는 것입니다. 이 소중한 생을 그렇듯 멍청하게 살아놓고 이제와서 어떡하자는 것입니까.

인생은 고독합니다. 홀로 나서 홀로 살고 홀로 고통을 당하고 그리고 홀로 죽습니다. 이 문제를 진작 알았어야 합니다. 본래부터 혼자인데 혼자 아니라고 생각하는 그 착각 때문에 문제가 됩니다. 여러분 주변에 사람이 얼마나 많이 있건 상관없습니다. 어차피 나는 혼자 가는 것입니다. 이것을 잊지 말아야 됩니다. 그리고 나 자신의 존재를 극대화하여야 됩니다. 주변이야기에 대해서는 대충 생각하십시오. 그 변화가 내게 중요한 것이 아닙니다. 또한 모든 책임은 하나님 앞에서 내가 져야 합니다. 그런데 누가 대신 져줄 것처럼, 누가 대신 살아줄 것처럼 착각하고 있습니다. 그러는 동안 인생을 허무하게 살아가게 됩니다. 내가 책임져야 한다는 것을 깨달을 때까지는 바른 생을 살 수가 없는 것입니다. 이것이 내 정체입니다. 본래적으로 고독하고 현실적으로 고독하고 궁극적으로 고독합니다. 고독과 자유는 동전의 앞뒷면과도 같습니다. 가끔 어떤 분이 "남편이 세상을 떠나고 아이들은 다 시집가버리고 장가가버리고, 나는 혼자예요, 목사님." 그럽디다. 그리고 눈물을 흘립니다. 그래 제가 "왜 혼자라고 생각하십니까. 자유다, 생각하지 고독하다고 할 것 없습니다. 자유라고 생각하면 아무 문제도 아닌데. 이제 내 책임을 다 벗었다 생각하고 일어서야죠. 인간은 본래부터 혼자였다고요"라고 얘기해보았습니다.

희곡작가 토마스 울프가 안개가 뽀얗게 낀 어느날 아침 산책을 하고 있었습니다. 그런데 우유배달을 막 마친 마부가 마차를 세워놓고 말 배에다가 자기어깨를 척 기대고는 말 목을 끌어안고 쓸어주고 있는 것입니다. 그 뿌연 안개 속에서 보니 그 광경은 그대로 한폭의 그림입니다. 아주 아름답다, 생각을 하고 저 우유배달부에게 무슨 사연이 있을 텐데, 하다가 그냥 돌아왔습니다. 그리고 자기 비서에게 "오늘아침에 난 참 아름다운 광경을 보았네. 우유배달부가 자기 말에 기대어 말을 쓰다듬고 있는 모습이 참 아름답더군. 무슨 사연이 있을 것같은데…"하고 얘기했더니 그 비서가 "선생님, 그러면 무슨 사연이 있느냐고 좀 물어보시지 왜 그냥 오셨습니까?"하고 물었습니다. 그러자 희곡작가는 역시 작가다운 대답을 하였습니다. "한 토막 노동끝에 고독을 즐기고 있는 그 무게있는 순간을 어찌 유치한 질문으로 파괴할 수 있겠나." 얼마나 멋진 대답입니까. 그 아침 우유배달을 다 끝내고 지금 편안한 마음으로 혼자서 고독을 즐기고 있는데 시시한 질문을 해가지고 남의 마음을 어지럽혀서야 되겠습니까. 여러분은 고독을 얼마나 즐겨보았습니까? 고독을 즐길 줄 아는 지혜를 터득할 때까지는 여러분은 절대로 고독으로부터 자유할 수 없습니다. 고독으로부터 자유하려면 바로 이것을 승화시킬 수 있는 극복능력이 있어야 합니다. 해석능력이 있어야 됩니다. 적응능력이 있어야 됩니다. 유감스러운 것은 우리가 복잡한 세대에 이렇게 톱니바퀴에 끌려가듯이 살다보니 내가 사는 것인지 누가 사는 것인지, 누구 생을 살아주는 것인지 정신이 없습니다. 나라는 존재에 대한 인식이 없습니다. 요새젊은이들 가만히 보면 꽤 머리도 똑똑하고 다 좋은 것같아도 존재의식이 형편없습니다. 잠시도 혼자 있지를 못합니다. 불안하고 초조해서 단 한 시간도 혼자 있지를 못합니다. 이 정도로 허약해서야 되겠습니까. 정신적으로 홀로서기를 못합니다. 깊이 생각하여야 합니다. 하루도 좋고 며칠이라도 좋습니다. 혼자서 조용히 생각하고 명상할 수 있으면 얼마든지 스스로 행복할 수 있는데 그래, 꼭 친구가 있어야 하고 애인이 있어야 하고 무엇이 있어야 한다니 얼마나 시시한 인간입니까. 그것이 본래적인 것이 아닙니다. 그까짓 애인도, 아무리 내가 사랑하는 사람도 내 실존에 동참하지는 못하는 것입니다. 누군가가 나와 함께 있으면 될 줄로 생각하는 것입니다. 착각입니다. 그 착각에 사는 동안 그는 참생을 살아갈 수가 없다는 말씀입니다. 실존을 아는 자에게만 참자유가 있는 것입니다. 인생은 고독을 통해서만 참생을 배웁니다. 홀로 설 때에만 비로소 인생이 출발하는 것입니다.

오늘본문에 야곱이라는 사람이 있습니다. 이 사람은 적극적이고 욕심이 많은 사람입니다. 축복에 대한 열망도 대단합니다. 형과 아버지까지 속여가면서 장자의 명분을 갈취했던 사람이요 아주 집요한 사나이입니다. 삼촌댁에 가서 20년 동안 머슴살이를 하면서 재산을 모았고, 특별히 얼마나 열렬히 사랑했던지 한 여자를 얻기 위해서 14년 동안 머슴살이를 합니다. 아무리 생각해도 이렇게 화끈한 연애한 사람 없을 것같습니다. 불같은 사랑을 했습니다. 그는 성공한 사람이라고 봅니다. 소와 양이 많고 12자녀가 있고 그리고 실상은 네 아내도 있습니다. 목숨같이 사랑하는 사람들이 여기에 있습니다. 그렇게 성공하여 이제 고향으로 돌아옵니다. 그러나 이제는 상황이 달랐습니다. 이제 형을 만나야 하는데 20년 전에 자기가 속였던, 그래서 원한을 샀던 형이 자기를 만나러 무리 400명을 거느리고 온다, 합니다. 400명의 장정을 거느리고 자기를 맞으러 온다는데 어떻게 맞아야 하나? 살리려고 오는지 죽이려고 오는지, 불확실한 그 미래 때문에 그는 고민합니다. 이제 그 앞에 쌓여 있는 물질이 아무 소용 없습니다. 아무도 그를 위로하지 못했습니다. 그래서, 오늘말씀대로 정말 홀로된 것을 느꼈습니다. "홀로 남았더니"—혼자입니다. 재산이 소용없고 가족들이 그를 위로하지 못합니다. 그는 답답한 중에 자기로서 할 수 있는 최선의 일을 다 했습니다. 형님의 마음을 사기 위해서 예물을 보냅니다. 바리바리 예물을 실어보냈고, 혹시라도 형이 와서 한쪽을 칠는지도 모르니까 그러면 도망갈 생각까지 해서 가족을 분산시킵니다. 그리고 심부름하는 사람에게 얘기합니다. "주의 종 야곱이 우리 뒤에 있다 하라." 무슨 말입니까. 형님이라고 하지 않았습니다. 당신의 동생이 뒤에 있습니다,가 아니고 주의 종 야곱이 뒤에 있다, 라고 말합니다. 야곱은 형님을 '주' 라고 불렀습니다. 당신은 주인이요 나는 종입니다—이렇게 깍듯한 예절로 형님을 높이 추대해보기도 합니다. 그리고 다음 장에 보면 그는 형님을 만날 때 일곱 번 땅에 엎드려 절을 합니다. 형님과 화해하기 위해서, 형님의 마음을 사기 위해서 이렇듯 할 수 있는 일을 다하고 최선을 다했지마는 그러나 마음은 점점 졸여옵니다. 초조하고 불안해서 견딜 수가 없습니다. 모든 일이 후회스럽기만 합니다. 그 순간 그는 홀로 남은 것입니다.

저는 어느 장로님의 임종을 지켜본 적이 있습니다. 이 장로님은 연세가 많으신데 상처(喪妻)하고 뒤에 늦게 결혼을 하면서 52세에 첫아들을 낳았습니다. 이 장로님이 교회를 위해서 수고를 많이 했습니다마는 어느날 갑자기 심장에 탈이 나서 병원에 입원을 하게 됩니다. 눕지도 못하고 앉아서 숨을 몰아쉬며 아주 괴로워합니다. 제가 가서 앉았을 때 그는 이렇게 말하는 것이었습니다. "하던 사업을 내가 떠나면 어떻게 합니까? 하나도 정리된 것이 없고 후계자도 없는데 내가 죽으면 이 많은 사업, 그렇게 아끼던 사업, 이걸 어떻게 합니까?"하고 사업에 대한 걱정을 자꾸만 합니다. 저는 한참 기다려서 이렇게 말해주었습니다. "장로님, 지금 그런 것 걱정할 때가 아닙니다.” 그랬더니 그 다음에는 자녀들 걱정을 합니다. 아직 다 어린데, 시집 장가 하나도 못보냈는데, 내가 가면 다 뭐 먹고 사나, 하고 또 한참 걱정을 합니다. 그래 또 제가 말해주었습니다. “지금 그런 걱정할 때가 아닙니다.” 그러자 마지막으로 그는 “목사님, 저를 위해서 하나님께 기도드려주십시오. 지금 세상을 떠나면 내가 주님을 반가운 얼굴로 대할 수가 없습니다. 왜냐하면 헌금해야 될 줄도 알고 봉사해야 될 줄도 알고 예배당 짓는 데 듬뿍 헌금을 해야 될 줄 알면서도 그저 자식들 걱정해서, 저것들 위해서 돈 좀 모아놓아야지, 좀더 벌어야지, 하며 요래조래 미루어왔습니다. 너무 많이 미루어왔어요. 마땅히 해야 될 일을 안하고 미루어왔는데 이제 내가 이대로 부르심을 받으면 하나님 앞에 부끄러워 설 수가 없습니다”하고 아주 간절하게 얘기합니다. 여러분, 우리가 주님의 부르심을 받을 때 마지막으로 가져야 될 관심이 무엇이겠습니까. 홀로 남았습니다. 아무것도 쓸데가 없습니다.

인도에 옛날부터 전해지는 이런 에피소드가 있습니다. 어떤 제자가 스승에게 “어떻게 하면 신을 만날 수 있을까요?”하고 물었더니 이 스승은 다짜고짜로 이 제자를 데리고 나가 강물에다 집어처넣었습니다. 죽겠다고 하는 것을 꾹 누르고 있다가 죽기 직전에 끌어냈습니다. 숨이 차서 버둥거리니까 그때에야 스승이 말하기를 “죽기 직전 심정으로 찾으면 신을 만날 것이니라. 죽기 직전 마음으로 찾으면 하나님을 만날 것이니라”라고 말했답니다. 그렇습니다. 지혜는 다른 데 있는 것이 아닙니다. 오늘이 마지막날이다, 하고 주님과 일대 일로 만나는 바로 그 고독한 대면에서 자신을 생각해보십시오. 여기서 주님을 만나고 그 음성을 듣게 될 것입니다. 야곱은 홀로 남았습니다. 그동안 쓸데없는 생각 했던 것 혹은 수고, 그 모든 가치를 다 부정해버립니다. 가족도 재물도 다 소용이 없다는 것을 이제야 깨닫습니다. 그리고 가장 중요한 것이 무엇인가를 이제야 알았습니다. 고향을 떠났을 때 벧엘에서 만나주셨던 하나님을 생각하며 하나님 앞에 무릎을 꿇습니다. 하나님과 일대 일로 만나면서 하나님 앞에 기도합니다. 그리고 하나님의 위로와 하나님의 말씀을 듣고자 합니다.

오페라 「아이다」의 작곡가 베르디(Giuseppe Verdi)는 여러분도 잘 아실 것입니다. 이 베르디의 음악 중에서도 특별히 그의 오페라 곡들이 유명한데 베르디가 첫번오페라 작곡을 해서 데뷔를 할 때의 일입니다. 초연을 앞두고 그는 마음이 초조합니다. '사람들이 어떻게 평가해줄라나, 인기가 있을라나 없을라나, 여기서 내 운명이 좌우되는데…' 그는 타는 마음으로 저 구석에 앉아서 고개도 들지 못하고 공연을 지켜보았습니다. 공연이 끝났습니다. 모두가 기립해서 환호성을 올리며 갈채를 보냅니다. 그러나 베르디는 그 환호하는 군중들의 소리는 못들었다고 합니다. 오직 저 위 한쪽에 앉아 관람하고 있는 유명한 선배작곡가 롯시니(Rossini)의 얼굴만 쳐다보고 있었다고 합니다. '저분은 어떻게 여길까. 만족하게 여기나, 아니면 실망하나?' 그 롯시니의 얼굴만 간절하게 목말라 쳐다보았다는 것입니다. 여러분, 세상이 나더러 잘했다고 하든 못했다고 하든, 성원을 보내든 멸시를 하든, 그것이 뭐 대수로운 일입니까. 홀로 남은 심정으로 이제는 주님의 얼굴을 쳐다보십시오. 주님께서 내게 무엇이라고 말씀하시는지, 그가 나를 어떻게 평가하실는지, 여기에 관심을 두어야 합니다. 이 가을, 우리는 고독을 생각합니다. 다가오는 겨울은 더

더욱 고독하게 될 것입니다. 우리는 다시한번 하나님과 일대 일로 만나면서 거기에서 그의 음성을 들어야 하겠습니다. 그리고 다시 시작하여야 되겠습니다. 야곱이 얍복 강을 건너가서 형님을 만납니다. 그와 같은 축복의 시간이 여러분에게 있기를 바랍니다. △

하나님의 인내

　사랑하는 자들아 주께는 하루가 천 년 같고 천 년
이 하루 같은 이 한 가지를 잊지 말라 주의 약속은
어떤 이의 더디다고 생각하는 것같이 더딘 것이 아니
라 오직 너희를 대하여 오래 참으사 아무도 멸망치
않고 다 회개하기에 이르기를 원하시느니라 그러나
주의 날이 도적같이 오리니 그 날에는 하늘이 큰 소
리로 떠나가고 체질이 뜨거운 불에 풀어지고 땅과 그
중에 있는 모든 일이 드러나리로다 이 모든 것이 이
렇게 풀어지리니 너희가 어떠한 사람이 되어야 마땅
하뇨 거룩한 행실과 경건함으로 하나님의 날이 임하
기를 바라보고 간절히 사모하라 그 날에 하늘이 불에
타서 풀어지고 체질이 뜨거운 불에 녹아지려니와 우
리는 그의 약속대로 의의 거하는 바 새 하늘과 새 땅
을 바라보도다

(베드로후서 3 : 8 - 13)

하나님의 인내

이러한 이야기가 있습니다.

퇴근시간 즈음에 일기예보에도 없었던 장대같은 소나기가 쏟아졌습니다. 퇴근길에 선 사람들은 이리저리 비를 파하면서 허둥지둥 뛰어다니고 있었습니다. 그러던 중에 다섯 명 정도가 가까스로 비를 피할 수 있는 작은 집 처마 밑에 다섯 명이 옹기종기 비좁게 서서 초조히 비가 멎기를 기다리고 있었습니다. 이때 뚱뚱하게 생긴 아주머니 하나가 그 틈바구니에 비집고 들어옵니다. 도무지 들어설 자리가 없는데 막 밀치고 들어오는 바람에 청년 하나가 그만 밀려나게 되었습니다. 어이가 없지마는 이 밀려나는 것을 보고 모두가 외면했는데 함께 서 있던 노인 하나가 이렇게 말을 하는 것입니다. "젊은이, 세상이란 게 다 그런 거라네." 이 말을 들은 청년은 노인을 물끄러미 바라보다가 빗속으로 비를 맞으며 뛰어나갔습니다. 그러더니 한참만에 비닐우산 다섯 개를 사들고 와서 거기 서 있는 사람들에게 하나씩 나누어주는 것이었습니다. 그리고 그 노인에게 한마디 합니다. "세상은 절대로 다 그런 것이 아닙니다." 네 사람은 우산을 들고 좋아라 하고 다 갔지마는 이 노인은 한참 생각하더니 우산을 땅에 놓고 비를 맞으며 빗속으로 사라지는 것이었습니다.

이 이야기는 무엇을 말해주고 있습니까. 여러분은 세상을 어떻게 보십니까? 정말 세상은 다 그렇고그런 것입니까? 아직도 세상에 소망은 있다고 생각하십니까? 아니면 총체적으로 부패해서 기대해볼 것도 없이 절망하고 있습니까? 기다려볼만한 가치가 있는 것입니까? 얼마나 더 기다리면 좋겠습니까? 그렇다면 내가 할 일은 무엇입니까. 여러분이 아직도 세상에 대하여 무엇인가를 기대하고 있다고 한다면 기다리는 동안에 내가 할 일은 무엇이겠습니까. 장관의 말씀에 의하면 현재 우리는 음식쓰레기를 연간 8조 원어치나 버린다고 합니다. 생활쓰레기의 31%가 음식쓰레기라고 합니다. 생각하면 다 먹을 수 있는 것입니다. 저 북녘땅에서 옥수수가루를 먹고 있는데, 이것은 한 달 반만 되면 썩어버립니다. 그러니까 뭐 불량이고뭐고 할 것도 없는 것입니다. 이것은 3년 묵은, 돼지가 먹는 것입니다. 이 옥수수가루에 풀을 넣어 죽을 쑤어서 그것을 가지고 연명을 한다는데, 우리는 지금 멀쩡한 음식쓰레기를 엄청나게 버리고 있습니다. 생각해보십시오. 우리가 어렸을 때, 그 옛날에 보지 않았습니까. 농촌에서는 음식을 절대로 버리지 못합니다. 버리면 큰일나는 줄 압니다. 버릴 것이 있다면 다 모아서 그것으로 돼지를 기릅니다. 돼지 기르면 냄새나는 것 다 압니다. 온동네에 냄새가 납니다마는 상관없습니다. 음식을 버리면 천벌을 받는 것으로 알고, 그렇게 배워왔습니다. 그러던 우리가 언제부터 건방져가지고 이 모양이 되었습니까?

자, 하나님 편에서 한번 봅시다. 걱정되는 것이 있습니다. 이렇게 음식을 내버리는 사람들에게서 이 다음에 양식을 거둬가시면 어떻게 하나, 하는 걱정입니다. 이렇게 미련한 짓을 하는 인간들을 그래도 불쌍히 여기시고 금년에도 풍년을 주셨다니 이 어찌 감사하지 않을 수가 있겠습니까. 우리가 하는 짓 보면 정치, 경제, 사회, 문화, 무엇을 보아도 하나 신통한 것이 없습니다. 당장 저주해버리고 싶은 마음도 있으시겠지요. 그러나 하나님께서는 오늘도 참아주십니다. 개인적으로나 여러분의 사생활에도 보십시오. 하나님께서 많이많이 참아주셔서, 오래오래 참아주셔서, 그 은혜 가운데, 그 위대한 은혜

가운데, 하나님의 인내 속에 오늘 우리가 있는 것 아니겠습니까. 문제는 여기에 있습니다. 여전히 하나님께서는 우리 자신보다 우리 죄를 더 잘 아십니다.

우리가 실망하고 있고, 이것이 부패요 저것이 잘못됐다고들 하지마는 그보다 더 깊고깊은, 우리가 미처 생각하지도 못하는 그 많은 부패상, 하나님 앞에야 오죽하겠습니까. 하나님의 시선으로 보실 때 그 많은 죄악을 하나님께서는 다 아시고 계십니다. 아시고, 그리고 우리를 사랑하시는 것입니다. 하나님께서는 여전히 사랑하고 계십니다. 하나님께서는 세상을 이처럼 사랑하사 독생자를 주셨습니다. "이처럼" 오늘도 사랑하고 계십니다. 그리고 하나님께서는 오늘도 여전히 우리를 향하여 기다리십니다. 실망하시지 않습니다. 기대를 걸고 기다리신다는 것입니다. 오늘본문에서 말씀합니다. 분명히 말씀합니다. 하루를 천 년같이 기다리십니다. 천 년을 하루같이 뜨겁게 사랑하십니다. 기다림에는 하루가 천 년같고 사랑함에는 천 년이 하루같이, 오늘도 우리를 기다리고 계십니다. 그런데 이 종말론적 심판이라고 하는 것, 혹은 종말론적 약속이라고 하는 것에는 이중의 의미가 있습니다. 축복과 저주, 구원과 심판이 함께 있는 것입니다. 한 사건 속에서 동시적으로 역사합니다. 우리는 구원받기를 바랍니다. 구원받으려면 심판받는 자가 있습니다. 심판받아야 할 사람이 심판받을 때에야 구원받을 사람이 구원을 받게 되는 것입니다. 구원과 심판이 함께 있습니다. 여기에 하나님의 신비로운 인내가 있는 것입니다.

하나님의 기다리심—가만히 생각해보십시오. 이것은 성도의 고난을 말합니다. 성도들, 하나님의 뜻대로 살아보고자 애쓰고 진실한 분들 많습니다. 하나님께서 이들에게 복을 주시고 평안함을 주시고 행복을 주셔야겠지요. 그런데 이 사람들, 기다립니다. 복주시는 것을 기다리고, 그들에게 주실 행복 주시기를 기다립니다. 그런고로 성도가 고난을 당합니다. 이렇게 고난당하는 일이 있고, 또 한편으로는 악인의 일시적인 형통이 있습니다. 이것이 하나님의 인내입니다. 악한 사람들이 악으로 기울고 있고 죄악에 머물고 있는데 이것을 용납하시는 동안 성도에게는 고난이 있고 악인에게는 형통이 있고 득세가 있다는 말입니다. 그런고로 하나님의 인내의 성격이란 먼저는 하나님의 아픈 가슴을 의미하는 것입니다. 하나님 자신이 고통을 당하시는 것입니다. 이 죄악을 참으시고, 이 불의를 참으시고 견디십니다. 하나님께서 몸소 아픔을 겪으십니다. 하나님 자신이 고통을 당하시는 것입니다. 또한 성도의 고통을 애처롭게 여기십니다. 성도들의 고난당하는 것을 마음아프게 여기시며 기다리고 계십니다. 일본작가 엔또 슈사쿠(遠藤周作)의 작품에 「침묵」이라고 하는 소설이 있습니다. 일본에 들어온 기독교, 천주교가 많은 박해를 당할 때, 극심한 박해를 당해서 많은 성도들이 순교할 때에 되어진 일을, 역사적인 사실을 주제로 해서 쓴 책입니다. 박해자들은 예수믿는 사람들 십자가 좋아하는데 너희들도 십자가에 죽어보라, 하고 사람들을 십자가에 비끌어매어서 죽이는데, 바닷물이 쏴 빠진 다음에 바다 한가운데다 십자가를 세워놓고 거기에 사람들을 묶어놓습니다. 이제 밀물 때가 되면 물이 점점 차오릅니다. 이윽고는 물 속에 푹 잠겨서 꼼짝없이 죽게 되는 것입니다. 단숨에 죽이지를 않고 이렇게 고통을 길게 하여 죽이는 것입니다. 그리고, 어느 때에라도 예수를 배반하고 하나님을 버리면 용서하겠다는 조건을 답니다. 두 사람의 가톨릭

교인이 여기서 순교를 하게 되는데, 물이 점점 차오릅니다. 그들은 계속 하나님 앞에 기도하고 있습니다. 이것을 지켜보는 네덜란드 신부는 멀리서 저들을 위하여 기도합니다. 너무 안타까워서 견딜 수가 없었습니다. “하나님이여 어찌하여 침묵하시나이까?” 이런 순간에 왜 하나님은 잠자코 계시느냐고 목을놓아 통곡하며 기도합니다. 그 때 그의 뒤로 강하게 하나님의 음성이 들려왔습니다. “나는 침묵하는 것이 아니라 저들의 고통에 동참하고 있는 것이다.” 하나님께서 고통을 함께하신다는 말씀입니다. 하나님 자신이 우리들의 고난을 지켜보시면서 그 아픔에 동참하고 계신 것입니다. 왜 그러시는 것입니까. 여기에 이유가 있는 것입니다. 보다 많은 사람을 구원하시기 위하여, 하나님의 구원의 역사를 이루시기 위하여 이 고난을, 애처롭게 순교하는 자의 죽음을 지켜보고 계시는 것이 하나님의 인내입니다.

하나님께서는 또한 오만한 자의 교만도 참으십니다. 일본이 한창 제국주의로 득세하고 있을 때, 제국주의자들끼리 손을 잡았습니다. 나치독일과 일본이 손을 잡을 때 일본의 수상 도오조(東條)가 독일의 히틀러를 방문했습니다. 히틀러가 많은 사람 앞에서 독일군의 사열을 보여주었습니다. 힘차게 발맞추어 지나가는 사열대를 보고 히틀러가 잔뜩 우쭐해져서 도오조에게 한마디 했습니다. “우리 독일군은 하나님 외에는 아무도 무서워하지 않아요. 천하무적이지요.” 이렇게 자랑을 했습니다. 일본의 도오조가 이에 응수합니다. “우리 일본군은 하나님도 무서워하지 않습니다.” 이 오만한 사람, 이 교만한 사람들을 하나님께서는 오래오래 참으셨습니다. 그 말 끝에, 얼마 후에 일본이 망했습니다. 여러분, 생각해보십시오. 하나님이 없다고 하는 사람, 하나님의 능력을 부인하는 사람, 많은 사람이 얼마나 하나님을 욕되게 합니까. 그러나 하나님께서는 오늘도 오래오래 참으십니다. 여기에 하나님의 인내가 있습니다. 그리고 하나님께서는 이렇게 참아가시는 중에 회개할 기회를 주십니다. 모든 사람이 주님께 돌아오기를 기다리십니다. 그리고 하나씩하나씩 하나님 앞에 돌아오는 자들을 보시면서 기뻐하십니다. 잃어버린 양 한 마리를 찾은 사람처럼 기뻐하십니다. 탕자가 돌아오는 것을 기뻐하며 잔치를 하던 아버지처럼 하나님께서는 오늘도 한 심령 한 심령 회개하고 돌아오는 자를 보시며 기뻐하십니다. 그 기쁨으로 이 아픔을 견디시는 것입니다. 이 기쁨이 너무 크기에, 천하보다 귀한 한 생명 회개하고 돌아오는 것이 너무 좋아서 이 많은 고통을 참고 견디신다는 말씀입니다.

여러분, 하나님께서는 오래 참으시고 그 참으심이 우리의 구원이 된다는 것을 잊지 마시기 바랍니다. 예수님께서는 십자가를 참으셨습니다. 그 굴욕과 그 욕됨과 그 비방을 다 참으셨습니다. 동시에 죄인들을 참으셨습니다. 많은 죄인들, 참으셨습니다. 간혹 우리는 왜 우리의 의를 인정해주시지 않고, 왜 빨리 상을 주시지 않나, 왜 내게 소원을 이루어주시지 않나, 왜 우리에게 빠른 구원을 허락하시지 않는가, 답답해할는지 모릅니다마는 그렇다면, 만일에 그렇다면 말입니다, 내가 죄지을 때에 형벌도 빨리 내리셔야 됩니다. 내가 잘못할 때에 진노도 바로 떨어져야 될 것입니다. 그런고로 변변치 않은 선한 일 좀 했다고해서 하나님 앞에 빨리 상을 주십시오, 빨리 보상을 하십시오—그렇게 말할 수 있는 자가 없습니다. 여러분, 하나님의 오래 참으심이 나의 구원이 되고 우리의 구원이 된다는 것을 잊어서는 안됩니다.

로마서 2장 4절에 "그의 인자하심과 용납하심과 길이 참으심의 풍성함을 멸시하느뇨"라고 하는 질문이 있습니다. 하나님의 오래 참으심을 혹이라도 멸시하거나 혹이라도 하나님을 만홀히 여기는 생각이나 망언이 있어서는 안될 것입니다. 사도행전 7장에 보면 하나님께서는 이스라엘백성의 죄악을 40년 동안 참으셨습니다. 참으셔서 결국 가나안땅에 들어가게 하셨습니다. 여러분 개개인으로 생각해보십시오. 하나님께서 나를 얼마나 참으셨나, 깊이 생각하여야 됩니다. 그리고 오늘도 기다리고 계십니다. 안소니 멜로우라고 하는 작가가 쓴 「The prayer of the frog」이라고 하는 책이 있습니다. 그 책에 나오는 얘기입니다. 아브라함이 하루는 지나가는 거지를 대접했습니다. 음식을 잘 대접했는데 이 거지가 글쎄 대접한 만큼 고맙게 생각하고 감사하면서 먹기는커녕 하나님께 기도를 하지 않을 뿐만 아니라 오히려 하나님을 원망합니다. 왜 나는 이렇게 가난하게 만들어서, 나는 왜 병들게 만들어서, 내게는 왜 이렇게 복을 주시지 않아서 항상 얻어먹고 살아야 되느냐고 불평을 하는 것이었습니다. 그 꼴을 보자 아브라함은 참지를 못하고 그만 거지를 내쫓아버립니다. "너같이 하나님께 감사할 줄 모르는 놈은 대접받을 자격이 없다, 썩 나가렷다!" 그날밤 하나님께서 아브라함에게 나타나셨습니다. "아브라함아, 나는 이 사람을 50년 동안 참아왔다. 그리고 음식을 계속 주어왔다. 그런데 너는 어째서 한 끼의 음식도 주지 않느냐." 하나님의 이 말씀에 아브라함이 무릎을 꿇었다고 하는 얘기입니다. 하나님께서 오래오래 참고 계십니다. 그 인내를 생각하여야 합니다.

1982년 12월호 「리더스 다이제스트」에 소개된 '그럼에도 불구하고'라는 제목의 시가 있는데, 시사하는 바가 있어서 소개하려고 합니다.

'사람들은 비합리적이고 비논리적이며 자기중심적이다. 그럼에도 불구하고 그들을 사랑하라.

만일 그대가 좋은 일을 하면 사람들은 그대에게 숨은 동기가 있을 거라고 비난할 것이다. 그럼에도 불구하고 좋은 일을 하라.

만일 그대가 성공하면 그대는 가짜친구들과 진짜적들을 얻게 될 것이다. 그럼에도 불구하고 성공하라.

만일 그대가 정직하고 솔직하면 그대는 상처받기 쉬울 것이다. 그럼에도 불구하고 정직하고 솔직하라.

오늘 그대가 하는 일이 좋은 일일지라도 내일이면 모든 사람에게서 잊혀질 것이다. 그럼에도 불구하고 좋은 일을 하라.

가장 위대한 생각을 가지고 있는 가장 위대한 사람일지라도 가장 작은 생각을 가지고 있는 가장 작은 사람의 총탄에 쓰러질 수 있다. 그럼에도 불구하고 위대한 생각을 하라.

사람들은 약자에게 동정을 베풀면서도 강자만 따른다. 그럼에도 불구하고 소수의 약자를 위해 싸우라.

그대가 수년을 걸려 건설한 것이 하룻밤 사이에 파괴될 수도 있다. 그럼에도 불구하고 건설하라.

그대가 세상에 가지고 있는 최고의 선을 베풀어도 그대는 무자비한 대우를 받을 수 있다. 그럼에도 불구하고 세상에다 그대가 가지고 있는 최상의 선을 베풀라.'

여러분, 우리는 하나님의 인내를 알고 감사드립니다. 그 인내 속에 오늘 우리가 있기 때문입니다. 다시 우리는 하나님의 인내하심을 알고 그 마음을 받아서 우리 또한 참아야 할 것입니다. 세상을 향해서 낙심하지 맙시다. 비관하지 맙시다. 절망하지 맙시다. 끝까지 내가 하여야 할 일을 합시다. 오늘도 내가 하여야 할 일이 있을 것입니다. 하나님의 인내하심에 감사하면서 오늘도 그 길을 묵묵히 가야 할 것입니다. △

은사를 인한 감사

심는 자에게 씨와 먹을 양식을 주시는 이가 너희
심을 것을 주사 풍성하게 하시고 너희 의의 열매를
더하게 하시리니 너희가 모든 일에 부요하여 너그럽
게 연보를 함은 저희로 우리로 말미암아 하나님께 감
사하게 하는 것이라 이 봉사의 직무가 성도들의 부족
한 것만 보충할 뿐 아니라 사람들의 하나님께 드리는
많은 감사를 인하여 넘쳤느니라 이 직무로 증거를 삼
아 너희의 그리스도의 복음을 진실히 믿고 복종하는
것과 저희와 모든 사람을 섬기는 너희의 후한 연보를
인하여 하나님께 영광을 돌리고 또 저희가 너희를 위
하여 간구하며 하나님의 너희에게 주신 지극한 은혜
를 인하여 너희를 사모하느니라 말할 수 없는 그의
은사를 인하여 하나님께 감사하노라

(고린도후서 9 : 10 - 15)

은사를 인한 감사

저는 며칠전에 방송을 듣다가 깜짝놀란 일이 있습니다. 어린이들이 부르는 노래, 동요인데 그 가사를 바꾸어 부르는 것이었습니다. 그것을 듣고 저는 마음이 몹시 아팠습니다. 여러분이 잘 아는 노래입니다. '가을이라 가을바람 솔솔 불어오니, 푸른 잎은 붉은 치마 갈아입고서, 남쪽나라 찾아가는 제비 불러모아, 봄이 오면 다시 오라 부탁하누나.' 우리는 1절만 늘 부르고 2절은 잊어버리고 있습니다. 2절은 이렇습니다. '가을이라 가을바람 다시 불어오니, 밭에 익은 곡식들은 금빛 같구나, 추운 겨울 지낼 적에 우리 먹이려고, 하나님이 내려주신 생명의 양식' —원래 이렇습니다. '하나님이 내려주신 생명의 양식' —그런데 이것을 교과서에부터 지각없는 누가 바꾸어놓았습니다. '대자연이 내려주신 생명의 양식' —말도 안되는 소리로 바꾼 것입니다. 문맥도 이어지지 않습니다. '대자연이 내려주신'이라니, 무식해도 분수가 없습니다. '대자연'이라는 용어도 이렇게 쓰는 것이 아니지요. 왜곡시켜놓은 것입니다. '하나님이 내려주신 생명의 양식' —이 얼마나 귀한 표현입니까. 어려서부터 부르던 이 노래가 갑자기 그렇게 둔갑을 한 것입니다.

이 노래는 백남석 작사, 현재명 작곡입니다. 작사자인 백남석이라고 하는 분이 어떤 분인지, 먼저 그의 아버지부터 알아보아야 하겠습니다. 그의 아버지 백사겸이라고 하는 분은 대단히 중요한 인물입니다. 이 분은 장님이었습니다. 그래 점술을 배워서 한평생 점을 치면서 돈을 많이 벌었습니다. 그런 분이 예수를 믿게 되고 열심히 복음을 전하면서 전국을 다녔고 교회들을 세웠습니다. 세상에서는 그를 가리켜 '전설적 전도인'이라 했습니다. 교회를 많이 세웠을 뿐만 아니라 우리가 부르는 복음성가와 같은 노래를 지은 것만 해도 49개나 됩니다. 한평생 교회를 세우고, 전도하고, 이렇게 다니던 훌륭한 전도인 백사겸의 아들이 백남석입니다. 이 분은 당시 아무나 들어가기 쉽지 않은 애모리대학을 나오고 연세대학교의 전신인 연희전문학교의 교수로 있으면서 특별히 한국교회의 주일학교운동에 아주 큰 공로를 세운 사람입니다. 교회 주일학교 어린이들을 위하여 지은 노래가 '가을이라 가을바람…'입니다. '하나님이 내려주신 생명의 양식'이라고 하는 이 소중한 메시지를 엉뚱한 사람들이 '대자연이 내려준 것'이라고 불교식으로 둔갑시켜버린 것입니다. 이것은 굉장한 사건입니다. 생각해보십시오. '추운 겨울 지낼 적에 우리 먹이려고, 하나님이 내려주신 생명의 양식'—얼마나 아름답습니까. 이것이 그의 아름다운 마음이요, 그의 신앙고백이었습니다. 어린이들에게 심어주고 싶었던 그의 교회교육의 붉은 마음입니다. 또 그렇게 듣고, 그렇게 배워왔습니다. 이런 것을 요새아이들은 잘못 부르고 있는 것입니다. 문교부사람들이 장난을 해서 남이 지은 귀한 가사를 둘러엎어놓은 것입니다. 안타깝기 짝이 없는 노릇입니다. 작사한 분이 얼마나 마음이 아프겠습니까. 깊이 생각하여야 될 문제입니다.

"깨닫지 못하는 사람은 멸망하는 짐승 같도다"라고 시편 49편 20절에서 말씀합니다. 깨달아야 합니다. 도대체 '이것이 무엇을 의미하는가'를 깨달아야 합니다. 여기, 피아노소리가 있습니다. 피아노가 좋은 피아노입니다. 이 피아노의 소리가 땡그랑하고 날 때 여러분은 아, 피아노소리 참 좋다, 비싼 피아노구나, 참 피아노 좋다—그렇게 생각하십니까? 아니면 '참 연주 잘한다' 하고 연주자를 생각하십니까? 아니면 좀더 깨달아서 작곡가를 생각하십니까? '아, 참 작곡 잘했다, 훌륭한 분이다, 저렇게 좋은 곡을 만들어서 이렇게 우리 마음을 기쁘게 하는구나' 하십니까? 여러분은 어느 쪽입니까? 피아노입니까, 연주자입니까, 작곡가입니까? 어디까지 깨닫고 사는 것입니까? 그옛날, 유명한 하이든이 오라토리오 「천지창조」를 작곡해서 처음 연주를 하게 되었습니다. 많은 사람 앞에서 훌륭한 합창단이 연주에 함께했습니다. 합창단도 잘했고, 지휘자도 잘했지만 그러나 그것은 중요한 것이 아닙니다. 연주가 끝나자 사람들은 거기 있는 작곡가 하이든을 높이 세워놓고 우레와 같은 기립박수로 갈채를 보냈습니다. 고개를 숙이고 있던 하이든이 박수가 끝나자 얘기했습니다. "이것은 제가 한 일이 아닙니다. 하나님께서 내게 들려주셨고, 그것을 내가 받아 기록한 것일 뿐입니다." 여러분은 무엇을 깨닫고 있습니까? "하나님께서 나를 통하여 우리에게 들려주신 것입니다." 이것이 하이든의 믿음이요, 고백이었습니다.

　알고보면 중요한 문제들이 다 그렇습니다. 작으나크나 깨닫는 자의 눈으로 볼 때는 다 하나님께서 내게 보내주시고, 하나님께서 내게 주시고, 하나님께서 역사하시는 것입니다. 그런고로 우리는 하나님께 감사합니다. 오직 하나님께 감사하고, 하나님께 감사할 줄 알 때에 그게 인간이요, 그게 그리스도인입니다. '감사절' 하면 우리는 감사절의 유래에 대해서 늘 생각을 합니다. 본래 이스라엘사람들에게 있어서는 성경에 나타난 오순절이라는 것이 감사절입니다마는 (맥추감사절) 우리가 지키는 11월달 감사절은 미국으로부터 유래합니다. 유래가 이렇습니다. 메이플라워 호를 타고 청교도들이 신앙의 자유를 찾아서 고향을 떠나 신대륙 아메리카에 도착합니다. 그리고 풍성한 첫 곡식을 거두고 칠면조를 잡아 파티를 하면서 첫번 감사절을 지냈다—흔히들 이렇게 알고, 이렇게 낭만적으로 생각을 합니다마는 사실은 그렇지 않았습니다. 저들은 한여름 동안 고생을 해서 농사를 지었는데 실상은 풍성한 수확이 없었습니다. 20에이커 정도의 땅에 심은 옥수수를 거두었을 뿐입니다. 완두콩씨도 뿌렸지마는 싹이 나면서 말라버렸습니다. 보리도 밀도 뿌려보았지마는 이것도 토질이 달라서 다 그만 실패하고 말았습니다. 이제 닥쳐올 식량난이 큰 걱정입니다. 추운 겨울을 어떻게 지낼까—걱정이 큽니다. 유행병까지 있어서 많은 사람이 죽어갔습니다. 게다가 본토민 인디안들이 침략해와서 설상가상으로 어려움을 겪었습니다. 생각하면 난감합니다. 신앙의 자유를 찾아 여기까지 왔지마는 그들이 처음 정착한 생활이라는 것은 참으로 어렵기만 했습니다. 그러나 그들은 처음 거둔 이 옥수수 약간을 놓고 하나님 앞에 감사의 기도를 드렸습니다. 이것이 바로 감사절입니다. 신앙의 자유를 찾은 데 대하여, 살아남은 데 대하여, 그리고 이만큼의 곡식을 주신 하나님께 감사의 기도를 드리고 제사를 드린 것입니다. 이것이 우리가 지키는 추수감사절의 시작입니다. 결코 낭만적인 것이 아니었습니다. 아주 깊은 신앙적 차원에서 이루어진 첫번째 감사절예배였던 것입니다.

여러분, 감사는 언제나 은혜에 있는 것입니다. 사실은 종은 쳐서 소리가 나야 되는 것처럼 행복이라는 것은 감사가 나와야 행복인 것입니다. 감사가 있고 기쁨이 있어야 축복이요 행복입니다. 그런데 감사는 오직 겸손한 자의 것입니다. 오직 신앙인의 것입니다. 오직 깨닫는 자의 것입니다. 미련한 사람, 마음이 비뚤어진 사람, 신앙이 잘못된 사람은 하나님을 찾지 못합니다. 감사의 근본을 찾지 못합니다. 그런고로 감사가 없습니다. 욕심은 끝도 없는 것입니다. 그래서 여러분 다 경험하신대로 가난하고 어려울 때에 오히려 더 감사할 수 있었습니다. 눈물로 감사할 수가 있었습니다. 그런데 잘살고 편안해지니까 원망과 불평, 시기와 질투뿐입니다. 이것은 얘기가 안됩니다. 어느 사이에 이 소중한 감사의 마음을 다 잊어버리고 말았습니다. 또하나는 율법적 관계입니다. 모름지기 은혜적 세계관을 가져야 하는데 율법적으로 이해하는 세계에서는 감사가 없습니다. 다시말해서 보상지향적인 신앙이 되는 것입니다. ‘내가 수고해서 내가 얻었다, 내가 땀흘려서 내가 거두었다, 내가 공부해서 내가 출세했다’ — 내가, 내가, 내가 수고해서 되었다고 생각하는 사람에게는 감사가 없는 것입니다. 자기를 작게 여기고, 내가 수고한 것이라고는 아무것도 없다, 땀흘렸다 하더라도 아무것도 아니요, 수고했다 하더라도 아무것도 아니요, 하나님께서 하신 것은 크고 내가 한 것은 하찮은 것이었다—이렇게 생각하는 자만이 감사할 수 있습니다. 부부간에도 그렇지 않습니까. 아내는 아내대로 밖에 나가 수고하는 남편을 생각하면서 ‘나는 집에서 별 일하는 것도 없는데 남편은 저렇게 수고한다’ 라고 생각하는 사람은 감사가 있습니다. 그런데 남편은 ‘내가 이렇게 하루종일 허리아프게 수고하는 것을 하나도 몰라준다’ 하고 문간에서부터 불평불만인 것입니까. 안될 일입니다. 내가 하는 일은 작게 여기고, 남이 하는 일을 크게 여기고 고맙게 생각한다면 거기에 행복이 있는 것입니다. 그래서 보상적으로 생각하지 않고 오직 은혜로 생각하고, 율법적으로 생각하는 것이 아니라, 나는 전혀 무자격한 가운데서 이 은혜를 힘입고 있다—그렇게 생각하는 사람에게 감사가 있는 것입니다.

성경에 아주 드라마틱한 예가 있지 않습니까. 한 아버지에게 두 아들이 있는데 작은아들은 집을 나갔다가 돌아옵니다. 방탕하다가 거지꼴이 돼서 돌아왔으니 이제는 아무 자격도 없습니다. 하나님 앞에도 아버지 앞에도 할말이 없는 아주 형편없는 죄인이 되어버렸습니다. 그런데 이제 아버지가 그를 위하여 잔치를 베풀고 영접합니다. 그는 문자그대로 일백 퍼센트 감사할 수밖에요. 오직 은혜, 오직 은혜입니다. 정신적으로나 영적으로나, 신분적으로나 도덕적으로나, 무엇으로든지 오직 은혜입니다. 그래 감사 감격합니다. 그에 비해서 형 쪽은 얘기가 다릅니다. '나는 뼈빠지게 수고를 했지만 아버지는 내게 염소새끼 한 마리도 안주셨습니다' 하고 불평을 합니다. 불만, 원망이 많습니다. 아버지는 말합니다. '내 것이 다 네 것인데…' 제가 한마디 추가합니다. '그동안 먹은 것도 다 내가 준 것이 아니냐, 어떻게 너는 아무것도 안받았다는 거냐.' 생각해보십시오. 율법적으로 생각하고, 보상심리로 생각하니까 그 큰 은혜 가운데 살면서도 불평, 원망뿐인 것입니다. 그러니까 감사가 없었습니다. 그래서 아버지의 마음을 슬프게 했습니다. 차라리 저 탕자가 아버지를 기쁘게 했습니다. 왜요? 감사하니까. 감사하는 자만이 하나님을 기쁘시게 할 수 있습니다.

또한 우리에게는 특별한 은혜가 있습니다. 이런 일반적인 은혜 외에 높은 은혜가 있습니다. 개인적인 것 말입니다. 오늘본문에 보면 "너희에게 주신 지극한 은혜"라고 말씀합니다. 깊은 의미가 있습니다. 말을 바꾼다면 이것은 '네게 주신 은혜' 라는 말입니다. 이제 고린도교회의 경우를 상고해봅시다. 이것은 은혜 중의 은혜입니다. 고린도교회는 지금 저 예루살렘에서 어려움을 당하는 사람들, 가난하고 고생하는 사람들을 위해서 헌금을 했습니다. 헌금한다는 소문이 좍 퍼져 다른 데서도 '그러면 우리도 해야지' 하고 많은 사람들이 헌금을 하게 되었습니다. 이 소식을 들으면서 사도 바울이 지금 감사의 말씀을 하고 있는 것입니다. 지극히 큰 은혜, 너희에게 주신 은혜—이것이 무엇입니까. 봉사할 기회를 주셨다는 것입니다. 봉사할 기회를 주셨다는 것, 이것이 참 귀한 것이 아닙니까. 받는 자가 아니고 주는 자가 되었다는 것입니다. 이것이 감사한 것입니다. 우리는 받기만 해야 되는 줄 알지마는 아닙니다. 다소라도 남에게 무엇을 줄 수 있다는 것이 얼마나 큰 축복이겠습니까.

저는 북한에 갈 때마다, 작년 8월에 북한에 갔을 때도 그랬지만 갈 때마다 늘 감사합니다. 평양 거리를 열흘 동안 다니면서 저는 어디를 가나 그저 속으로는 줄곧 울고 다닙니다. 불쌍해서 울고, 감사해서 우는 것입니다. 너무나도 감사한 것입니다. 왜요? 내가 피란을 못왔더라면 나도 저렇게 될 뻔했구나, 해서입니다. 그것은 틀림이 없지요. 이제 저들은 받는 자가 되고, 나는 주는 자가 되었습니다. 내 돈이 아닌 교회돈이지마는 좌우간 여러분이 주신 돈을 전달하면서 나는 주는 자의 입장에 서서 봅니다. 얼마나 감사한지 모릅니다. 받는 자와 주는 자, 어느 쪽이 고맙습니까. 여러분, 줄 때에 내 것을 주는 것처럼 착각하지 마십시오. 주는 것이 은혜라는 것을 잊지 마십시오. 하나님께서 나를 '주는 자'의 입장에 두셨으니 얼마나 감사한 일입니까. 다소라도 남을 줄 수 있다는 것 말입니다. 그 마음도 귀하고 기회가 귀한 것입니다. 유명한 성경주석가 메튜 헨리가 어느 날 강도를 만났습니다. 그래서 다 빼앗겼습니다. 그리고 하나님 앞에 감사했습니다. 첫째는, 전에도 이런 일이 있을 수 있었는데 없었고 오늘 처음 있었다는 데 대해서 감사했습니다. 얼마든지 강도만날 수 있지요. 그런데 오늘 처음으로 이런 일이 있고 그간에는 없었던 것을 감사했습니다. 또 돈은 빼앗겼지만 생명을 빼앗기지 않은 것을 감사했습니다. 많은 것을 빼앗겼지마는 아직도 남은 것이 많습니다. 넉넉히 살 수 있습니다. 그래서 감사했습니다. 그리고, 가장 귀한 것은, 내가 강도가 되지 않고 강도만난 자가 된 것이었습니다. 그는 이 것을 감사했습니다. 강도될 사람이 따로 있던가요? 죄인이 따로 있던가요? 탕자가 따로 있던가요? 누구도 장담 못합니다. 얼마든지 그럴 수 있습니다. 더욱이 우리 교인들 가운데도 보면 예수 안믿었더면 큰일낼 사람이 많습니다. 감사해야 합니다. 감사할 줄 알아야 합니다.

내게 주신 은혜에 감사할 줄 알아야 합니다. '하나님, 내가 빼앗는 자가 되지 않고 빼앗기는 자가 되었고, 남에게 손해를 끼치지 않고 손해를 보는 자가 된 것을 감사합니다' 할 수 있어야 됩니다. 이것은 특별한 은혜입니다. 이것은 특별히 나만 받은 은혜입니다. 또한 이 소식을 듣는 사람들이 자랑을 하게 되었습니다. 자랑하게 되었으니 감사합니다. 또하나는 그 많은 사람을 격동시켰습니다. 그 어려운 가운데도 헌금을 하고, 좋은 일 한다는 말을 듣고 많은 사람들이 나도, 나도, 하고 나서게 되었습니다. 격동케 되었다는 일이 또한 감사한 일입니다. 비록 부족한 일이지마는 이 일로 인하여 하나님께 영광이 돌아갔습니다. 이것을 받는 분들이 하나님께 고마워서 감사의 기도를 하게 되었습니다. 감사드렸습니다. 우리에게만 주신 것, 어떤 때는 하나님과 여러분만이 아는 비밀스러운 것이 있을 것입니다. 특별한 감사가 있을 것입니다. 그것을 찾아야 됩니다. 그것은 여러분만의 것입니다.

또한 은사를 인한 감사가 있습니다. 이것은 크고 놀라운 것입니다. 오늘본문에는 '말로 할 수 없는 은혜의 선물(15절)' 이라고 말씀합니다 .우리가 미처 모르는 일이 있습니다. 내가 감사하는 것도, 그저 감사해서 감사하지마는 이 감사가 파급효과를 이룬다는 말씀입니다. 엄청난 열매를 이루게 됩니다. 하나님의 하시는 일은 놀랍습니다. 하나님의 경륜 속에서 크게 이루어져 작은 감사, 작은 선행이 크고 놀라운 충실한 열매를 거두게 하신다는 말씀입니다. 그래서 감사하다는 말씀입니다. 성경에 보면 5천 명이 광야에서 점심을 굶게 되었는데, 예수님께서 이제 저들 가운데 떡이 없느냐고 물으십니다. 어린아이가 저 먹으려고 가지고 왔던, 어머니가 싸준 것이겠지요, 떡 다섯 개와 물고기 두 마리를 내어놓습니다. 이것을 손에 들고 예수님께서 이적을 행하심으로 5천 명을 먹이십니다. 놀라운 기적이 나타날 때 이 어린아이는 얼마나 기뻤겠습니까. 모르기는 해도 이 어린아이는 한평생 이 일을 자랑했을 것입니다. 이것으로 말미암아 감격, 감사한 생을 살았을 것입니다. 내가 드린 떡 다섯 개, 이것이 놀라운 역사를 이룬 것입니다. 생각해보십시오. 이것을 감사하는 것입니다. 감사는 또하나의 씨앗이 되는 것이거든요. 그래서 많은 사람으로 하여금 감사하게 만든다는 것입니다. 많은 사람의 마음을 윤택하게 만듭니다.

제가 인천에서 목회할 때, 27살에 목사가 되어 거기서 15년 동안 목회를 하게 되었는데 그 동안에 예배당을 지었습니다. 인천에 가난한 사람들이 많아서 예배당 짓기가 힘들었습니다. 그러나 지금 가서 봐도 예배당을 크게 잘 지었습니다. 그 예배당을 지을 때, 고생을 참 많이 했습니다. 6년이 걸렸습니다. 그 공사 잘해야 그저 1년 반이면 될 수 있는 것인데 6년이 걸린 것입니다. 지었다가 돈이 없어서 쉬었다가 다시 손대고 하는데, 서까래라든가 들보는 걸어놓은 채 빔으로 지탱해놓고 지붕을 못씌웠습니다. 그런 채로 여름을 맞이하고 장마가 지니까 그것이 다 녹이 슬어서 붉은 녹물이 떨어지는데, 가슴이 아프고 찢어지는 듯하지마는 어떻게 할 수가 없었습니다. 이렇게 여름을 지내는데 부산에서 조 권사님이라고 하는 분이 사업에 실패하고 빚에 쪼들리다 쫓겨서 피신을 온다고 인천으로 왔습니다. 와서 어떤 집에 잠깐 유숙하고 있었는데 새벽기도를 나왔다가 그것을 보았습니다. "왜 지붕을 못씌우는 것입니까?" "돈이 없어서 못짓고 있습니다." "얼마면 됩니까?" "70만 원이면 됩니다." 그랬더니 "제가 마침 꼭 70만 원이 있습니다. 사업하다가 망했지만 다 망한 것, 까짓 통장하고 도장은 그대로 가지고 왔습니다. 꼭 70만 원이 남아 있습니다." 그러고는 통장과 도장을 내놓는 것이었습니다. 이것을 가지고 지붕을 씌우게 되었는데 이 소문이 좍 퍼지니까, 보십시오. 교인들이 "이럴 수가 없다. 지나가던 나그네도 도와주는데 우리가 가만 있을 수 있느냐"하고 열심히 헌금을 했습니다. 그래서 완공을 했습니다. 그 분이 낸 것은 70만 원이지만 이 감사와 감격이 많은 일을 하게 했습니다. 이것이 은사적인 감사입니다.

　여러분, 사람의 입에서 딱 한마디 하는 감사의 말이 얼마나 많은 사람을 살리는지 모릅니다. 내 감사의 헌금이 얼마나 귀한 역사를 이루는지 모릅니다. 말로 설명할 수 없는 것입니다. 말로 다할 수 없는 감사, 눈물로 드리는 감사―감사는 하나님께 영광이 되고, 이웃에게 기쁨과 유익을 주고, 자신에게도 생의 보람과 행복을 주는 것입니다. 감사하지 않기 때문에 행복이 없는 것입니다. 가난해서 행복이 없는 것이 아닙니다. 왜 시들시들 시들어가는 것입니까. 왜 보람을 찾지 못하는 것입니까. 감사가 없어서입니다. 항상 기뻐하라, 쉬지 말고 기도하라, 범사에 감사하라, 이것이 너희를 향한 하나님의 뜻이다—하나님의 뜻이 여기에 있습니다. 범사에 감사할 것입니다. △

열심히 주를 섬기라

사랑엔 거짓이 없나니 악을 미워하고 선에 속하라 형제를 사랑하여 서로 우애하고 존경하기를 서로 먼저 하며 부지런하여 게으르지 말고 열심을 품고 주를 섬기라 소망 중에 즐거워하며 환난 중에 참으며 기도에 항상 힘쓰며 성도들의 쓸 것을 공급하며 손 대접하기를 힘쓰라 너희를 핍박하는 자를 축복하라 축복하고 저주하지 말라 즐거워하는 자들로 함께 즐거워하고 우는 자들로 함께 울라 서로 마음을 같이하며 높은 데 마음을 두지 말고 도리어 낮은 데 처하며 스스로 지혜있는 체 말라 아무에게도 악으로 악을 갚지 말고 모든 사람 앞에서 선한 일을 도모하라 할 수 있거든 너희로서는 모든 사람으로 더불어 평화하라 내 사랑하는 자들아 너희가 친히 원수를 갚지 말고 진노하심에 맡기라 기록되었으되 원수갚는 것이 내게 있으니 내가 갚으리라고 주께서 말씀하시니라 네 원수가 주리거든 먹이고 목마르거든 마시우라 그리함으로 네가 숯불을 그 머리에 쌓아놓으리라 악에게 지지 말고 선으로 악을 이기라

(로마서 12 : 9 – 21)

열심히 주를 섬기라

　　헝가리 출신 축구선수에 푸스카스라고 하는 사람이 있습니다. 유럽컵 축구대회에서 헝가리 팀이 우승을 하는 데 특별히 빼어나게 활약을 했다고해서 환호를 받고 존경과 칭찬을 한몸에 받은 선수입니다. 그가 많은 사람 앞에서 기자회견을 할 때 이런 말을 했다고 합니다. "내가 공을 차고 있지 않는 때는 축구에 대해서 이야기하고 있는 때입니다. 내가 축구에 대해서 이야기하고 있지 않는 때는 축구에 대해서 생각하고 있는 때입니다. 나는 축구 외에는 아무것도 한 일도 없고 생각한 일도 없습니다." 이 정도면 미쳤다고 하겠지요? 적어도 인생을 이렇게 살아가야 한다는 말입니다.

　　여러분, 얼마나 열심히 살았습니까? 열심에 후회 없습니까? 간혹 자기인격에나 사업에나 어떤 일에든지 간에 흔히 실패했다는 얘기를 듣습니다. 실패의 원인으로 사회학자는 세 가지를 말합니다. 첫째는 욕심이 지나쳤다는 것입니다. 필요없는 욕심을 부렸습니다. 언제든지 실패했다고 할 때는 정도를 넘치는 욕심이 있었습니다. 둘째는 목적이 없었습니다. 목적이 그 생활에 가치를 부가합니다. 돈을 벌어도 왜 버느냐가 없었습니다. 목적이 잘못되었습니다. 뚜렷한 목적이 없기 때문에 성공도 없는 것입니다. 셋째는 열심히 하지 않았다는 것입니다. 공부 잘하지 못한 것은 죄가 아닙니다. 열심히 안 한 것이 죄입니다. 얼마나 열심히 했느냐, 얼마나 열중했느냐, 얼마나 총력을 기울였느냐가 문제입니다. 잘하고못하고야 각자에게 주어진 지능이 다르고 능력이 다르고 은사가 다르므로 어쩔수없습니다. 그러나 열심히 하지 않은 죄는 용서받을 수가 없는 것입니다. 문제는 여기에 있습니다. 무슨 일을 하든 도대체 나는 얼마나 열심히 했는가, 하는 것입니다. 거기에 우리가 생각하여야 될 문제가 있다는 말씀입니다.

신학자 제임스 마펫은 그의 저서 「어제」라고 하는 책에서 신앙을 두 가지로 정의하고 있습니다. 첫째로 신앙생활이란 미치는 생활이라고 했습니다. 고린도후서 5장 13, 14절에 보면 사도 바울은 말씀합니다. 우리가 미쳤어도 하나님을 위한 것이라고. 나는 미쳤다, 스스로 말씀합니다. 나는 그리스도께, 나는 하나님께 미친 사람이다— 물론 모든 사람이 볼 때도 그렇게 인정할 것이라는 것이지요. 마가복음 3장 21절에 보면 예수님께서도 미쳤다는 소리를 들으셨습니다. 여기서 말씀하는바 미쳤다고 하는 말은 이성을 잃고 실성을 했다는 얘기가 아닙니다. 어떤 일에 열중하고 그 외의 일을 생각하지 않는다, 그 외의 일에는 전혀 마음도 생각도 끌리지 않는다는 것입니다. 한 가지 일에 몰두하는데, 또한 그것을 즐기는 것입니다. 남이 볼 때는 딱합니다. 원래 미친 사람은 남이 볼 때 딱하지마는 본인은 행복한 것입니다. 남은 이해할 수가 없습니다. 통념으로는 이해가 가지 않습니다. 그러나 본인은 그 일에 몰두하고 열심하고 그리고 행복한 것입니다. 그것을 즐기고 있는 것입니다. 이럴 때 우리는 미쳤다고 합니다.

여러분, 예수를 위하여 신앙생활에 얼마나 미쳤습니까? 미쳤다는 말 들어보았습니까? 적어도 미쳤다는 말을 들어보지 못한 사람이라면 아직 예수 안믿는 것입니다. 일반적으로는 이해가 되지 않습니다. 오늘도 이렇게 주일날이 되고보면 놀러갈 데도 많고, 갈 데도 많고 가자는 데도 많습니다. 그것 다 뿌리치고 교회에 나온다는 것, 안믿는 사람의 눈에는 미쳐도 단단히 미친 것입니다. 게다가 아주 고 단한 시간이라고 생각되는데 새벽마다 새벽기도를 나간다 무엇을 한 다 하니, 이거야 완전히 미친 것이지요. 이것을 알아야 합니다. 사람 이란 무엇엔가 미쳐서 살아야 행복한 것입니다. 미치지 못해서 불행 한 것입니다. 미치지 못해서 무능한 것입니다. 그것을 알아야 합니 다. 또한 신앙생활이라는 것은 하나의 꿈이요 환상이요 막연한 것이 아니요, 혼미하다는 얘기가 아닙니다. 여기서 말하는 꿈이라는 것은 구체적 소망을 의미합니다. 과거에 매이지 않습니다. 현실에 만족하 지도 않습니다. 적어도 신앙생활이란 먼 미래를 바라봅니다. 미래로 부터 현재를 생각합니다. 하나님의 약속의 세계에 끌리고 있습니다. 과거에 쫓기는 것이 아닙니다. 현재에 미쳐돌아가는 것도 아닙니다. 우리는 항상 이 모든것을 떠나서 멀리 바라봅니다. 멀어지는 세상에 대해서 아쉽지 않습니다. 가까워지는 소망의 세계를 바라보며 그 약 속의 땅을 바라보고 환영하는 마음으로 사는 것입니다. 어떤 젊은이 들이 묻습니다. "목사님, 어떻게 살아오셨습니까?" 뭐 이런 얘기 저 런 얘기 하다가 "만일에 목사님이 이제 다시 열두 살바기 어린 나이 로 다시 돌아가 살 수 있다고 한다면 그 점에 대해 어떻게 생각하시 겠습니까?" 그래서 저는 그쪽으로 안돌아가겠다고 했습니다. 수능 시험 치기 싫어서. 나는 절대로 과거로 다시 돌아가 살고 싶은 마음 은 없다, 이대로 좋고, 이걸로 만족이다, 유감이 없다, 라고 대답했 습니다. 여러분, 멀어진다고 아쉬워하지 마십시오. 무능하다고 슬퍼 하지도 마십시오. 적어도 믿음의 세계란 더 밝은 미래를 반기며 사 는 것입니다. 가까워지는 하나님의 나라를 바라보며 사는 것, 그것 이 예수믿는다는 것입니다. 그 미래를 위해서 오늘을 생각하는 것입니다.

　오늘본문말씀은 우리에게 대단히 중요한 자문을 주고 있습니다. "부지런하여 게으르지 말고 열심을 품고 주를 섬기라." 이 번역을 좀 더 원문에 가깝게 직역한 「표준새번역」에 보면 이렇습니다. "열심을 내어 부지런히 일하며 성령으로 뜨거워진 마음을 가지고 주를 섬기십시오." 성령으로 뜨거워진 마음으로—이 말이 보다 더 원문에 가까운 번역이라고 생각됩니다. 다시 뒤에 설명을 하겠습니다마는 먼저는 섬기라고 말씀합니다. 여기에 착안하여야 되겠습니다. 마태복음 20장 28절에 보면 예수님께서 십자가를 지시기 위하여 예루살렘으로 올라가시는 노상에서 말씀하십니다. "인자가 온 것은 섬김을 받으려 함이 아니라 도리어 섬기려 하고 자기 목숨을 많은 사람의 대속물로 주려 함이니라." 섬기려 하고 주려 했다—딱 두 가지 말씀입니다. 이것이 우리가 세상에 있는 목적입니다. 왜 우리가 피곤합니까. 왜 지칩니까. 왜 원망이 많고, 왜 불평이 많고, 왜 허탈감에 빠집니까. 받으려고 하기 때문입니다. 주려고 하는 사람은 언제나 편합니다. 어떤 사람은 또 주면서도 말이 많습니다. 주면서 무언가를 바라기 때문입니다. 그것마저 없이 깨끗한 마음으로 준다면 그는 자유할 수 있습니다. 여러분, 여러분의 마음속을 깊이 한번 진단해보십시오. 보상심리, rewardness를, 보상을 받고자 하는 마음을 깨끗이 떠나고 이로부터 완전히 벗어날 수 있다면 당신은 자유합니다.

　어떤 사람 보니 한평생 결혼생활 하고, 아이 낳고 키우고, 시중 들고, 고생하고는 "도대체 나는 왜 살았는지 모르겠다"하고 푸념합니다. 그럼 무엇을 바랐습니까? 주기로 시작햿으니 줘버려요. 나는 섬기려 왔노라, 하십니다. 섬기려—그것에다 목적을 두어야 합니다. 예수님께서 보여주신 인생관입니다. 이것이 바로 사는 길입니다. 이것이 승리하는 길입니다. 보상받고자 하는 마음으로부터 완전히 자유하여야 합니다. 줄 때는 주기만 합니다. 그저 섬기는 것입니다. 어찌하든지 섬기려는 마음 한번 가져보십시오. 여기에다 목적을 두십시오. 그리할 때 얼마나 윤택하고 얼마나 행복한 생을 사는지 모릅니다. 봉사, 그것이 행복으로 소화됩니다. 봉사를 굴욕으로, 노예적으로, 억지로—이렇게 생각하는 사람은 참 불행한 사람입니다. 왜냐하면 사람은 근본적으로 섬기며 살게 되어 있기 때문입니다. 그런데 이것을 떠나려 하고, 본질에서부터 벗어나려, 이탈하려 하기 때문에 결코 행복할 수 없는 것입니다.

　섬긴다—참으로 중요한 말씀입니다. 섬김을 목적으로, 섬김을 행복으로, 그렇게 여기는 마음, 그 삶의 자세가 바로 사람을 가장 지혜롭게 만든다는 말씀입니다. 그 다음에는 주를 섬기라 하였습니다. 퀴리오스—주를 섬기라. 고린도후서 5장 15절에 보면 예수께서 우리를 위하여 죽으신 것은 우리로하여금 다시는 우리 자신을 위하여 살지 않고, 우리를 위하여 죽으신 그분을 위하여 살게 하려 하심이라고 하였습니다. 삶의 목적을 바꾸어놓았습니다. 방법이 문제가 아니라 목적이 문제입니다. 그동안에 우리가 나를 위하여 살았지마는 이제는 나를 위하여 죽으신 그리스도를 위하여 살도록, 받은 사랑에 대한 바른 응답적 자세로 살도록, 늘 감사하는 마음으로 살아가도록 하는 것입니다. 그래서 그리스도인의 자기가치는 자기것이 아닙니다. 값으로 산 것이 되었습니다. 피값으로 산 것이 되었기 때문에 온전히 그리스도의 것입니다. 나는 내것이 아닙니다. 내 마음도 내것이 아닙니다. 내 생활도 내 물질도 내것이 아닙니다. 여기서부터 시작합니다. 주를 섬기는 것입니다. 이젠 오직 주님의 것이요 주님만을 섬깁니다. 여기에 행복이 있습니다. 무슨 일을 하든지 주를 섬깁니다. 아내를 사랑하면서도 주를 섬기고, 자식을 위하는 봉사도 주를 섬기는 마음으로, 남편을 위하는 것도 주를 섬기는 마음으로, 교회봉사도 물론 주를 위해서, 목적과 그 가슴은 항상 주를 섬기는 데 있습니다. 예수님을 보십시오. 예수님께서 너무나도 억울하게 십자가를 지십니다. 그러나 예수님께서는 분명히 말씀하십니다. 아버지께서 내게 주신 잔을 내가 마시지 않겠느냐고. 빌라도 보심도 아니요 가야바를 보심도 아닙니다. '아버지'께서 내게 주신 잔─이렇게 생각하시고 주를 섬기는 마음으로 십자가를 지십니다. 오늘도 여러분이 무슨 일을 하든지, 현실 속에서 어떤 일을 하든지 상관이 없습니다. 여러분의 가슴과 뜻은 주님을 생각하고 주님을 섬기는 것이어야 할 것입니다. 그것이 바로 그리스도인의 생활입니다.

또 나아가서는 오늘본문에 보니 열심으로, 열심을 품고 주를 섬기라, 하였습니다. 열심을 품고─헬라말은 '프네오마티 제온테스'인데, 여기서 '제온테스'는 불붙는다는 뜻입니다. 불붙는 영, 영어번역에는 burning spirit라고 했습니다. 불붙는 가슴, 불붙는 영, 그것으로 주를 섬기라─이 말이 무슨 뜻이겠습니까. 구체적인 표현입니다. 예수님 분명히 말씀하십니다. 소자 중 하나에게 한 것이 나에게 한 것이니라, 내 이름으로 봉사하는 자, 내 이름으로 파송된 자를 영접하는 것이 나를 영접하는 것이니라, 내 이름으로 어린아이 하나를 대접하면 나를 대접한 것이니라─실로 구체적입니다. 현실적입니다. '열심으로 주를 섬기라'─자원성을 띠었습니다. 억지로 하는 것은 불붙는 마음이 아닙니다. 또 기쁜 마음으로 하라는 것입니다. 섬기는 것 자체가 기쁜 것 아닙니까. 사실 받는 것보다야 주는 것이 좋지요. 흔히 할머니 할아버지들이 손자 손녀에게 뭐든 그저 주고 싶어합니다. 어떻게든 주려고 애씁니다. 우리 부모된 마음도 자녀들에게 어떤 때는 정말 다 주고 싶고 더 주고 싶습니다. 줄 게 없어 못주지 그저 주고 싶은 것입니다. 자, 주는 자의 기쁨이 얼마나 큰 것입니까. 줄 수 있는 자가 된다는 것이 얼마나 좋은 일입니까. 아직도 줄 것이 있다는 게 얼마나 좋은 일입니까. 그리고, 보상받고자 하는 마음 없이 깨끗한 마음으로 섬기는 것이 열심으로 섬기는 것입니다. 또하나는 결과를 생각하지 않고 섬기는 것입니다. 오늘본문에 보니 "원수 갚는 것이 내게 있으니(19절)"라고 하십니다. 저 원수에게 잘 해주면 원수가 더 커져가지고 필경은 나를 해코지하고, 사회정의가 무너지고, 세상이 거꾸로 돌아갈 것이다, 하기 쉽습니다마는 쓸데없는 생각 하지 마십시오. "원수 갚는 것이 내게 있으니"라고 주님께서 말씀하십니다. "원수가 주리거든 먹이고 목마르거든 마시우라" 하셨습니다. 우리가 할 일만 뜨거운 마음으로 하면 되는 것입니다. 결과에 대해서는 아무 생각 하지 마십시오. 건방지게 생각지 마십시오. 다 하나님께 맡기십시오. 그리고, 나는 자유로운 마음으로 열심으로 섬기는 것입니다, 열심으로. 우리의 열심을 방해하는 일은 많습니다. 의심이 있고, 결과에 대한 회의가 있고, 여러 가지 복잡한 생각들이 있습니다. 이렇게 말려들면 아무 일도 못합니다. 세상에 할일이란 아무것도 없습니다. 그 어떤 사람들 보면 '자식을 키워도 말짱 헛거'라고 말합니다. 어째서 헛것입니까. 그런 쓸데없는 소리를 내뱉다니, 불쌍한 사람들입니다. 어떻게 헛것이라는 말입니까. 이런 마음씨가 사람을 병들게 만드는 것입니다. 헛것은 없습니다. 예수님께서는 냉수 한 그릇을 베푼 것도 결단코 상을 잃지 아니하리라고 말씀하셨습니다. 어떻게 헛것이 있다는말입니까. 옛말에 '외손자 보느니 파밭을 매어라' 하는 말이 있는데, 외손자는 헛거다, 그것인데, 절대로 헛된 것이 아닙니다.

또한 부지런히 일할 것입니다. 부지런히, 또 지속적으로 정성을 다해서 일하는 것입니다. '열심을 품으라' 는 또한 감사하는 마음으로 일하라는 것입니다. 제가 어느 책을 보니까, 의사가 쓴 책인데요, 그 의사의 할아버지도 의사입니다. 그 할아버지의사가 손자의사에게 두고두고 가르쳐준 한마디 교훈이 있습니다. 아주 좋은 교훈입니다. "환자가 오거든 두손을 합장하고 환자에게 사죄하는 마음으로 봉사하라. 내가 의사노릇을 제대로 못해서 당신이 병이 들었습니다. 미병 때, 병이 미미할 때, 그 때에 고쳤어야 되는데, 그 때에 돌보았어야 되는데 중병까지 왔으니 책임은 내게 있습니다, 죄송합니다, 하는 마음으로, 사죄하는 마음으로 환자를 보라." 얼마나 소중한 마음입니까. 여러분, 이 사회가 이렇게 어두워진 것이 누구 책임입니까. 자식이 잘못된 게 누구 책임입니까. 물을 것 없습니다. 무조건 사죄하는 마음으로, '죄송합니다, 죄송합니다' 하는 마음으로, 뜨거운 마음으로, 성령이 주시는 뜨거운 마음으로 봉사할 것입니다. 이것을 알아야 합니다. 대단하게 큰일 하는 것처럼 굴 것이 아닙니다.

저는 바로 어제 북한의 아주 고위층으로부터 장문의 편지를 받았습니다. 거기에 북한사정의 어려움을 이야기하면서 '이렇게 어려운 가운데서, 정세가 또 이렇게 혼란한데도 불구하고 변함없이 도와주시고… 11월분 식량도 잘 받았습니다. 감사합니다' 하였습니다. 그리고 읽기에 낯이 좀 붉어지는 말을 썼습니다. '저희들이 알기로 기독교는 사랑의 종교요 생명을 중시하는 종교라고 알고 있습니다. 이 죽어가는 사람들을 이렇게 돌보아주시니 감사합니다.' 그 편지를 보면서 부끄러워졌습니다. 우리가 한 일이 무엇인데, 미미하게 옥수수가루 조금밖에 안되는데, 이걸 주고 이런 칭찬을 듣자니 부끄러웠던 것입니다. 여러분, 우리가 지금 사는 모습을 보십시오. 음식쓰레기가 넘쳐돌아간다면서요? 이것이 도대체 말이 됩니까. 부끄럽기 짝이 없지요. 깊이 생각하여야 합니다.

　일본이 낳은 유명한 종교가에 가가와 도요히꼬(賀川豊彦)라고 하는 신학자 한 분이 있습니다. 이 분을 아는 이가 많습니다. 이 분은 고베신학교(神戶神學校)와 프린스턴신학대도 나왔습니다. 그는 한평생 빈민굴에서 불쌍한 사람들하고 살면서 사랑을 실천함으로 세계적으로 알려지고, 또 많은 저서를 남겨서 세상에 감화를 끼친 분입니다. 저는 아주 어렸을 때도 가가와 도요히꼬에 관한 책을 읽으면서 마음이 뜨거워지는 경험을 많이 했었습니다. 그가 젊었을 때 폐결핵에 걸렸습니다. 2기, 3기가 넘어가서 각혈도 하였습니다. 지금도 그렇지만 옛날에는 더욱이 3기가 되어서 피를 쏟게되면 결핵균이 막 퍼져나가기 때문에 사람들과 접촉을 못하게 합니다. 옛날에는 고치는 방법도 요새같지 않아서 그 병은 아예 죽을병이었습니다. 이렇게 중해지니까 부모 친척들도 다 떠나버리고, 교회에서 찾아오는 교인들까지도 다 떠나면서 고별예배까지 드리는 것이었습니다. '오늘이 마지막입니다. 안녕히 가십시오' 하고는 다 끝나버렸습니다. 혼자 남았습니다. 이제는 그저 살아 있는 동안 죽음을 기다릴 수밖에 없었습니다. 그런 순간에 그는 생각하였습니다. 내가 이대로 죽음을 기다려서야 되겠나, 이 남은 시간이라는 것이 아주 중요한데… 그래서 그는 조그마한 손수레에다 자기살림 몇 가지를 있는대로 다 실었습니다. 이것을 끌고 그대로 빈민굴로 들어갑니다. 불쌍한 사람들 사는 데서 같이 머금고 살면서, 위로하면서, 그들을 돌보면서, 내가 죽을 지경인데도 남을 돌보면서 삽니다. 이윽고 그의 몸은 뜨거워졌습니다. 병이 나았습니다. 이렇게 건강을 찾아 70세가 넘도록 그는 빈민굴 속에서 한평생을 봉사하게 됩니다.

여러분, 이제 남은 생을 어떻게 보내야 하겠습니까. 그간에 어떻게 살았건 이제는 목적을 분명히합시다. 보다 먼 미래를 바라봅시다. 그리고 섬기는 자세로 삽시다. 오직 섬기는 것입니다. 이제는 섬김받는 것을 다 사양하십시오. 깨끗한 마음으로 섬기고, 오직 주님만 섬깁시다. 사람눈치 보지 마십시오. 그리고 열심히 열심히 뜨거운 마음으로 섬기는, 그런 남은 생애가 되시기를 바랍니다. 여기에 소망이 있고, 힘이 있고, 활력이 있고, 지혜도 있는 것입니다. 생명력이 있는 것입니다. △

선지자의 고향

　　예수께서 거기를 떠나사 고향으로 가시니 제자들
도 좇으니라 안식일이 되어 회당에서 가르치시니 많
은 사람들이 듣고 놀라 가로되 이 사람이 어디서 이
런 것을 얻었느뇨 이 사람의 받은 지혜와 그 손으로
이루어지는 이런 권능이 어찌됨이뇨 이 사람이 마리
아의 아들 목수가 아니냐 야고보와 요셉과 유다와 시
몬의 형제가 아니냐 그 누이들이 우리와 함께 여기
있지 아니하냐 하고 예수를 배척한지라 예수께서 저
희에게 이르시되 선지자가 자기 고향과 자기 친척과
자기 집 외에서는 존경을 받지 않음이 없느니라 하시
며 거기서는 아무 권능도 행하실 수 없어 다만 소수
의 병인에게 안수하여 고치실 뿐이었고 저희의 믿지
않음을 이상히 여기셨더라 이에 모든 촌에 두루 다니
시며 가르치시더라

(마가복음 6 : 1 - 6)

선지자의 고향

　미국에 있는 UCLA라고 하는 대학의 의과대학 교수가 이제 머지않아 의학공부를 마치고 바로 현지병원에 나가서 환자들을 진찰하고 치료하게 될 학생들을 가르치고 있었습니다. 가르치는 중에 한 사례를 들어 학생들에게 질문을 했습니다. "아버지는 매독균에 걸려 있고 어머니는 폐결핵환자이다. 여기서 아이 넷이 태어났는데, 첫째아이는 매독균으로 인해서 장님이 되었고, 둘째아이는 이미 병들어 죽었고, 셋째아이는 역시 이 부모들의 병 때문에 귀머거리가 되었고, 넷째아이는 결핵환자가 되었다. 이런 때에 어머니가 또 임신을 했다. 이런 경우 그대들이라면 어떻게 할 것인가?" 학생들은 입을 모아 대답합니다. "유산시켜야 합니다. 아버지가 매독환자요 어머니가 폐결핵환자이며, 이미 낳은 아이 넷도 다 그 모양이 되었는데, 이러한 악조건에서 아이를 또 낳아놓으면 어떻게 되겠습니까. 당연히 유산시켜야 됩니다." 그러자 교수는 점잖게, 아주 정중하게 대답했습니다. "그대들은 지금 베토벤을 죽였다." 우리가 아는 악성 베토벤은 바로 그런 환경에서 1770년에 태어납니다. 아버지는 매독환자요, 어머니는 폐결핵환자요, 형제들도 다 병들어 그 모양이지마는 그 가운데서 태어나 57년 동안 작곡활동을 했습니다. 물론 그도 나중에는 귀머거리가 되었습니다마는 그런 가운데서도 많은 불후의 명곡을 쓰게 됩니다. 무릇 우리 인간의 판단이라는 것이 얼마나 어리석고 미련하고 잘못되기 쉬운가를 알아야 합니다. 그래서 그 교수는 말했습니다. "그대들은 환자들을 대할 때 이 사실을 잊지 말라. 의학적 지식이 좀 있다고해서 이렇게저렇게 치료하고 수술하고 없애고 할 것이 아닌 것이다. 모름지기 하나님의 역사가 어떻게 이루어지고 있는가를 생각하고 겸손하게 신중하게 할 것이다."

스웨덴의 동물학자가 아주 재미있는 힌트를 줍니다. '개를 보고 웃지 마라' 합니다. 여러분, 사람 사이에는 내가 웃으면 저 사람도 좋고, 내가 웃으면 내 기분도 좋습니다. 무릇 웃음이라는 것은 참 좋은 것입니다. 그러나 개는 예외입니다. 개 앞에서 웃으면 이빨이 드러나기 때문에 개는 저를 물려고 하는 줄 알고 성이 나서 대든단말입니다. 막 짖습니다. 그러니까 웃는 것도 참 어렵습니다. 웃어서 좋을 사람이 있는 반면 어떤 사람에게는 덮어놓고 웃었다가는 큰일납니다. 참 편견이라는 것이 얼마나 무서운 것인지 모릅니다. 그래서 어렵습니다. 사람에게는 사고(思考)가 있습니다. 생각을 할 줄 알아야 합니다. 그리고 인간의 운명은 그의 사고에 따라 결정됩니다. 생각하는대로 지식이 성립하고 생각하는대로 운명이 갑니다. 그런데 생각이라는 것이 어떻게 이루어지는고하니, 바로 보고 듣고 경험하는 데서 비롯됩니다. 보고 듣고 경험해서 사고가 형성된 다음에 이것이 내부에서 하나의 틀을 만들게 됩니다. 그 다음에는 이제 다시 새로운 사건에 부딪칠 때, 보고 듣고 경험할 때마다 이미 경험했던 지식이 앞서 가서 작용을 합니다. 그래서 굴절작용을 하고, 그래서 편견이 생기고 오해가 생깁니다. 이것이 심화하면 고정관념에 갇혀서 구제불능의 인간이 됩니다. 운명이 달라집니다. 이것이 우리의 현실이요, 우리의 운명입니다. 사람마다 생각의 자유가 있다고 생각하는데 그 생각 자체가 병입니다. 생각의 자유란 없습니다. 알게모르게 내가 어렸을 때부터 듣고 보고, 어머니 아버지로부터 배우고—이것들이 그대로 여기서 작용을 하는 것입니다. 이 편견에서 절대로 벗어나지 못합니다. 그것을 스스로 인정하는 것이 중요합니다.

어떤 책을 보니 책 제목이 재미있습니다. 「생각을 바꾸면 세상이 바뀐다」―우리가 가지고 있는 고정관념을 깨면 세상을 다른 눈으로 볼 수 있다는 것입니다. 새로운 세상에 살아갈 수 있다, 운명이 바뀐다는 말입니다. 제가 늘 얘기합니다마는 어리석은 사람이 소신껏 사는 것처럼 답답한 일이 없습니다. 이미 가진 잘못된 편견을 가지고 고집을 부리면 자기도 망하고 세상도 망합니다. 여기서 우리는 중요한 결단을 내려야 합니다. 사회학자들은 이것을 zero base thinking이라고 합니다. 아주 백지로 돌아가야 된다는 것입니다. 여러분 가운데 군에 복무했던 분들, 군대경험을 한 사람들은 아마 같은 것을 겪었으리라고 생각합니다. 제가 6·25전쟁통에 군에 들어가서 훈련을 받게 되었을 때 맨처음 들은 얘기가 그것입니다. '백지로 돌아가라.' 과거에 돈이 있었건 없었건, 공부를 많이 했건 못했건 군인에게는 그런 것 필요없다, 이제는 백지로 돌아가라, 깨끗하게 마음을 비우라, 그리고 가라면 가고 오라면 오라―이렇게 훈련을 시작하는 것이었습니다. 정말로 그렇습니다. 아주 백지로 돌아간 사람은 모든 것을 잊어버리고 명령대로 순종해나가니까 편하고 좋습니다. 그러나 생각이 많은 사람은 그렇지를 못합니다. '내가 이럴 처지에 있을 사람이 아닌데 뭐가 잘못되어서 이런 고생을…' 복잡하게 생각하는 사람일수록 거기에서 살아남을 수가 없습니다. 미치더라고요. 이것을 알아야 합니다. 영점 사고로 돌아가라―교육학자들의 심리학적 표현으로는 paradigm switch라고 합니다. 의식표본 전환인 것입니다. 의식의 패러다임을 바꾸어버려야 한다는 것입니다. 이것이 바뀌지 않으면 절대로 어느 처지에서건 바로 살 수가 없다, 하는 말입니다.

오늘본문성경을 읽어보면 참으로 유감스러운 이야기가 있습니다. 예수님께서는 전도하시는 일에 아주 바쁘시지마는 역시 고향을 사랑하셨던 것같습니다. 고향과 동족을 사랑해서, 잃어버린 양에게로 가시기 위하여 종종 고향을 찾으십니다. 고향에 가셔서 이적도 많이 베푸셨습니다. 말씀도 많이 하셨습니다. 가버나움회당에서 열심히 가르치셨는데 그곳 사람들이 예수님을 배척합니다. 지금도 가버나움 유적지에 가보면 큰 터가 있고 무너지다 남은, 아마도 예수님이 들어가셔서 말씀하셨을 것이라고 생각되는 회당의 기둥과 벽만 서 있습니다. 보면 생각이 퍽 착잡해집니다. 예수님 친히 말씀하십니다. 가버나움아, 하늘에 오를 듯싶으냐, 땅에 떨어지리라—그 많은 말씀을 듣고 예수님의 고향으로서 예수님을 많이 만난 바로 그곳이 예수님을 배척했습니다. 끝내 폐허가 되고 말았습니다. 우리의 마음을 참 여러 가지로 복잡하게 만드는 곳입니다. 왜 예수님을 배척했을까요. 옛생각, 옛관습, 옛지식의 틀에서 벗어나지 못했기 때문입니다. 고정관념의 감옥에서 벗어나지 못했기 때문입니다. 그래서 예수님을 배척하고 맙니다. 그렇게 된 이유가 있는 것입니다. 그들의 반응은 이러했습니다. 오늘성경말씀대로 저들은 예수님의 말씀을 듣고 깜짝놀랐습니다. 예수님께서 행하시는 희한한 이적들을 보고 깜짝놀랐습니다. 그리고 하는 말이 고작 '어찜이뇨?' 입니다. 그것으로 다입니다. 놀란 것으로 끝이었습니다. 마음을 열지 않은 것입니다. '이 사람이 대체 어디서 이런 능력을 받았는고' 하고 맙니다. '이 사람이 목수가 아니냐, 목수의 아들이 아니냐' 할 뿐입니다. 목수는 헬라말로 '텍톤', 영어로 craftsman입니다. 벽을 세우고 지붕을 수

리하고 대문을 짜맞추고 집도 짓고, 그리고 특별히 농기구를 만드는 사람이 목수입니다. 이것이 예수님의 본래의 직업이었습니다. 그러니까, 엊그제까지도 우리집에서 일했고, 우리 대문을 고쳤고, 우리 농기구를 만들어주던 그 목수가 아니냐, 그 참 이상도 하다, 어디 갔다가 이런 능력을 얻었는고—그로써 끝입니다. 여기서 생각이 더 나아가지를 못했습니다. 공부라도 많이 했다면 그래서 그런가보다 할 수도 있겠지마는 바로 엊그제까지도 우리와 같이 있던 일개 목수가 이렇게 난데없이 능력을 보이다니… 그래서 무엇인가 생각을 달리했어야 되는데 그러지를 못했습니다. 나아가서는 그 어머니와 그 형제들이 우리와 함께 있지 않느냐, 그 어머니의 그 아들이 아니냐, 별다른 사람이 아닌데, 거 참 신기하구만—이렇게 생각을 하고 그 이상은 생각하지 못했더라는 것입니다. 여기서 예수님을 배척하게 됩니다. 예수님께 대하여 조금 알고 있다는 이 지식이 결정적으로 그들을 불행하게 만들었습니다.

오늘도 보아하면 그런 경우가 참으로 많습니다. 한 사람이 가진 잘못된 편견, 얼마간의 지식이 결국은 그 사람을 버려놓고 맙니다. 저는 가끔 그런 분들을 봅니다. 좋은 학벌에 고등실업자인데 말하는 것을 보면 미끈합니다. 차라리 공부 안했더면 참 좋을 사람인데, 저런 학위가 없었더면 참 좋을 사람인데 아깝구나, 공부가 사람 버렸구나, 공부할 것이면 제대로 할 것이지, 변변치도 않은 지식 좀 있다는 것이 오히려 탈이구나, 싶은 사람들이 있습니다. 돈 사람도 있습니다. 돌아서 가끔 제게 인사를 하는데, 뭐라고 하는지 아십니까? 요새 세상 참 이상해져가지고 아무것도 아닌 것들이 까분다고 투덜거립니다. 이런 사람 어떻게 하면 좋습니까? 그 사람 그 공부 안했더라면 차라리 그런 소리 안할 수도 있는데, 그야말로 보통사람으로 살 수 있을 것인데, 그 변변치않은 학위니 지식이니 하는 것 때문에 그 꼴입니다. 제가 가끔 얘기합니다. 옛날박사가 지금의 초등학교학생만하냐—생각해보십시오. 그게 무엇이 그렇게 대수로운 일입니까. 왜 이것을 깨끗이 비우지 못하는 것입니까. 그러니 이 새로운 세대에 살아남을 수가 없는 것입니다. 미칠 지경이니까요.

그런데 똑같이 고향사람인데도 불구하고 요한복음 1장 14절로 15절을 보십시오. 사도 요한은 같은 고향 사람이요 예수님과 3년을 함께하면서 공생활, 사생활을 지켜본 사람인데, 그는 마침내 이렇게 말씀합니다. "말씀이 육신이 되어 우리 가운데 거하시매 우리가 그 영광을 보니 아버지의 독생자의 영광이요 은혜와 진리가 충만하더라." 이것이 그의 고백이요 그의 결론입니다. 같은 고향 사람인데 어째서 사도 요한은 예수님을 이렇게 볼 수 있었겠습니까. 깊이 생각하여야 합니다. 우리가 이렇게 고정관념으로부터 벗어나려면 사물과 사건을 통해서 하나님을 보아야 합니다. 하나님의 영광을 보아야 합니다. 하나님의 음성을 들어야 합니다. 우리에게 되어지는 일 하나 하나를 결코 예사로 보지 말 것입니다. 가만히 보십시오. 자, 도무지 정신 못차리고 있는 사람들을 위해서 잠수함이 좌초됐습니다. 우리는 이렇게 불황을 통해서 이제 우리에게 무엇이 중요한가를 배우고 있습니다. 깨우쳐야 합니다.

사고를 바꾸려면 무엇보다도 우리는 성서적 맥락으로 돌아가야 합니다. 그것이 중요합니다. 초대교회의 예수믿는 사람들은 성경이 증거하는대로 살았습니다. 사건마다 성경의 시각에서 봅니다. 성경대로 오셨고, 성경대로 역사하셨고, 또 성경대로 죽으시고, 성경대로 부활하시고… 성경의 관점에서 세상을 보았습니다. 그래서 우리 아는 바와 같이 어린 양 예수의 십자가사건도 구약에서부터 죽 내려오는 성서적 맥락에서 봅니다. 그 예표들이, 그 예언들이 오늘 여기에 응하였다고, 그 예언의 말씀이 여기에 성취되었다고 하는 시각에서, 성서적 맥락에서 예수님을 보고 세상을 보게 되더라, 그 말입니다. 이것이 예수믿는 사람들입니다. 우리의 사고를 다시한번 고치려면 먼저 하찮은 일도 깊이 생각을 해보아야 합니다. 미국을 여행하다보면 누구나 한번씩 어린아이로 돌아가서 보게 되는 것이 있습니다. 바로 디즈니랜드입니다. 디즈니월드, 디즈니랜드는 유명하지 않습니까. 그런데 거기에 들어가보면 딱 들어서면서 맨처음 만나는 것이 미키마우스입니다. 그래서 우리를 다 즐겁게 하고 어린아이들을 마냥 즐겁게 만듭니다. 그러나 한번 생각해보십시오. 쥐라는 것은 누구할것없이 보기 싫어합니다. 우리는 쥐만 보면 잡아죽이려고 하지 않습니까. 그러나 디즈니라는 사람은 달랐습니다. 쥐를 가만히 보니 그 놈이 노는 게 예쁘단말입니다. 예쁘게 보기 시작하면서 그 쥐를 조금 더 크게 만들고, 조금 더, 조금 더, 하고 고쳐놓다보니 미키마우스가 나온 것입니다. 세상에 미키마우스라는 것은 없습니다. 그것은 디즈니가 본 쥐입니다. 이래서 미키마우스를 우리나라 아이들까지 모르는 아이들이 없습니다. 보십시오. 하찮은 쥐의 노는 것을 보고 디즈니는 즐거운 세계를 만들었습니다. 깊이 생각하여야 합니다. 또한 zero base로 돌아가야 합니다. 아주 백지로, 원점으로 돌아가 다시 생각하여야 합니다.

제가 우리 교인들 가정에 가서 가끔 보면 바람벽에 몇십 년된 누런 결혼사진이 걸려 있습니다. 둘이 찍은 것, 지금 보면 누군지도 알아보지 못하겠는데 그것을 갖다 떡 걸어놓고 있습니다. 왜 저걸 갖다 걸어놓았을까—저는 생각을 합니다. 지금은 늙었고 그때는 젊었습니다. 그리고, 우리가 저렇게 좋은 때가 있었는데, 하고 다시 원점으로 돌아가 생각하자는 것입니다. 조금씩 의견차이가 나더라도 이해하자, 우리가 저렇게 시작하지 않았느냐, 그때로 돌아가 생각하자—그렇습니다. 다시 원점으로 돌아가는 그 마음이 중요합니다. 또한 동시에 생각을 바꾸려는, 다각적으로 생각하는 지각능력을 가져야 합니다. 한쪽으로만 생각하고 몰두해들어가면 사람 미칩니다. 잘못되는 것입니다. 이런 방향으로도 생각하고 저런 방향으로도 방향을 바꾸어 생각해보라는 것입니다.

하와이는 태평양 한가운데 더운 곳에 있는 섬입니다. 와이키키 해변을 비롯해서 그야말로 얼마나 뜨거운 곳입니까. 그런데 상상을 해보십시오. 그 하와이 한가운데서 누가 밍크코트 장사를 하겠다고 한다면 미쳤다고 하지 않겠습니까. 그러나 한 사람은 그것을 생각했습니다. 하와이 그 뜨거운 섬에서 가죽옷, 밍크코트를 내놓고 파는 가게를 열었습니다. 많은 사람들이 이 사람을 두고 정신나간 사람이라고 손가락질했지마는 그는 생각했습니다. 온세계 사람이 여기에 오는데, 많이 오게되면 추운 지방 사람들도 온다는 것이지요. 그래서 그것을 시작했습니다. 그런데 일반적으로, 지혜로운 사람은 아시다시피 겨울에 여름옷을 준비하고 여름에 겨울옷을 준비합니다. 여기에 착안한 것입니다. 이윽고 그 밍크코트가게에는 점점 사람들이 몰렸고 마침내 이 사람은 2백만 달러의 수입을 올리게 됩니다. 보통 사람은 생각지 못할 일이었습니다. 전혀 다른 시각으로 볼 때 그는 남이 못보는 세계를 보았던 것입니다.

우리는 좀더 생각을 하여야 합니다. 좀더 깊은 곳을 볼 줄 알아야 합니다. 과학적으로만 볼 것이 아닙니다. 도덕적으로 볼 줄 알고 신앙적으로 볼 줄 알아야 합니다. 깊은 세계를 보아야 합니다. 세상은 자꾸만 변하고 있는 것입니다. 제가 중국에 갈 때마다 그것을 좀 느낍니다. 얼마전에도 가서 농림장관하고 식사를 하면서 물어보았습니다. "당신도 집에 가면 음식을 만드나요?" "아, 그럼요." "그래도 괜찮아요?" "음식 만드는 것은 재미있지요. 그런데 한 가지 나쁜 것이 있습니다. 장을 보아야 하는데 그것이 좀 힘들어요. 오늘아침에도 장을 보아다놓고 왔지요." 여러분, 13억이나 되는 중국사람들이 거의 남자가 음식을 만듭니다. 장도 남자가 봅니다. 그런데 오늘 우리는 조그마한 나라에 살면서 남자가 어디 부엌에 들어가는가요? 생각 좀 바꾸십시오. 젊은사람들이 부엌일 좀 도와주거나 하면 시어머니라는 사람이 사내자식이 가문망신을 시킨다 어쩐다 합니다. 고정관념을 깨십시오. 그래야 새로운 세계가 보입니다. 나가서 일해보십시오. 그것도 재미있습니다. 왜 내가 생각하는 것만 옳습니까. 내가 지금까지 생각한 것만 옳다고 생각하는 것입니까. 요새 '세계화'라고들 말합니다. 툭툭 털어버리고 새로운 생각을 하십시오. 그렇지 않고는 아마 미칠 것입니다. 살기 어렵습니다.

예수믿는다는 것은 엄청난 변화, 엄청난 정신적 혁명입니다. 내 잘못된 고정관념 다 털어버리고 원점으로 돌아가서 다시 시작하여야 합니다. 깨끗한 어린아이의 마음으로 돌아가야 합니다. 어린아이와 같지 아니하면 천국에 못들어간다고 주님께서 말씀하십니다. 이스라엘백성이 홍해에 가까이 왔을 때 큰 사건을 만났습니다. 뒤에는 애굽군대가 쫓아오고, 앞에는 홍해가 가로막혀 있고, 좌우는 절벽입니다. 독 안에 든 쥐와 같이 된 백성이 어디로 가야 합니까. 그래서 그들이 원망을 합니다. 모세를 원망하고, 하나님을 원망합니다. '애굽에 매장지가 없어서 우리를 데려다가 여기서 죽이려 하느냐' 하는 소리까지 합니다. 하기야 말인즉슨 되는 말입니다. 그 홍해가 열린다는 사실을 몰랐거든요. 여러분, 우리의 생각, 예측이 그대로 되는 게 아닙니다. 과거도 그랬듯이 앞으로도 그렇습니다. 다 안다고도 말고, 다 보았다고도 말고, 내 생각이 다 옳았다고, 또 옳을 것이라고 고집부리지 마십시오. 우리는 다시 겸손한 마음으로 십자가를 통해서 하나님을 뵙고, 오직 십자가를 통해서 나를 보고, 오직 십자가를 통해서 세상을 볼 것입니다. 마침내 새로운 세계가 보일 것입니다. 거기에 구원이 있습니다. △

종일 묵상하나이다

내가 주의 법을 어찌 그리 사랑하는지요 내가 그것을 종일 묵상하나이다 주의 계명이 항상 나와 함께하므로 그것이 나로 원수보다 지혜롭게 하나이다 내가 주의 증거를 묵상하므로 나의 명철함이 나의 모든 스승보다 승하며 주의 법도를 지키므로 나의 명철함이 노인보다 승하니이다 내가 주의 말씀을 지키려고 발을 금하여 모든 악한 길로 가지 아니하였사오면 주께서 나를 가르치셨으므로 내가 주의 규례에서 떠나지 아니하였나이다 주의 말씀의 맛이 내게 어찌 그리 단지요 내 입에 꿀보다 더하니이다 주의 법도로 인하여 내가 명철케 되었으므로 모든 거짓 행위를 미워하나이다

(시편 119 : 97 - 104)

종일 묵상하나이다

　이런 말이 있습니다. ‘생각을 심으면 행동을 거두고, 행동을 심으면 습관을 거두고, 습관을 심으면 인격을 거두고, 인격을 심으면 운명을 거둔다.’ 문제는 생각에 있습니다. 동물은 본능에 끌리어 삽니다. 그러나 사람은 그의 생각에 이끌려 삽니다. 동물은 본능대로 이끌려 운명이 결정됩니다. 사람은 자신의 사상에 이끌려서 자기 운명을 살아가게 됩니다. 그런데 문제는 여기에 있습니다. 생각은 언제나 합리성을 추구합니다마는 우리의 가슴은 같은 길로 가지를 않는다는 것입니다.

　가끔 중매를 할 때가 있습니다. 이런 남자이고 이런 여자이니 모든 면에서 내 생각에는 딱 어울릴 것같아서 소개를 해보는데, 싫다고 합니다. 이것은 도리가 없는 것입니다. 그래서 그 다음부터는 중매를 간단하게 합니다. 그냥 ‘만나보고 좋으면 하십시오’ 하고 맙니다. 좋은 것, 이것은 무작정 좋은 것입니다. 이걸 따질 이치가 필요 없는 것입니다. 부모님들은 흔히 조건 운운합니다마는 조건 따라서 사랑을 하는 것이 아닙니다. 사랑하기 때문에 합리적인 설명이 붙는 것입니다. 합리적인 이론에서 사랑이 나오는 것이 아니라 사랑하기 때문에 합리적으로 설명하는 것입니다. 다시말하면 지성과 감성이 별도로 작용을 하는 것입니다. 지성이 감성을 지배하지 못합니다. 그 누가 자신이 생각하는대로 느낍니까. 합리성을 따라서 사랑합니까. 그런 것은 아닙디다. “무작정 좋다” 어쩌고 하지 않습니까. 이것은 이유 없는 것입니다. 그런가하면 오히려 감성이 지성을 지배하는 것을 볼 수 있습니다. 생각을 내 마음대로 할 수가 없습니다. 그러면 마음은 누가 지배하는 것입니까. 이것은 어디로 끌리고 있는 것입니까.

다시 우리는 성경으로 돌아가서 해답을 얻습니다. 예수님께서 말씀하십니다. "사람이 떡으로만 살 것이 아니요 하나님의 입으로 나오는 모든 말씀으로 살 것이라(마 4 : 4)"―동물은 떡을, 음식을 먹고 살지마는 사람은, 그 영은, 그 인격은 하나님의 말씀을 먹고 산다, 하는 말씀입니다. 이것은 창조적인 원리요 존재론적 진리입니다. 이것을 떠날 때 인간됨을 포기하게 되고, 인간됨에서 자멸하게 되는 것을 우리는 잘 알고 있습니다. 사람을 사람되게 하고, 사람을 사람으로 만드는 변화, 이것은 오직 말씀 안에 있는 것입니다. 일반적 지식이란 다만 그의 생활을 윤택케 할 수는 있습니다. 그러나 그 마음을 충만하게 할 수는 없습니다. 생각과 습관, 운명과 문화, 가치관―모든것을 완전히 개혁할 수 있는 힘은 하나님의 말씀에 있다는 것을 우리는 잘 알고 있습니다.

연세대학교 중앙도서관 앞에는 영감 한 분의 동상이 있습니다. 그 동상은 나이드신 분들은 잘 아시겠지마는 오랫동안 연세대 총장으로 계시던 백낙준 박사의 동상입니다. 재미있는 이야기가 그의 가정에 있습니다. 백낙준 박사의 부친은 무당이었습니다. 그러니까 박수무당인데, 아주 유명했다고 합니다. 하루는 그가 한창 무당춤을 추고 있는 시간에 한 전도사가 지나가다가 그 꼴을 보고 참을 수 없어서 전도를 하러들었습니다. 무당에게 전도하는 것이니 공손한 말로 할 수는 없지 않겠습니까. 전도사는 다짜고짜 이렇게 말했습니다. "자식들 멸망할 짓 그만하고 예수믿고 천당가시오!" 그랬더니 이 무당 하는 말이 "너나 믿고 천당이든지 백당이든지 가라!" 하는 것이었습니다. 그런데 이상한 것은 집에 돌아가서도 그 무당에게는 전도사의 그 소리가 계속 생각나는 것입니다. 자식들 망할 짓 그만하라, 예수믿고 천당가라—이 소리가 귀에 계속 들리는 것입니다. 정신이 혼란해집니다. 잘 수도 없고 먹을 수도 없습니다. 너무도 괴로운 나머지 그는 이것을 해결하려고 마침내 교회를 찾아갔고, 끝내 예수를 믿게 되었습니다. 그의 아들이 백낙준 박사인 것입니다. 한국사회와 교회에 있어서 아주 중요한 인물이 됩니다. 이 사람과 이 가문을 변화시킨 것은 오직 예수, 오직 하나님의 말씀이었다는 사실입니다. 여기에 신학적으로 매우 중요한 진리가 있습니다. 우리가 책을 읽습니다. 그런데 성경은 일반적인 책을 읽을 때와 같은 자세로 읽어서는 안됩니다. 일반적인 책은 내가 주도자가 되어서 내가 읽고 내가 비판하고 내가 생각합니다. 읽으면서 내멋대로 생각하는 것이 책입니다. 그러나 하나님의 말씀은 그렇지 않습니다. 이것은 신뢰를 가지고 믿음을 가지고 겸손한 마음으로 마음을 열고 읽습니다. 그대로 읽어나갑니다. 읽어나가느라면 이제는 성경이 내게 말씀합니다. 유명한 신학자 칼 바르트가 말했습니다. 'The Word of God waits for us in the Bible.—하나님의 말씀이 성경 안에서 우리를 기다린다.' 성경 안에서 우리를 기다린다—내가 성경을 읽어나가느라면 성경이 나에게 말씀해옵니다. 그것을 듣는 것입니다. 다 이해하려고 하지 마십시오. 66권 다 몰라도 괜찮습니다. 구구절절이 다 알아야 하겠다고 하지 마십시오. 말이 되느니 안되느니 비판하려고들지 마십시오. 그대로, 온유 겸손하게 마음을 열고 읽으십시오. 그대로 읽어나가느라면 성경 안에서, 성경을 통해서 나에게 말씀하시는 것을 들을 수 있을 것입니다.

오래전 애기입니다마는, 밤 10시가 넘어서 집에 들어가보니 웬 6순가까운 분이 우리집에 들어와 앉아 있습니다. 손님으로 왔다고 하기에 어떻게 이렇듯 낯선 분에게 문을 열어주며, 또 이렇게 들어오도록 했느냐, 했더니 사연인즉 이러했습니다. 문을 열었을 때 그분은 다짜고짜 "저는 소망교회 교인입니다. 그런고로 목사님을 만나야 합니다" 하더랍니다. 한 번도 소망교회에 나온 일이 없는 분입니다. 그러나, 저 내몽고에서 방송을 통하여 10여 년 동안 날마다 새벽마다 제 설교를 들어왔고, 열심히 받아 기록을 했는데 그 기록한 노트가 12권이나 됩니다. 그 중의 한 권을 가지고 오고 나머지는 사진을 찍어가지고 왔습니다, 증거로. 저는 당당하게 소망교회 교인입니다, 목사님을 만날만한 자격이 있습니다―이렇게 들어와 앉아 있는 것이었습니다. 여러분, 이런 일이 거기에만 있는 것이 아닙니다. 바로 며칠전에 된 일입니다. 김일성종합대학 정치경제학과를 나온 사람이 저 연길을 거쳐 지금 북경에 와 있습니다. 그분은 이렇게 말합니다. "수고하고 무거운 짐 진 자들아 다 내게로 오라, 하는 말씀을 듣고 내가 여기에 왔습니다. 저는 소망교회 교인입니다." 우리 교회 방송을 들었기 때문이지요. "그 말씀이 나로하여금 공산주의를 버리게 했고, 나로하여금 깨닫게 하고 용기를 얻게 하고 감격하게 해서 생사를 가름하는 무서운 고비를 넘기면서 여기까지 왔습니다"하고 그는 말합니다. 그런 이야기 하는 것을 들을 때 말씀의 위력이 얼마나 놀랍다는 것을 새삼새삼 절감하게 됩니다.

잊어서는 안됩니다. 성경 자체가 우리의 마음을 엽니다. 우리를 변화시킵니다. 마음에 혁명을 일으킵니다. 이것이 아니고는 인간이 인간되지 못합니다. 이상한 일이 있습니다. 교회에 잘 다니던 사람이 어쩌다가 시험에 빠져서 교회에 안다니게 된다고 합시다. 사회학적으로 통계를 내보면 넉 달만 교회에 안나오면 완전히 안믿는 사람이 되어버립니다. 그리고 완전히 세상사람으로 살아가게 됩니다. 무서운 일입니다. 알아듣든 못알아듣든 교회에는 나와야 합니다. 사실 교회에 나올 때마다 은혜받는 것도 아니지요. 어쩌다 공치는 날도 있지요. 졸다 가는 날도 있고. 그래도 나와야 됩니다. 여러분, 음식에 대해서 어떻게 생각하십니까? 제가 분명히 알기는 제 아내가 아직도 제가 뭘 좋아하는지 모릅니다. 보아하니 누가 물으면 대답을 못합니다. 왜 그런지 아십니까? 다름이 아닙니다. 저는 음식을 가리는 게 없거든요. 주는대로 먹으니까요, 맛이 있든없든. 저는 배가 아파도 음식을 먹고 소화제 먹지 굶는 법이 없습니다. 뭐, 감기걸려서 입맛이 있다없다 하지만 어떻게 사람이 입맛대로 삽니까. 맛이야 있건없건 먹어야 되는 것입니다. 적당한 양을 먹어야 우리가 건강을 유지하는 것입니다. 마찬가지로 하나님의 말씀, 우리가 반갑게 들을 때도 있고 잘 모를 때도 있습니다. 그래도 계속해서 들어야 됩니다.

다윗 왕은 하나님의 말씀에 대해서 깊은 체험을 가진 사람입니다. 그는 하나님을 사랑한다는 것이 무엇인지를 구체적으로 아는 사람이었습니다. 그 말씀을 사랑하는 것이 하나님을 사랑하는 것이요, 말씀에 순종하는 것이 하나님께서 나와 함께 계시는 역사요, 말씀을 따라 사는 것이 하나님께 가는 길이라고 확실하게 알고 있는 사람이었습니다. 그래서 오늘본문에 말씀합니다. 하나님의 말씀을 내가 사랑하였더니 내가 지혜롭게 되었습니다, 말씀이 나를 지혜롭게 해주고 나를 명철케 합니다, 말씀이 스승보다도 낫고 노인보다도 낫습니다, 스승은 나보다 공부 많이 한 사람, 또 노인은 나보다 경험이 많은 사람인데, 공부 많이 한 것보다 경험 많은 것보다 하나님의 말씀이 더 나를 명철케 해줍니다―이렇게 만들어놓았다는 것입니다.

좀더 나아가서는 하나님의 말씀을 묵상하나이다, 하였습니다. 종일 묵상하나이다, 합니다. 묵상(默想)이라는 말은 히브리원문에 동의어가 있는데 '되새김질한다' 하는 뜻이라고 합니다. 소를 키워보지 않으신 분들은 잘 모르겠지만 저는 고향에서 자랄 때 늘 소가 있었습니다. 소를 마당 앞에 매어두면 한가할 때 앉아가지고 계속 되새김질을 합니다. 꿀꺽하고 또 되새김질하고, 또 꿀꺽 집어넣고 또 꿀꺽 토해가지고 새기고… 그런 것을 볼 수 있는데, 휴버트 미첼이라고 하는 학자가 소의 되새김질을 자세히 연구해놓은 것을 보면 정확하게 55초마다 되새김질을 한다고 합니다. 소는 위가 4개거든요. 소가 풀을 뜯어먹을 때는 뜯어서 그냥 삼켜버립니다. 씹지 않습니다. 뜯어서 꿀꺽꿀꺽 삼켜놓고는 나중에 한가한 때 그것을 꺼내서 씹습니다. 씹어서 위로 넘깁니다. 다시 씹어서 그 다음 위로 넘기고… 그동안에 침과 위액을 잘 섞는 것입니다. 이렇게 넘기고 넘기고 하면 이것이 살이 되고 피가 되고 기름이 됩니다. 요새는 건강에 많이들 마음을 씁니다. 보아하니 기름먹으면 큰일난다고해서, 콜레스테롤이 높아지고 혈압이 생긴다고해서 그저 풀만 먹겠다고 하는 분들이 있는데 잊어버리십시오. 소는 풀만 먹어도 기름덩어리입니다. 할말 있습니까? 그러니까 풀만 먹어가지고 기름 없애겠다는 것은 난센스입니다. 무식한 소치입니다.

소가 저렇듯 풀을 먹어서 씹고 또 씹어 넘길 때 이것이 기름이 되고 피가 되고 살이 되고 힘이 되는 것처럼 우리가 하나님의 말씀을 들을 때, 성경 읽을 때나 설교말씀 들을 때는 우선 집어넣는 것입니다. 우선 들어둡니다. 다 들어놓고 그 다음에 기도와 함께 이것을 명상합니다. 종일 명상합니다. 깊이 생각하고 곰곰이 생각할 때 여기서 피가 되고 살이 되는 것입니다. 생명력이 나타나는 것입니다. 묵상이라는 것은 깊이 생각하는 것을 말합니다. 생각하는 동안 다른 생각을 하지 않습니다. 그것이 명상입니다. 어느 책을 보니 우울증 환자를 고치겠다고 백방으로 치료를 해보아도 소용없었는데 어느 의사가 우울증치료를 아주 잘한다는 소문이 났습니다. 그는 특별한 방법으로 치료를 했습니다. 환자가 무얼 제일 좋아하는지를 알기 위해 우선 비디오를 틀어 보여주면서 그 얼굴빛을 살피는 것입니다. 가령 좋은 음식, 골프치는 것, 운동하는 것, 바다에 가서 노는 것, 또는 좋은 경치… 이렇게 죽 보여주면서 어느 때에 가서 눈빛이 반짝하는지 그것을 관찰하는데, 어떤 환자는 낚시질하는 장면을 보여주니까 정신없이 보는 것입니다. '그렇구나' 하고 의사는 그에게 세계적으로 유명한 호수에서 사람들이 낚시질하는 장면을 계속 비디오로 보여주었습니다. 그랬더니 이 환자, 그 장면을 하루종일 보고나서는 거짓말처럼 병이 낫더라고 합니다. 미쳐들어가는 것입니다. 빨려들어가는 것입니다. 그것을 잊지 말아야 합니다. 우리가 하나님의 말씀을 들을 때는 거기에 심취해들어가야 합니다. 그러는 동안에 내 성격도 변하고, 내 모든 우울증이 다 사라지는 것입니다. 그것을 알아야 합니다. 어느 술집에, 종종 있는 일이지만 싸움이 벌어졌습니다. 미국 사람의 영화에 보아도 그런 것이 있지 않습니까. 두 사람이 싸우기 시작하면 그 다음에는 서로서로 부딪치면서 모든 사람이 전부 때리고 싸우는 것입니다. 그래 그 술집은 난장판이 되었습니다. 다 깨지고 부서졌습니다. 이리돼서 술집에서는 경찰을 불렀습니다. 경찰이 온다고 소리를 지르니까 모조리 다 도망가고 말았는데, 유독히 한 소년이 계속해서 나팔을 부는 것이었습니다. 그 소동에도 아랑곳없이 눈을 지그시 감고 나팔만 불고 있는 것입니다. 경찰이 그를 보자 나팔을 멈춰놓고 그동안 어떤 일이 있었는지, 싸움이 벌어졌다는데 다 어디 갔는지 자초지종을 얘기하라고 합니다. 그런데 이 나팔 분 소년은 "저는 아무것도 본 것이 없습니다"라고 대답합니다. 이 소년이 바로 '재즈 왕' 암스트롱이었습니다. 그는 흑인가정에 태어나 공부를 할 기회도 없었고 악에 물들어서 소년교도소에 갔었습니다. 거기서 그는 나팔을 배웠습니다. 여기에 재미를 붙였습니다. 그리하여 나팔을 부는 것으로 온 생을 기울이게 됩니다. 모든 악을 떠날 수 있었고 모든 나쁜 친구들을 다 버리고 오직 나팔만 불었습니다, 한평생. 마침내 그는 세계적으로 유명한 '재즈 왕 암스트롱'이 되는 것입니다.

본문말씀에 다윗은 "말씀의 맛이 내게 어찌 그리 단지요"합니다. 너무도 맛이 있는 것입니다. 너무도 즐거운 것입니다. 꿀송이보다 더 답니다. 예수를 믿는다는 것은 여기에 있습니다. 성경말씀이 달고 오묘하고 너무도 아름답고 너무도 귀합니다. 여기에 심취합니다. 그때의 명상 속에서 내가 나를 이기게 되고, 죄를 이기게 되고, 세상을 이기게 됩니다. 여러분, 오늘이라도 우리가 임종을 맞는다 합시다. 곁에서 울고 있는 아내가 무슨 위로가 됩니까. 자녀들이 둘러서 있다고 무슨 소용이 있습니까. 이제 그 시간에 꼭 필요한 것은 주님의 말씀뿐인 것입니다. 주님께서 내게 주시는 말씀뿐인 것입니다. 많은 임종하는 사람들이 제일 좋아했던 말씀이 이것입니다. 제일 듣고 싶어했던 말씀이 이것입니다. "여호와는 나의 목자시니 내가 부족함이 없으리로다… 내가 여호와의 집에 영원히 거하리로다 (시 23편)." 이 말씀이 내 귀에 들려올 때 평화롭게 주님 앞으로 갈 수 있는 것입니다. 그런고로 우리가 한평생 주의 말씀을 사랑하며 상고하며 명상하며, 이제 그 말씀의 능력이 나를, 내 지성을, 내 감성을, 내 의지를 지배하게될 때 나는 말씀에 붙들린 사람으로 그 능력과 그 평화에 살아갈 수 있는 것입니다. 여기에 승리가 함께합니다. △

보다 나은 의

　내가 율법이나 선지자나 폐하러 온 줄로 생각지 말
라 폐하러 온 것이 아니요 완전케 하려 함이로라 진
실로 너희에게 이르노니 천지가 없어지기 전에는 율
법의 일점 일획이라도 반드시 없어지지 아니하고 다
이루리라 그러므로 누구든지 이 계명 중에 지극히 작
은 것 하나라도 버리고 또 그같이 사람을 가르치는
자는 천국에서 지극히 작다 일컬음을 받을 것이요 누
구든지 이를 행하며 가르치는 자는 천국에서 크다 일
컬음을 받으리라 내가 너희에게 이르노니 너희 의가
서기관과 바리새인보다 더 낫지 못하면 결단코 천국
에 들어가지 못하리라

(마태복음 5 : 17 - 20)

보다 나은 의

2차세계대전 이후에 필리핀의 대통령을 지낸 바 있는 위대한 인물 라몬 막사이사이가 국방장관으로 있을 때의 일입니다. 어느날 장관실에 한 친구가 찾아왔습니다. 이 친구는 지난날 막사이사이가 아주 어려운 일을 당했을 때 크게 도와준 적이 있는 사람입니다. 이 사람이 찾아와서 태평양전쟁 때 근해에 침몰한 일본잠수함을 인양하면 많은 돈을 벌게 되겠다고 하며 인양권을 달라고 서류 한 장을 내미는 것이었습니다. 벌써 육군과 해군으로부터는 허락을 받았다고 그는 덧붙여 설명을 했습니다. 과거에 입은 은혜를 생각해서도 그렇고, 또 물속에 잠겨 있는 잠수함이니 그것을 내버려두면 뭐하겠습니까. 그것을 인양해서 사용하고 좋은 일에 쓰면 좋은 일이라고 생각해서 막사이사이는 흔쾌하게 허락하려고 마음먹었습니다. 그런데 이 사람이 이렇게 말하는 것입니다. "이 일을 잘되게 해주면 5만 페소를 드리겠습니다." 이 소리를 듣고 막사이사이는 생각을 바꾸었습니다. 그는 친구의 청을 거절해버렸습니다. 그 일 자체의 좋고나쁘고의 문제가 아니었습니다. 친구는 실수를 한 것입니다. 돈을 준다는 소리는 하지 않았어야 합니다. 그가 돈을 준다고해서 넙죽 받을 막사이사이가 아니지만 준다는 말을 했기 때문에 그는 그 서류에 서명할 수가 없었던 것입니다. 끝내 그 잠수함은 인양되지 못했습니다. 많은 것을 생각하게 하는 일화입니다.

의(義)라고 하는 것에는 동등이라고 하는 의미의 의가 있습니다. equitable justice라고 합니다. 동등의 의입니다. 같아야 한다는 것입니다. 또 분배의 의가 있습니다. distributive justice입니다. 또 보상의 의가 있습니다. 좀더 구체적으로 생각하면 의라고 하는 것에는 먼저 물질적 의가 있습니다. 이것은 결백이라는 말로 표현되는 것입니다. 남의 물건을 절대 취하지 않았고, 남에게 손해를 입히지 않았다—물질적 의입니다. 또한 인권적 의가 있습니다. 남의 인권을 해치지 않았고 남의 명예에 손해를 끼치지 않았다, 하는 인권적 의미의 의가 있습니다. 그리고 신앙적 의가 있습니다. 하나님 앞에서 어떻게 살았느냐 하는 것, 이것은 믿음이라는 말로 표현됩니다. 또하나는 자신과의 관계입니다. 양심적으로 옳았느냐, 하는 것입니다. 그 의를 우리는 진실이라는 말로 표현합니다. 이래서 의라고 하는 것은 단순한 것이 아닙니다. 물질적으로나 인격적으로나 신앙적으로, 그리고 자기자신에 대해서 진실한 그것이 의입니다.

인간들은 스스로 생각합니다. 나는 내 양심에 따라서 살았다, 나는 옳다, 하는 생각이 있는가하면 때로는 정당화하는 의가 있습니다. 일이 잘못된 것은 알지만 그러나 이것으로 인해서 발전에 기여했고, 결과가 좋았고, 지식을 얻었고, 지혜를 얻었고, 좀더 나아가서는 많은 사람에게 유익을 줄 수도 있었다, 그 과정은 잘못됐지만 결과는 좋지 않았느냐—이렇게 정당화하려고 하는 마음이 있습니다. 또 어떻게 해서든지 간에 결과를 좋게 만들겠다고 하면서 동기만을 좋게 평가하고 스스로 정당화하는 의가 있습니다. 그러나 하나님 앞에서의 의란 그런 것이 아닙니다. 하나님 앞에서의 바른 자세—사람으로부터 어떻게 평가받느냐는 중요하지 않습니다. 하나님과 나와의 진실한 관계에서의 의가 성립하여야 됩니다. 사람들은 흔히 다른 사람들과 비교하려고 합니다마는 그렇게 비교함으로 인해서 내 마음이 평안할 수는 없습니다. 물론 하나님께로부터도 인정받을 수 없는 것입니다. 의란 절대적 관계이기 때문입니다.

오늘본문에는 바리새인과 서기관에 대한 말씀이 있습니다. 예수님의 생애를 자세히 연구해보면 예수님께서는 참으로 모든 사람에게 후하십니다. 많은 병자를 고치실 뿐만 아니라 많은 죄인들에 대해서 너그러우십니다. 세리같은 죄인도, 강도도 용납하십니다. 회개하고 돌아오는 자일 때는 누구든지 다 수용할 수 있는 넓은 아량과 넓은 마음과 넓은 사랑을 가지신 그런 자비로운 분이십니다. 우리는 그렇게 알고 있습니다. 그런데 예외가 하나 있습니다. 바로 서기관과 바리새인에 대해서입니다. 서기관과 바리새인에 대해서는 가차없이 책망하십니다. "화 있을진저 서기관과 바리새인들이여"—시퍼렇게 책망하십니다. 저주까지 하십니다. '아나 데마 에스토'—천벌을 받으라고 하십니다. 그렇게 심판해버리시는 것을 볼 수 있습니다. 그렇듯 자비로우신 예수님께서 바리새인과 서기관은 절대로 용납하시지 않은 것입니다. 바리새인을 책하심이 아니요 바리새직을 책하심이 아닙니다. 바리새인이 가지고 있는 죄의 스타일, 그들이 가지고 있는 그 불의함을 책망하신 것입니다. 깊이 생각할 문제입니다.

예수님께서 그렇듯 싫어하시고 책망하신 바리새주의적 죄가 어떤 것이냐—지금의 우리도 바리새주의라는 말을 사용합니다. 이것은 하나의 life style을 가리키는 대명사로 쓰입니다. 바리새적이다—그것이 무엇이냐하면 먼저는 지식으로써 의를 대신하는 것입니다. 사실 가만히 보면 무식해서 죄짓는 사람 많습니다. 더구나 이방사람들, 죄 중에서 죄인지 불의인지 의인지 알 수 없을 만큼 그대로 동물처럼 아주 더럽게 아무 뉘우침도 없이 살아가는 사람들이 많이 있습니다. 그 속에서 이 바리새주의자들은 '우리는 의를 알고 있다. 율법을 알고 있고 하나님의 뜻을 알고 있고 하나님의 말씀을 알고 있다' 하고 지식을 뽐냅니다. 율법에 대한 많은 지식을 저들은 마치 의인 것처럼 착각을 했습니다. 결코 지식 그 자체가 의는 아닙니다. 그러나 저들은 하나님의 법에 대한 많은 지식을 가지고 산다는 것 자체가 의라고 착각을 했습니다. 요새도 그런 일이 많습니다. 성경을 많이 안다고 의로운 것은 아닙니다. 많은 진리를 터득하고 기억한다고 해서 되는 것도 아닙니다. 깊이 생각하여야 될 문제입니다.

그런가하면 또 한 가지는 마태복음 23장에 길게길게 심판하시는데, 그것은 바로 형식적인 의요 외식적인 것입니다. 외식이라는 말의 헬라어는 '휘포크리테스'인데 이 말의 뜻은 배우라는 뜻이요, 가면이라는 뜻입니다. 배우가 화장을 하고 가면을 쓰고 나가서 왕이 아니면서도 왕인 것처럼, 공주가 아니면서 공주인 것처럼, 자기는 슬프면서도 기쁜 것처럼 그저 사람을 웃기고 울리고 하는 행위, 사람 앞에서 보이는 그런 위선인 것입니다. 예수님께서 책망하신 것 가운데 대표적인 예가 이런 것들입니다. 이를테면 기도를 합니다. 기도라면 하나님 앞에 기도하느니만큼 조용히, 하나님과 나 사이의 일이지만 이 사람들은 꼭 길거리에서 기도하기를 좋아합니다. 많은 사람들 다니는 데 서서 "오, 하나님이여"하고 소리질러 '내가 기도한다'라는 것을 드러내기 좋아합니다. 또 금식을 한다 할 때 이것이야말로 하나님과 나만이 아는 비밀스러운 일인데 이것도 세수를 하지 않고 일부러 초췌하게 하고 다닙니다. 사람들에게 지금 금식하는 중이라는 것을 과시하고, 참 하나님을 잘 믿는가봐, 하는 소리 듣고 싶은 것입니다. 또 구제를 할 때도 사람 안보는 데서는 구제를 안합니다. 사람들이 보는 길거리에서 소리를 내가면서 얼마를 준다는 식으로 구제를 하는 것입니다. 나팔을 불면서 구제를 합니다. 한마디로 말해서 사람들에게 보이려고, 사람들에게 보여서 그들로부터 칭찬받고 존경받고 인정받는 보상을 노리는 마음—이것이 바로 바리새주의입니다.

여러분, 사람에게 보이려고 하는 것처럼 비참한 노릇은 없습니다. 그 마음을 지워버려야 합니다. 여기에 매여 있으면 사람 참 치사해집니다. 부부간에도 남편에게 인정받으려 하고, 아내에게 사랑받으려 하고, 무슨 조그마한 일을 할 때도 꼭 알려져야만 하는 심사라면 참 비참하고 불행한 마음이라고 생각합니다. 북한을 도우자는 말들을 많이 해봅니다마는 이에 대해서 반대하는 사람들의 얘기를 제가 들어보고 참 마음아프게 생각하는 경우가 있습니다. '내가 직접 가서 내 이름으로 주는 것이면 하겠다' 는 것입니다. 내가 이 헌금을 해서 누구의 손을 통해서 언제 가서 주는 것인지도 모르는 것이면 안한다는 것입니다. 꼭 내 이름으로 해야 되겠다니 참 답답한 노릇입니다. 구체적인 예로, 이름만 대지 않겠습니다만 어느 교회에서 저 북한에 의료품을 보냈습니다. 그런데 그것이 몽땅 되돌아왔습니다. 왜 그런가 했더니, 보내는 물품에다 교회 이름을 썼다고 합니다. 그러니 돌아올 수밖에요. 어떻게 공산주의자들이 교회에서 보내는 것을 받을 수가 있겠느냐고 한마디 해주었습니다. 또, 이것 받았다가는 그 다음에 신문에다 낼 것 아닙니까. 우리가 얼마 보냈다—이거 참 피곤합니다. 제가 어느 교회에 갔더니 집사님 한 분을 소개하면서 "우리 교회에서 요새 전도운동을 일으키는데요, 이 분이 몇십 명을 인도한 분입니다"합니다. 저는 아무 반응도 보이지 않았습니다. '이제 이 사람, 교회에서 속 좀 썩이겠구만' 싶었습니다. 그렇게 내세우는 게 문제인 것입니다. 무슨 일 하든지 사람 앞에서 하는 것, 사람에게 인정받으려 하는 것, 칭찬받으려 하는 마음, 이것을 좀 뚝 떼버리고 살았으면 좋겠는데, 그저 알아주느니 안알아주느니 하고 원망 불평을 합니다. 그러면 결국은 자기자신이 불행한 것입니다. 이것이 바리새주의입니다. 사람에게 보이려고, 사람에게 칭찬들으려고 하나님의 일 한다는 사람들이 바로 외식주의자들입니다.

또한 저들은 말로 가르치기를 좋아하고 행동은 없습니다. 그래서 예수님께서 비유해 말씀하시기를 '천국문을 닫아 자기자신도 안들어가고 남도 못들어가게 한다' 하셨습니다. 그렇습니다. 왜 이런 일이 있지요? 운동을 한다 합시다. "준비 땅"했으면 같이 뛰어가야 하지 않습니까. 그런데 자기는 안뛰어요. 이것처럼 고약한 것이 어디에 있습니까. 시작만 해놓고 다른 사람들 다 하게 하고 자기는 안하는 것입니다. 말을 많이 하고 행동은 없습니다. 가르치기도 하나 실천이 없습니다. 이러할 때 실천하며 뒤따라가던 사람들이 얼마나 실망을 하겠습니까. 나더러 가자 해놓고 저는 안가고, 나더러 하자 해놓고 자기는 안하더라, 하고 실망을 할 수밖에요. 이거야말로 천국문의 문을 잠그고 자기도 안들어가고 남들도 못들어가게 하는 사람과 꼭 같은 것입니다.

또하나는 예수님 책망하실 때 '소경이 소경을 인도하는도다' 하십니다. 자기들은 눈 떴다고 했겠지요. 그러나 알고보면 저도 소경이더라는 말씀입니다. 위선자가 되다보면 소경이 됩니다. 자기도 이제는 어디까지가 의고 어디까지가 불의인지, 어디까지가 실천한 것이고 어디까지가 실천 안한 것인지 모릅니다. 여러분, 거짓말도 해버릇하면 마지막에는 어디까지가 진짜고 어디까지가 거짓말인지 자기도 모르게 됩니다. 소경이 되어버렸다는 말씀입니다. 그리고는 이제 떠들고 있으니 소경이 소경을 인도하는 것일 수밖에요. 둘 다 함정에 빠질 수밖에요. 그런고로 예수님께서 책망하시는 것입니다.

또하나 있습니다. 그들이 예수님을 십자가에 못박습니다. 십자가에 못박게 된 이유, 그것을 샅샅이 더듬어 올라가보면 마지막에 딱 하나 남는 것이 있는데, 바로 질투입니다. 질투, 시기라는 것이 참 무서운 것입니다. 마음속에 있는 시기와 질투—이것을 죄 아니라고 생각하는 분이 많습니다. 내 마음 속에 잠깐 지나가는 기분인데 뭐, 내가 누굴 해쳤거나 서운하게 한 것이 없으니 죄될 거야 없지 않나—이렇게 회개도 안하려고 합니다마는 원인은 거기에 있습니다. 가끔 어떤 분들 얘기하는 말을 제가 조용히 들을 때가 있습니다. 누가 어떻고 누가 어떻고 할 때 자세히 들어보면 그건 질투더라고요. 시기에서 비롯되는 것이더라고요. 시기 질투에서 자유하지 못하면 그 사람은 심지어 운동을 해도 손해를 봅니다. 골프치다가 죽는 사람이 있지 않습니까. 그거 이기려고 안달하다가 '아이쿠' 하고 죽습니다. 시기라는 것이 이렇듯 무서운 것입니다. 이겨보려고 안달을 하다가 정신도 파괴되고 인격도 파괴됩니다. 마음속에 있는 시기 질투를 깨끗이 떼버리고 살면 얼마나 자유로운지 아십니까. 여기에 딱 걸려가지고 사는 사람은 참 불행하고 비참합니다. 잘났건 못났건 문제가 아닙니다. 질투가 없는 사람이 잘난 사람입니다. 시기 질투에 매여서 사는 사람은 누구든 못난 사람입니다. 그런 줄만 알면 됩니다.

또한 저들은 공로설을 생각했습니다. 그래서 언제나 공을 세워서 의를 이뤘다고 생각하고, 선한 일을 많이 하면 잘못한 것들은 다

사함받을 수 있을 것이라고 생각합니다. 이것이 얼마나 잘못된 사상인지 모릅니다. 좀더 나아가서 저들은 소극적 의에 도취되어 있습니다. 다시말해서 저들은 아무 일도 안했다는 것이지요.「르베레 장군」이라고 하는 영화가 있었습니다. 독일이 폴란드를 점령했을 때, 거기에서 많은 사람들을 죽입니다. 그러나 폴란드는 독립을 하기 위해서 많은 저항군들이 생겨나 지하에서 암약합니다. 그 저항군들이 붙들려서 처형을 당했습니다. 처형당하러 트럭에 실려가는데 그 속에서 한 사람이 소리소리 지릅니다. "나는 억울하다"하고요. "나는 저항군이 아니다"라는 것입니다. 나는 돌아다니면서 장사한 것뿐이다, 순수한 장사꾼인데 왜 내가 이 속에 섞여 끌려가야 한단말인가, 합니다. 그렇게 소리를 지릅니다. 그때 옆에 있던 저항군 한 사람이 이렇게 말합니다. "이 나라가 나라를 빼앗기고 5년 동안 이렇게 저항을 하면서 수백만이 죽어갔는데, 민족과 나라를 찾기 위하여 온국민이 이렇게 애를 쓰고 있는데 당신은 아무 일도 하지 않았다니 죽어 마땅하오!" 아무 일도 안했으니까 죽어야지―이런 말입니다. 여러분, 아무 일도 안했다는 것이 의라고 생각해서는 안됩니다.

선한 사마리아사람 비유에서도 불한당만난 사람이 지금 쓰러져 죽어갑니다. 제사장이 그냥 지나갔고 레위사람도 본체만체하고 지나갔습니다. 이들은 말할 것입니다. 나는 아무 짓도 안했다, 나는 강도가 아니다―그렇다고 그것이 옳은 것입니까. 아무 일도 안한 것이 죄가 되는 것입니다. 그런데 바리새인들은 언제나 안식일을 범하지 않았고 살인도 안했고 간음도 안했고 아무것도 안해서 스스로 깨끗하다고 했습니다. 이것이 악이요, 이것이 죄인 것입니다. 이렇게 생각하고 있는 동안 회개도 없습니다. 상대적인 의에 매여가지고 남보다 내가 좀더 낫다는 것이지요. 나는 남보다 좀더 깨끗하다, 그 사람이 지은 죄 나는 안지었다, 남은 이혼했지만 나는 이혼 안했다, 남은 도둑질했지만 나는 안했다, 남보다 조금 더 낫다는 것 때문에 교만해지면서 죄인을 멸시합니다. 남을 멸시했습니다. 바리새인이 성전에 올라가 기도합니다. 세리가 엎드려 참회의 기도를 하고 바리새인은 서서 기도합니다. "하나님이여, 저 세리와 같지 아니한 것을 감사하나이다"하고 기도했습니다. 이것이 얼마나 큰 죄가 되는지를 알아야 합니다. 나는 깨끗하다, 나는 남보다 조금 더 낫다―뭐가 낫다는 얘기입니까. 남을 멸시한 죄가 있고, 거기에 아무것도 하지 아니한 죄가 있고, 교만의 죄가 있고, 위선의 죄가 있는 것입니다. 바리새인들은 회개할 수가 없습니다. 바리새주의에 빠진 사람에게는 회개의 기회가 없습니다. 회개하지 못하니까 구원의 길도 없습니다. 그런고로 예수님께서 심판하십니다.

뿐만아니라 저들은 많은 사람을 죄악으로 빠뜨립니다. 자기만 망하는 것이 아니라 많은 사람을 멸망의 길로 빠뜨린다고 예수님께서 책망하시게 된 것입니다. 보다 나은 의가 무엇입니까. 바리새인보다 나은 의라는 것은 스스로 의롭다 여기는 마음을 버리는 것입니다. 나는 죄인이로소이다, 하는 세리처럼 남을 입에 올릴 것 없고 남을 비난할 것 없습니다. 나는 죄인입니다―바로 이 한마디가 바리새인보다 나은 의입니다. 좀더 나아가서는 하나님의 공의를 인정합니다. 내가 가난하건 병들었건 실패했건 하나님께서는 옳았습니다, 잘못은 내게 있었습니다, 모든 잘못은 내게 있었습니다, 당신은 옳았습니다―이렇게 하나님의 의를 인정하는 그 의인 것입니다.

조금 더 나아가서는 남을 정죄하지 않습니다. 내가 죄인이기에 누구도 비판할 마음이 없습니다. 요한복음 8장에 보면 예수님께서 간음하다 붙들려온 여자에게 죄없는 자가 먼저 돌을 던지라 하시고 다 물러갔을 때 여인 보고 말씀하십니다. "나도 너를 정죄하지 않노니 딸아 평안히 가라"—바로 그 마음입니다. 내가 하나님 앞에 죄인이기에 누구도 비판하고 시비를 벌일 마음이 없습니다. 제가 지난 주간에 문제작인 「프리스트(Priest)」라는 책을 읽었습니다. 「타임」지에도 소개되었고 한때 세계를 떠들썩하게 한 작품입니다. 우리나라에 영화가 나왔습니다마는 시간이 없어서 못가보고, 책을 한번 자세하게 읽어보았습니다. 보면 젊은 신부 하나가 탈선을 합니다. 실수했습니다. 본인은 많이 괴로워합니다. 여기서부터 벗어나려고 애를 씁니다. 그러나 아무도 그를 용납하지 않습니다. 주교는 나가 죽으라고 꾸짖습니다. 차라리 죽어 없어지라고 합니다. 모든 사람이 정죄합니다. 교인들도 그를 백안시합니다. 오직 두 사람이 이 사람을 환영합니다. 하나는 그 신부와 꼭 같은 죄인입니다. 그러나 나타나지는 않았습니다. 그리고, 많은 고통을 당하고 있는 불쌍한 여자가 이 신부를 영접합니다. 눈물을 흘리면서 이 장면은 끝납니다. 많은 것을 생각하게 합니다.

도도한 바리새인들, 구원받지 못했습니다. 그러나 막달라 마리아 같은 창녀가 구원을 받고 세리가 구원을 받았습니다. 왜요? 저들은 남을 비판하지 않습니다. 아무도 정죄하지 않습니다. 왜냐하면 나 자신이 죄인이기 때문입니다. 내 죄를 회개하고 있는데 무슨 할 말이 있겠습니까. 그리고 하나님의 의를 수용합니다. 심판하시는 의, 구원의 의, 사죄하시는 의를. 네 죄를 사했느니라, 하는 말씀을 그대로 받아들입니다. 그리고 하나님의 자녀로 다시 태어납니다. 겸손과 믿음, 이것만이 구원의 길임을 알아야 합니다. 안식일에 대해서도 바리새인들은 아무 일도 하지 아니하는 것이 안식일을 지키는 것이라고 합니다마는 예수님께서는 생명을 구원하고 선한 일을 하는 것이 안식일이라고 말씀합니다. 보다 나은 의란 양적 문제가 아니고 질적 문제입니다. 오직 믿음, 오직 겸손, 그리고 주님의 십자가의 의를 받아들이는 거기에 진정한 '믿음으로 의롭다 하심을 얻는 길'이 있기 때문입니다 △

말씀대로 이루어지이다

여섯째 달에 천사 가브리엘이 하나님의 보내심을
받들어 갈릴리 나사렛이란 동네에 가서 다윗의 자손
요셉이라 하는 사람과 정혼한 처녀에게 이르니 그 처
녀의 이름은 마리아라 그에게 들어가 가로되 은혜를
받은 자여 평안할지어다 주께서 너와 함께하시도다
하니 처녀가 그 말을 듣고 놀라 이런 인사가 어찌함
인고 생각하매 천사가 일러 가로되 마리아여 무서워
말라 네가 하나님께 은혜를 얻었느니라 보라 네가 수
태하여 아들을 낳으리니 그 이름을 예수라 하라 저가
큰 자가 되고 지극히 높으신 이의 아들이라 일컬을
것이요 주 하나님께서 그 조상 다윗의 위(位)를 저에
게 주시리니 영원히 야곱의 집에 왕노릇 하실 것이며
그 나라가 무궁하리라 마리아가 천사에게 말하되 나
는 사내를 알지 못하니 어찌 이 일이 있으리이까 천
사가 대답하여 가로되 성령이 네게 임하시고 지극히
높으신 이의 능력이 너를 덮으시리니 이러므로 나실
바 거룩한 자는 하나님의 아들이라 일컬으리라 보라
네 친족 엘리사벳도 늙어서 아들을 배었느니라 본래
수태하지 못한다 하던 이가 이미 여섯 달이 되었나니
대저 하나님의 모든 말씀은 능치 못하심이 없느니라
마리아가 가로되 주의 계집종이오니 말씀대로 내게
이루어지이다 하매 천사가 떠나가니라

(누가복음 1 : 26 - 38)

말씀대로 이루어지이다

우리는 지금 성탄절을 며칠 앞두고 있습니다. 성탄의 행사는 해마다 있는 일입니다마는 그 뜻은 날마다 새로운 것입니다. 성탄절인데 참 유감스럽게도 교회행사는 점점 작아지고 백화점행사만 점점 커지는 것같은 감이 있습니다. 또한 예수를 믿지 않는 사람들에게서도 마치 크리스마스가 자기네 놀이행사인 양 상품화하여가는 경향이 계속되어 유감스럽게 생각합니다. 제일 난센스랄 수 있는 것은 이웃 일본의 백화점모습인 것같습니다. 일본은 기독교인이 전 인구의 1% 밖에 안됩니다. 그런데도 세계적으로 백화점이 가장 요란스럽게 성탄절 장식을 하고 행사를 벌입니다. 누구를 위한 성탄인가, 하는 생각을 하게 됩니다.

크리스마스의 뜻은 간단합니다. 예수님의 생일입니다. 문제는 그 생일이 여느 사람의 생일 같은 단순한 생일이 아니고 여기에 우주적인 의미가 있다는 것입니다. 우리는 다시한번 생각하여야 하겠습니다. 탄생이 아니고 오심입니다. 그가 오셨다, 하나님께서 오셨다는 것이요, 동시에 이것은 그가 사람이 되셨다는 것을 의미합니다. 그래서 성탄의 의미는 나심이 오심이요, 오심이 되심이라는 것입니다. 말씀이 육신이 되어 우리 가운데 거하신다, 하는 데 성탄의 엄청난 의미가 있는 것입니다. 언제나 우리는 이 점을 생각하여야 합니다. 우리가 하나님께로 가지를 못했습니다. 하나님께서 바라시는 바의 사람이 되지를 못했습니다. 그런고로 그가 이 암흑의 세상에 오셨습니다. 그가 먼저 사람이 되셨습니다.

마르틴 루터는 말합니다. ‘God made Him small.’ 하나님께서 그를 작게 만드셨다고. 작게작게 사람의 형체를 만들고 종의 모양을 만들어서 십자가에 매닮으로 우리를 구속하셨습니다. 그가 우리를 사랑하신다고 하는 것을 이 사건을 통해서 확증해주신 것입니다. 그것이 성탄의 의미입니다. 이 거룩한 역사를 이루시기 위해서 먼저 동정녀 마리아를 고용하시고 그를 통하여 오셨습니다. 이는 이 사건의 아주 귀중한 상징적 의미요 대표적 의미가 됩니다. 이로써 이 사건이 또한 귀한 복음적 의미를 가지게 됩니다. 우리는 이 사건을 믿음으로 이해하여야 합니다. 간혹 어떤 분들은 '동정녀가 아이를 낳았다니 비과학적이다, 비생리적이다, 상식에 어긋나는 얘기다' 하고들 얘기합니다. 그러나 믿음있는 사람은 생각합니다. 그야 상식 밖의 일이니까 믿는 것이지 상식적인 것이라면 왜 믿겠는가, 하고. 우리 신앙의 대상이 되는 것은 바로 그 일이 상식의 선을 넘어서기 때문입니다. 그래서 믿음이 탄탄한 사람은 이렇게 받아들입니다. '하나님께서 사람이 되시는데, 하나님께서 사람의 몸을 빌어 오시는 것인데 보통사람의 방법으로 오셔서야 되겠습니까. 당연히 다른 방법으로 오셔야지요. 하나님께서 사람되어 오시는 과정에 우리 보통사람과 같은 과정으로 오셔서야 되겠습니까. 좀 다른 방법으로, 동정녀를 통해서 오셨다, 특별하게 오셨다, 그러셔야지요. 당연히 그러셔야지요.' 이렇게 받아들여야 될 문제가 아니냐입니다.

　비록 사람이 되는 과정이지마는 그 과정은 특별했고 그것은 또한 기적이었습니다. 그래서 신학자 칼 바르트는 incarnation 곧 도성인신(道成人身)이라고 번역하고 성육신이라고도 번역하는데, 하나님께서 사람의 육체를 입어서 오신다고 하는 이 크나큰 사건에 대한 표적이다, sign이다,라고 해석합니다. 믿음으로 받고 믿음으로 이해하여야 합니다. 기독교는 처음부터 기적의 종교입니다. 기적을 믿지 않는다면 기독교와는 아무 상관이 없는 사람입니다. 몇십 년을 믿어도 기적을 모른다면, 특별히 나 자신에게 나타나는 기적을 모른다면 그 사람은 신앙인이 아닙니다. 보십시오. 기독교는 동정녀 성탄이라고 하는, 크리스마스라고 하는 기적을 시작으로해서 예수님의 부활이라고 하는 기적을 믿습니다. 기적에서 기적으로—기적 아닌 것이 없습니다. 우리가 고백하는 사도신경을 보십시오. 사도신경의 핵심이 동정녀 성탄과 부활입니다. 여기에 이의가 없습니다. 우리는 이 영광, 이 기적을 믿습니다. 그 기적 속에 내가 구원받는 기적이 있는 것입니다. 이 신앙으로 우리는 주님의 나심을 이해하여야 합니다.

믿음으로 보면 예수님의 나심은 엄청난 영광이요, 엄청난 우주적 사건입니다. 그러나 그 속에 고난의 의미가 있습니다. 하나님께서 높은 보좌를 내려와 사람이 되셨다고 할 때, 하나님으로서는 엄청난 희생입니다. 그리고 그가 십자가에 죽으신다고 하는 것은 더 말할 것도 없는 엄청난 희생입니다. 하나님 자신의 희생입니다. 이제 우리는 조용히 생각하여야 합니다. 이 사건을 받아들이는 순간 나 또한 하나님의 자녀가 되는 엄청난 영광이 있습니다마는 동시에 그리스도와 함께 죽어지는, 말구유에 태어나는, 십자가에 죽는 고난이 함께한다는 것을 잊지 말아야 합니다. 하나님을 믿고 하나님의 능력을 믿고 하나님 편에서 그 창조적 역사를 우리는 수용하여야 합니다. 여러분은 어찌 생각하십니까? 이런 역사가 아니고 이런 기적적인 일이 아니고 구원이 있다고 생각하십니까? 저는 한 재미있는 이야기를 책에서 읽었습니다. 대학교수인 여자분, 남편이 있습니다. 일찍기 연애를 하면서 보니 남편될 사람이 인물도 학벌도 다 좋았습니다. 그런데 가만히 보니 딱 하나 허물이 있습니다. 게을러요. 세수도 잘 안하는 것같고 어떻게 좀 추하고… 그렇습니다. 그렇지만 그런 것은 앞으로 내가 역할을 잘하면 고쳐지겠지, 하고 결혼을 했답니다. 했더니 한평생 그렇다는 것입니다. 이부자리 개는 법 없고, 좌우간 옷을 갈아입으라고 하지 않으면 옷을 갈아입는 법도 없고, 세수도 잔소리를 해야 마지못해 할 정도입니다. 그런데 재미있는 것은 25년 동안을 잔소리했는데도 아직도 못고쳤다는 것입니다. 더욱 재미있는 것인즉슨 잔소리는 아직도 계속되고 있다는 것입니다. 얼마나 난센스입니까. 25년을, 명색이 대학교수인데 25년이나 잔소리를 해도 한 남자의 게으름증 하나 못고쳤다, 이것입니다. 사람 고칠 수 있을 것같습니까. 기적이 아니고는 사람 달라지는 법 없습니다. 또 얼마전에 제가 아주 재미있는 얘기를 들었습니다. 저와 같이 앉은 사람이 얘기를 하는데 자기친구 얘기였습니다. 아주 실감나는 얘기였습니다. 그 친구라는 사람은 우리나라에서 담배를 피우면 몸에 나쁘다, 특별히 폐암에는 결정적인 역할을 한다는 사실을 내용으로 하는 책을 처음으로 펴낸 사람이라고 합니다. 그런데 이 책을 쓰면서 이 사람이 담배를 몇 박스나 피웠다고 합니다. 그리고 이 책을 내고도 그는 담배를 못끊었습니다. 결국은 폐암으로 죽었다고 합니다. 할말 있습니까. 이것이 인간입니다. 기적이 아니고는 사람이 되리라고 기대하지 마십시오. 뭘 가르쳐서, 어찌해서… 다 쓸데없는 소리입니다. 정말로 기적이 아니고는, 창조적인 능력이 아니고는 아무 일도 있어지지 않습니다. 기적 가운데서 오늘까지 살아왔고 앞으로도 기적 속에서만 변화가 있는 것입니다. 깊이 생각하여야 합니다. 그리고 이 크리스마스의 메시지는 먼 미래를 바라보는 사람만이 읽을 수 있는 것입니다. 저 말구유사건을 통해서 우리는 역사 저편을 바라봅니다. 먼 미래를, 미래지향적 세계를, 종말론적 미래를 환히 바라볼 수 있어야 합니다. 그것이 우리에게 필요한 믿음입니다.

또하나, 이 크리스마스사건, 말구유사건 속에서, 동정녀 성탄 사건에서 우리는 하나님의 약속을 봅니다. 2차세계대전 말기에 영국의 많은 군인들이 독일군의 포로가 되어 포로수용소에 갇혀 있었습니다. 식량보급도 좋지 않아서 썩은 빵을 먹었습니다. 갖은 학대를 받으면서 고생하고 있으니 하루하루가 얼마나 고통스러운지 모릅니다. 언제 죽을는지 알 수 없는 고통을 치르고 있었습니다. 그런데 그 포로 중에 기술자가 하나 있어서 조그마한 라디오를 만들었습니다. 리시버도 만들어 그것으로 몰래 밤마다 방송을 듣습니다. 어느날, 그는 밤중에 느닷없이 옆에 자는 친구를 깨웁니다. "맥도날드, 어서 일어나봐!"하고 소리를 지릅니다. "왜 그래?" 맥도날드가 놀라 깨어서 물으니 그는 소리지릅니다. "They have come. They have come!" 연합군이 노르망디상륙작전에 성공해서 지금 들어오고 있다는 것이었습니다. 이 소식이 순식간에 전해지자 영국군포로들의 얼굴이 금새 환하게 밝아지는 것이었습니다. 음식이 달라진 것도 아니고 처우가 달라진 것도 아닙니다. 여전히 문밖에는 독일군이 지키고 있는데 그 초병은 이 소식을 못듣고 있습니다. 모르고 있습니다. 그러나 노르망디상륙작전에 성공했다고 하는 소식을 듣는 영국군포로들의 마음은 걷잡을수없이 부풀어올랐습니다. 당장 죽는다해도 한이 없을 정도였습니다. 희망과 생명력으로 충만했던 것입니다. They have come!—이 한마디가 사람들을 그렇듯 다르게 만든 것입니다.

그렇습니다. He has come!—그가 오셨다는 소식, 하나님께서 사람의 몸으로 말구유에 오셨다는 이 소식이야말로 우리에게 더없는 기쁨인 것입니다. 여기에 구원이 있고 구원의 약속이 있기 때문입니다. 이 믿음을 받아들이는 순간 우선 마리아로부터 시작해서 여기에 큰 희생이 필요합니다. 물리적 생리적 희생이 아닙니다. 그보다 더 중요한 것은 정신적 희생입니다. 인간의 상식, 인간의 지식, 내 경험… 이런 것들을 다 포기하여야 하는 것입니다. 초월하여야 하는 것입니다. 깨끗이 버리고야 시작이 됩니다. 마리아는 오늘 대답합니다. "나는 사내를 알지 못하니 어찌 이 일이 있으리이까." 아들을 낳는다니요? 나는 결혼을 하지 않은 처녀인데요—당연한 반응이요 당연한 질문입니다. 당연히 있어야 할 의문입니다. 그러나 성경은 말씀합니다. 하나님의 성령, 하나님의 능력이 너를 덮어서 이런 일이 가능할 것이라고 말씀합니다. 이 순간 그녀는 기로에 섭니다. 하나님의 말씀을 받아들이려고 하는 순간에 자기상식, 자기지식을 극복하여야 했습니다.

'윤형본능'이라는 말이 있습니다. 심리학에서 쓰는 말입니다마는 이런 얘기입니다. 알프스에서 조난당하고 길을 잃어버린 사람이 있었습니다. 그는 그곳에 홀로 남았습니다. 그 넓고 험준한 얼음산을 방황하게 되었습니다. 13일 동안을 방황하다가 그는 구조대에 구조를 받았습니다. 13일 동안을 이런 데서 어떻게 살아남을 수 있었느냐고 물으니 그는 얼어죽지 않으려고 계속 걸었다는 것입니다. 걷고 잠깐 쉬고 또 걷고, 졸면 죽는다 하면서 조금씩 먹어가면서 13일 동안을 줄곧 걸었다는 것입니다. 마냥 걸어서 여기까지 왔다—하는 것입니다. 그래서 구조대가 그 걸어온 과정을 죽 살펴보았더니 반경 6킬로 내를 뺑뺑 돌고 있었더랍니다. 직선으로 간다고 갔는데 결국은 같은 길을 뺑뺑 돌고 있었다는 것입니다. 이것이 바로 윤형본능입니다. 사람에게 눈을 가리고 실험을 합니다. 똑바로 걸어가라고 해봅니다. 그래놓고 보면 그는 직선으로 간다고 가는데 결국은 20m나 혹은 100m 반경 안에서 뺑뺑 돈다고 합니다. 절대로 그 밖을 벗어나지 못한다고 합니다. 이것이 윤형본능입니다. 보아하면 우리는 개혁이니 창조니 기발한 아이디어니 하는데, 결국은 뱅글뱅글 도는 것에 지나지 않읍다. 제자리에서 벗어나지를 못합니다. 의식구조가 이 모양입니다. 그 자리에서 좀 훌쩍 뛰어야 되겠는데 이걸 못하는 것입니다. 깨뜨리고 나오지를 못합니다. 모름지기 윤형본능에서부터 궤도수정을 하여야 합니다. 훌쩍 뛰어넘어야 합니다. 인간이 가진 지식이라는 것이 대단한 것 아닙니다. 여기에 매여가지고 동정녀 성탄이 어찌 가능하냐 어쩌고 하고, 부활이 과학적이냐 비과학적이냐, 하고… 가소로운 애기 좀 그만합시다. 이것을 벗어나야 합니다. 모든 일이 이렇게 되었던 것이 아니거든요. 우리의 상식선에서 이루어진 것이 아닙니다. 그런고로 마리아는 지금 이 엄청난 사건을 받아들이는 순간 자기의 모든것을 다 포기하고 주님의 말씀을 영접하여야 했다는 말씀입니다.

유대사람들은 결혼이 3단계로 이루어집니다. 우리는 약혼, 결혼입니다마는 이스라엘사람들은 약혼이 있고 정혼이 있고 결혼이 있습니다. 약혼이라는 것은 당사자들과는 관계 없이 부모가 정하는 것입니다. 부모들끼리 아이들이 어렸을 때 벌써 서로의 아들, 딸을 결혼시키자고 약속을 해놓고 맙니다. 당사자들은 자라나서야 이 사실을 알게 되는데, 성년이 된 다음에 당사자들끼리 만나보고 합의가 되면 이제 정혼이 이루어집니다. 부모들의 허락과 본인들의 생각이 합쳐

져서 완전히 결혼하기로 약속이 됩니다. 이것이 정혼입니다. 이 때에 바로 호적수속을 합니다. 이제 법적구속력이 작용을 합니다. 만일에 그 기간에 가령 남자쪽이 죽는다고하면 색시는 처녀과부가 됩니다. 그만큼 정혼은 중요합니다. 그리고 외부적으로는 사회적으로 남편과 아내의 역할을 다하게 됩니다. 이래서 성경에도 보면 요셉과 마리아가 정혼한 사이인데 지금 호적을 하러 여행을 하게 되었다는 말씀이 있는 것입니다. 정혼기간은 일 년입니다. 그리고 뒤에 결혼식을 하고 가정생활을 하기 시작하는 것입니다.

이 정혼기간에 마리아가 임신을 하게 되는 것입니다. 요셉은 자기가 자기를 압니다. 자기는 관계가 없는 것입니다. 그렇다면 요셉으로 볼 때는 이것이야말로 난감한 일이 아닐 수 없습니다. 마리아로 볼 때도 요셉이 이것을 믿어주느냐 하는 것이지요. 안믿어주면 그녀는 사랑하는 자를 잃어버리게 됩니다. 결혼이 파탄나버립니다. 일생이 엉망으로 되어버립니다. 그리고 저 요셉이 자기와는 상관이 없는 여자라고 한마디 하는 날이면 그때는 이름모를 사람으로부터 강간당하든가 아니면 창녀가 됩니다. 그런 신분으로 인정되어서 돌에 맞아 죽게 됩니다. 끌어내다 가차없이 죽여버립니다. 이러한 상황이 눈앞에 있습니다. 그러니 이제 성령으로 잉태되는 사건을 받아들이는 순간에 그녀는 엄청난 결단을 내려야 했습니다. 대 포기가 있어야 했습니다. 엄청난 희생을 각오하고 지금 받아들이는 것입니다. 대단히 중요한 믿음이요 헌신이었다고 생각합니다. 그래서 오늘 본문은 이렇게 말씀합니다. "하나님의 모든 말씀은 능치 못하심이 없느니라." 마리아는 이 말씀을 듣고 엎디어 대답합니다. "주의 계집 종이오니 말씀대로 내게 이루어지이다." 감격스러운 말입니다. 말씀대로 이루어지이다—말씀 앞에 자신의 운명을 온전히 바쳐버리는 시간입니다. 여기에 명예고 진리고 의고, 무엇이 정숙이고 무엇이 부정이고, 하는 것도 없습니다. 그대로 말씀 앞에 바쳐버리는 시간입니다. 이런 헌신이 있어서 그를 통하여 이 놀라운 기적이 나타나게 되는 것입니다.

여러분, 믿음을 가지고 산다는 것이 무엇을 의미합니까. 말씀의 능력을 받아들인다는 것이 무엇을 의미합니까. 말씀이 내 안에 있어서 기적을 나타내려면 어떤 믿음을 가져야 하는지를 우리에게 분명하게 시사하고 있습니다. 우리가 즐겨 부르는 찬송 431장은 저도 개인적으로 사랑하는 찬송가입니다. 이 찬송을 작사한 분은 벤자민 쉬몰크(Benjamin Schmolck) 목사입니다. 그는 루터교목사였습니다. 당시는 30년 동안의 긴 전쟁으로 인하여 독일은 다 폐허가 되고 흑사병까지 돌아서 독일인구가 1600만에서 600만으로 줄어드는 엄청난 고통을 겪고 있는 때였습니다. 전쟁으로 득세한 가톨릭의 세력은 더욱더 개신교를 탄압하고 있었습니다. 그런 중에 1704년 어느날 쉬몰크목사가 부인과 함께 먼 곳에 있는 병든 교인을 방문하고 돌아왔는데 보니 교회는 불타버리고 사택도 불타버리고 아들 딸이 서로 끌어안은 채 불에 타 죽어 있습니다. 그 엄청난 사건 앞에서 그는 몸부림치며 아이들을 붙잡고 울다가 하나님 앞에 기도를 드립니다. 그 기도에서 이 찬송가의 가사가 나온 것입니다. 내 주여 뜻대로 행하시옵소서, 큰 근심 중에도 낙심케 마소서, 주님도 때로는 울기도 하셨네, 날 주관하셔서 뜻대로 하소서, 내 주여 뜻대로 행하시옵소서, 내 모든 일들을 다 주께 맡기고, 저 천성을 향하여 고요히 가리니, 살든지 죽든지 뜻대로 하소서—이러한 헌신을 통해서 하나님의 역사는 이루어지는 것입니다. 오늘도 우리에게 믿음을 요구하십니다. 마리아와 같은 믿음, 쉬몰크목사에게 주셨던 믿음입니다. 주여, 당신의 종이니 뜻대로 하옵소서, 하고 맡기는 순간에 거기서 하나님의 역사는 이루어지는 것입니다. 거기서 창조적 역사가 나타나게 되는 것입니다. △

그 수를 셀 수도 없나이다

내가 여호와를 기다리고 기다렸더니 귀를 기울이
사 나의 부르짖음을 들으셨도다 나를 기가막힐 웅덩
이와 수렁에서 끌어올리시고 내 발을 반석 위에 두사
내 걸음을 견고케 하셨도다 새 노래 곧 우리 하나님
께 올릴 찬송을 내 입에 두셨으니 많은 사람이 보고
두려워하여 여호와를 의지하리로다 여호와를 의지하
고 교만한 자와 거짓에 치우치는 자를 돌아보지 아니
하는 자는 복이 있도다 여호와 나의 하나님이여 주의
행하신 기적이 많고 우리를 향하신 주의 생각도 많도
소이다 내가 들어 말하고자 하나 주의 앞에 베풀 수
도 없고 그 수를 셀 수도 없나이다

(시편 40 : 1 - 5)

그 수를 셀 수도 없나이다

어느 조용한 마을에 혼자 사는 할아버지가 있었습니다. 할머니가 일찍 세상을 떠나고 혼자인데 쓸쓸해보이기도 했습니다마는 그러나 이 할아버지는 늘 명랑한 편이었습니다. 동네사람들이 인사를 하면 그는 늘 웃음띤 얼굴로 반갑게 인사를 받았고, 또 덕담을 들려주기도 했습니다. 동네에서 아주 존경받는 귀한 어른이었습니다. 어느 날 이 노인이 길에 서서 울고 있었습니다. 그 손에는 한 장의 편지가 있었습니다. 노인은 이 편지를 읽으면서 울고 있는 것이었습니다. 지나가던 젊은이들이 할아버지에게 물었습니다. "왜 우십니까, 할아버지?" 노인은 "가슴이 아파서 그러네"하고 대답했습니다. "무슨 일로 가슴이 아프십니까?" 노인이 털어놓은 사연은 이러했습니다. 그에게 나이 50인 아들 하나 있었습니다. 노인은 이 아들을 대학원까지 공부시키고 결혼을 시키고 사업도 일으켜주었습니다. 그런데 나이 쉰 되는 지금까지도 도와달라는 소리뿐이었습니다. 그리고 아버지한테 불평이 많습니다. 도와달라는 이야기를 할 때만 아버지에게 편지를 쓰는데, 편지 속에는 단 한마디도 감사하다는 말이 없다는 것이었습니다. 좋은 소식은 하나도 없고 뭐가 잘못됐다고 하는 이야기만 써보내는 것이었습니다. 노인은 지금도 나쁜 소식만 전하면서 거듭 도와달라고 하는 아들의 편지를 들고 울고 있는 것이었습니다. 편지에는 감사하다는 말이 한마디도 없다는 것, 노인이 우는 것은 그때문이었습니다.

여러분, 이제 또 한 해를 보내면서 무엇을 생각하십니까? 뜻대로 안된 일도 있겠지요. 또 청구할 것도 많고, 필요한 것도 많고, 소원도 많고 불평도 많겠지요. 그러나 우리는 우리의 반성 가운데 절대로 은혜를 잊어버려서는 안됩니다. 감사하다는 생각, 참으로 고맙다고 하는 은혜의 느낌이 먼저 있어야 합니다. 부모님께도, 심지어는 자식에게도, 혹은 그 누구에게도 '참 고마웠습니다' 하는 마음가짐으로 이 한 해를 마감하여야 할 것입니다. 어느 기업상담소에 기업인이 하나 찾아왔습니다. 와서 어려운 이야기를 죽 했습니다. "지금까지 어찌어찌 겨우겨우 그저 쓰러질 듯 쓰러질 듯 여기까지 왔습니다. 그런데 이제는 막막합니다. 도저히 사업을 앞으로 끌고나갈 수가 없습니다. 어떻게 하면 좋겠습니까?" 하고 그 기업인은 하소연합니다. 상담해주는 분은 이렇게 대답했다고 합니다. "당신이 생각하는대로 운명은 갑니다. 지난날에도 막막하고 어려웠지마는 여기까지 오지 않았습니까. 앞으로도 지금대로 갈 것입니다. 그런데 당신은 모든 일을 어둡게만 보고 있습니다. 꼭 안되는 방향으로만 생각하고 걱정을 하는데 그렇게 생각하면 앞길이 없습니다. 가능한 것을 가능케 하는 길로 생각해봅시다."

오늘본문은 다윗의 시입니다. 그가 나이많아 일생을 회고하면서 하나님 앞에서 지은 시입니다. 이 시편을 읽어가느라면 가장 크게 인상받는 것이 하나님께 감사하고 있다는 것입니다. 감사의 내용은 하나님께서 '들어주셨다' 라는 것입니다. 내 기도를 들어주셨습니다, 오랫동안 기다렸는데 내 기도를 들어주셨습니다, 하는 내용으로 일관하고 있습니다. 돈을 벌어서, 출세를 해서, 번영을 해서, 잘되어서가 아닙니다. 하나님과 나와의 만남의 관계에서 하나님께서 내 기도를 들어주셨다는 것을 감사하고 있습니다. 왜요? 그는 자기의 죄인됨을 알기 때문입니다. 자기의 허물을 알고 있기 때문입니다. 백성

앞에도 얼굴을 들기 어렵고 자식들 앞에까지도 부끄러운 일이 많은 사람입니다. 많은 부끄러움과 죄, 많은 허물이 있는데, 세상은 뭐라고 비난을 하건 하나님께서 내 기도를 들으셨습니다. 내 마음을 아시고 나를 긍휼히 여기시고 나를 의롭다 하시고 내 기도에 응답해주신 하나님이십니다. 하나님과 나와의 관계가 열려 있습니다. 내가 하나님을 쳐다보고 하나님께서 나를 보시고, 내가 하나님께 말씀드리고 하나님께서 내게 말씀하시고—바로 이 관계로 인하여 하나님 앞에 감사드리고 있습니다.

그는 기도에 응답하신 바를 이렇게 토로하고 있습니다. "기가 막힐 웅덩이와 수렁에서 끌어올리시고"—수렁이라는 것은 흙탕물, 진흙이 있는 물입니다. 한번 빠졌다하면 허우적거릴수록 점점 더 깊이 빠져들어갑니다. 구제불능입니다. 점점 깊이 빠져들어가기만 하는 깊은 수렁에서 나를 건져주셨습니다. 대책이 없는 기가막힐 웅덩이에서, 수렁에서 나를 건져주신 것입니다. 다윗이 무엇을 생각하면서 이 말을 하게 되었는지 그 내용은 우리가 알 길이 없습니다마는 그의 생애를 미루어보면 짐작은 할 수 있습니다. 그가 사울 왕에게 쫓기고 있을 때야말로 기가막힐 웅덩이요 수렁이 아니었나 싶습니다. 사울 왕은 왕인 동시에 다윗의 장인이 됩니다. 그런데 사울은 자기의 신하이자 사위가 되는 이 다윗을 시기하고 질투해서 죽이려고 군사를 몰아 쫓아다닙니다. 다윗은 숲속으로 동굴로 동분서주 피해 다니는데 이거야말로 참 기가막힐 노릇입니다. 세상에 이럴 수가 있습니까. 그야말로 기가막힐 웅덩이였다고 생각합니다. 하나님께서는 여기서 건져주셨습니다. 또 그가 왕으로 있을 때는 아들들이 속을 많이 썩였습니다. 그 중에서도 평소에 가장 잘났다고 생각했던 아들

압살롬이 아버지 다윗을 배반합니다. 더욱이나 자기에게 충성을 다하던 신하들이 이제 그 아들 편에 붙어서 다윗을 죽이겠다고 군사를 몰아 쫓아다닙니다. 다윗은 피란의 길을 헤맵니다. 기가막힐 웅덩이가 아니겠습니까. 하나님께서는 여기서도 건져주십니다. 모름지기 다윗이 제일 괴로웠던 시간이 언제였을까 생각해볼 때 바로 이 시간이 아니었을까 합니다. 그가 나이많아 병들었습니다. 병들어 죽어간다는 얘기를 듣고 신하 두 사람이 방문을 했습니다. 너무나도 고마웠습니다. 냄새풍기며 썩어져 죽어가는 그 시간에 신하가 찾아주었으니까요. 기분이 좋았습니다. 그런데 그 신하들이 돌아간 다음에 얘기를 들어보니 사실은 그들이 자기를 죽이러 왔었습니다. 자객으로 죽이러 왔다가 보니 다 죽어가는 것입니다. 손댈 것도 없더라, 여호와께 저주받아서 다 죽어가고 있는 것 왜 손대겠느냐, 그래서 돌아갔다는 것이지요. 이 소식이 쫙 전해질 때 다윗이 들으니 기가막힌 것입니다. 한때 나에게 충성하던 신하가 나를 죽이려고 와? 그것도 병든 이 시간에? 그리고 돌아가서 비방을 해? 세상에 이런 일이 있을 수가 있단말인가. 다윗은 깊은 수렁에서 헤맵니다. 거기서 그는 건짐을 받은 것입니다. 마침내 그는 "내 발을 반석 위에 두사 내 걸음을 견고케 하셨도다"하고 하나님께 감사합니다. 그 모든 부끄러움을 씻고 다시 보좌에 앉아서 천하를 호령하게 됩니다. 깊은 수렁에서 건져주신 하나님, 그리고 내 발을 반석 위에 두사 걸음을 견고케 하신 하나님, 나를 인도하신 그 하나님께 그는 감사하고 있습니다. 그리고 새 노래로 하나님께 찬송을 드리게 되었습니다.

여러분은 얼마나 어려운 일을 당해보았습니까? 파울 게르하르트라고 하는 루터교목사님은 1607년에서 1676년까지 살았던 분입니다. 이 목사님이 지은 찬송가가 우리 찬송 18장에 있습니다. 이 찬송가의 원 가사를 이제 보게 되겠습니다. 그 전에 목사님에 대해서 좀 소개를 하겠습니다. 그가 11세 때 독일인구의 3분의 1이 죽는 무서운 30년전쟁이 있었습니다. 그리고 이어서 흑사병이 돌면서 인구의 3분의 2가 죽었습니다. 엄청난 재난이었습니다. 그런 어려운 때에 그는 태어났고 살게 됩니다. 12세 때 어머니를 여의고 14세 때 아버지를 여의고 고아가 됩니다. 고학을 하면서 어렵게어렵게 공부를 하고, 마침내 목사가 되겠다고 신학을 하게 되는데, 고학을 하면서 얼마나 어려웠던지 14년 동안이나 학교를 다녀서 졸업을 합니다. 그리고 목사가 됩니다. 형편이 여의치 못해서 계속 고생을 하다가 44세에 장가를 듭니다. 그리고 자녀 다섯을 낳았는데 흑사병으로 4자녀가 연년이 죽어갑니다. 9살바기 아들 하나가 살아남았습니다. 이 아들의 손목을 잡고 숲을 거닐면서 그는 하나님의 음성을 듣고 하나님을 찬양하는 시를 씁니다. 이 시가 바로 18장 찬송입니다. 그 찬송가의 가사를 원문대로 직역하면 이렇습니다. '한없는 주님의 사랑은 사람의 생각으로 헤아릴 수 없네, 오 주님, 나의 마음을 당신 속에 짜 넣어 주소서, 다른 아무것도 나를 지배하지 못하게 오직 주님께 나의 전부를 바치게 하소서, 나의 기쁨도 나의 보물도 오직 주님의 사랑 속에 붙잡혀, 차가움도 가시고 두려움도 가시고, 슬픔도 걱정도 그 사랑 속에 녹아졌네, 오 주님, 아무것도 욕망하지 않습니다, 아무것도 찾아 헤매지 않습니다, 오직 주님만이 내 가슴에 채워주소서.' 이렇게 그는 노래하고 있습니다.

여러분은 얼마나 어려움을 당해보았다고 생각하십니까? 다윗은 그가 체험한 많은 고난과 역경 속에서 하나님의 은혜를 체험하고 오늘본문에서 이렇게 고백합니다. "주의 앞에서 베풀 수도 없고 그 수를 셀 수도 없나이다"―너무도 많고 너무도 커서 측량할 수가 없다고 고백합니다. 북극탐험가인 노르웨이의 난센은 북극 근방에 있는 바다를 측량하려고 했습니다. 동아줄에 추를 달아 바다 속으로 내려보냅니다. 아무리 내려도 끝이 닿지 않습니다. 너무 깊어서. 그래 그는 '동아줄보다 바다는 더 깊다' 라고 일기에 기록했습니다. 그 다음날은 더 긴 동아줄을 가지고 와서 시도했지마는 역시 끝이 닿지 않습니다. 그는 또다시 '이 동아줄보다도 바다는 더 깊다' 라고 적었습니다. 그 다음날은 다시 더 길고긴 동아줄을 가지고 시도했는데 아무리 내려도 그 밑이 닿지 않습니다. 그는 일기장에 이렇게 썼습니다. '이 일대의 바다는 하나님의 사랑 만큼 깊다.'

여러분, 세상을 어떻게 보십니까? 여러분이 생각하고 측량할 수 있는 것보다 하나님의 은혜는 더 크고 놀랍다는 것을 잊지 말아야 합니다. 다윗은 다시 좀더 구체적으로 오늘본문에서 고백하기를 내게 주신 모든 은혜는 두 가지다, 하였습니다. 곧 "주의 행하신 기적이 많고 우리를 향하신 주의 생각도 많도소이다"합니다. 먼저, 기적이란 내 생각을 초월한다는 것입니다. 기적이란 인간의 지식을 넘어선다는 것입니다. 기적이란 인간의 예상 그 밖의 일이라는 것입니다. 여러분, 우리가 누리는 평안이 기적입니다. 북한사람들은 얘기합니다. 남한에는 밤낮 학생들이 데모하고 공장은 파업하고 하는데 어떻게 망하지 않는지 알 수가 없다고요. 망하기만을 기다리는데 안 망한다는 것이지요. 경제를 연구하는 분들도 그럽니다. 한국은 그 많은 소란과 그 많은 파업 가운데서 어떻게 경제가 서 있느냐며 고개를 갸우뚱합니다. 어쨌든 분명한 것은 오늘까지가 기적이라는 것입니다. 대기업의 어느 회장이 이런 말을 합디다. "목사님, 오늘까지는 좌우간 끝난 것같은데 또 되고, 끝난 것같은데 또 이렇게 그럭저럭 여기까지 왔습니다. 앞은 모르겠습니다마는 오늘까지 되어진 일은 분명히 기적입니다." 아무리 생각해도 기업이 서 있을 수 없고 아무리 생각해도 한국경제는 끝났다는 것입니다. 이대로는 안된다고 합니다. 그러구러 살아왔다는 것, 이건 기적이 아닐 수 없다고 합니다. 기대를 걸만한 학자 하나 없습니다. 똑바른 정치가가 없습니다. 정치한다는 사람들 하는 꼴 좀 보십시오, 뭐가 되겠나. 아무리 보아도 가망이 보이지 않습니다. 우리 국민의 국민성을 보더라도 그렇습니다. 가까운 예로 차타고 다니면서 한번 보십시오. 십자거리에 차를 딱 세워놓습니다. 지금 신호가 바뀌고 있는데 딱 가운데 갖다가 박아놓고 있습니다. 저고 못가고 남도 못가요. 여전히 그 짓을 하는 것입니다. 이따위들 가지고 무슨 나라가 되겠다는 이야기입니까. 단 한 걸음 양보할 줄 모르고 저도 죽고 남도 죽고 너도 못가고 나도 못가… 이런 꼴이 우리 현실입니다. 가만히 보면요, 길 막히게 되어 있지 않습니다. 충분히 열릴 수 있습니다. 이보다 차가 더 많아도 훌륭하게 다닐 수 있습니다. 문제는 사각지대에 철면피로 차를 틀어박기 때문입니다. 외국에서는 거기 한번 섰다가는 엄청난 벌금을 물어야 합니다. 그런데 우리는 그래도 그냥 틀어박고 있는 것입니다. 어디 갔는지 순경도 없습니다. 어쩌자는 것입니까. 이렇게 해가지고 어쩌자는 것입니까. 한 자리에 서가지고 한 시간씩 기다리고. 망조 들었습니다. 중요한 것은 그런데도 우리가 살아남았다는 사실입니다. 이것이 신기하지 않습니까. 그러고도 사는 것이니 이것은 기적이지요. 세계가 다 기적이라고 봅니다. 앞으로도 또 기적 가운데 살 것입니다.

그리고 또하나, "우리를 향하신 주의 생각도 많도소이다" — 나는 모르고 살았는데 하나님께서는 알고 인도하셨습니다. 나는 생각 없이 살았는데 하나님께서는 계획적이십니다. God's plan — 당신의 계획 속에서 모든것이 이루어졌다는 것입니다. 그래서 감사합니다. 저 미국에 가면 LA 오렌지카운티에 유명한 크리스탈 처치(Crystal Church)가 있습니다. 원래의 이름은 '가든 글로브 처치' 입니다마는 크리스탈 곧 수정으로 지었다고해서 크리스탈 처치로 불리고 있는데 이 교회에 로버트 슐러 목사님이 시무합니다. 제가 개인적으로 아는 목사님입니다. 그 예배당을 지어놓고 파이프오르간을 설치했는데, 제가 미국에 있을 때였습니다. 70년대 중반이었는데 좌우간 파이프오르간 놓기 전부터 얼마나 자랑을 하는지 모릅니다. 제가 그 자랑을 직접 들었습니다. 지금 여러분이 보시는바 바로 제 뒤, 십자가 위에 스패니시 혼이라는 것이 있습니다. 모든 파이프가 위로 향했지만 이것은 앞으로 향해서 쭉 뻗은 것입니다. 보기 좋지 않습니까. 이것 아주 비싼 것입니다. 우리는 한 세트밖에 없습니다. 그런데 크리스탈 처치에는 4세트나 있습니다. 네모로 사방에 있습니다. 슐러 목사님은 이 장치를 두고 입에 침이 마르도록 자랑을 하는 것입니다. 그 당시에 그 값이 100만 불이 넘었습니다. 세계적인 오르간이었습니다. 이것을 설치하고 봉헌(dedication)하는 날, 그 봉헌 첫번 연주를 누가 했는고하니 해피니스 조운스라고 하는 오르가니스트였습니다. 이 분에 관한 이야기입니다. 어렸을 때부터 음악을 잘해서 16세에 음악대학에 들어갑니다. 피아노를 잘쳐서 세계적인 피아니스트가 되겠다고 생각했던 사람입니다. 그런데 중도에 팔목이 상했습니다. 피아노는 팔목에 힘을 주고 쳐야 하는데 이걸 칠 수가 없습니다. 피아니스트가 팔목 상하면 일 끝난 것 아닙니까. 낙심하였고, 이것을 믿음으로 극복하느라고 얼마나 애썼는지 모릅니다. 그는 하나님 앞에 기도드렸습니다. "하나님이여, 내가 할 일이 무엇입니까? 할 수 있는 일이 무엇인지 보여주시옵소서. 내 눈을 열어 주의 뜻을 보게 하여주시옵소서." 간절히 기도하는 중에 그는 음성을 듣습니다. "너는 손은 그렇지만 발은 성하지 않느냐?" 그는 생각했습니다. 발로 하는 음악이 있을까? 발로 가능한 연주는 무엇일까? 그래서 그는 오르간을 쳤습니다. 오르간 건반은 피아노처럼 힘을 주어서 누르는 것이 아니거든요. 가만가만 눌러도 되거든요. 거기서 발견을 하고 오르간을 치기 시작해서 마침내 세계적인 오르가니스트가 되었습니다. 이런 귀한 간증과 함께 그날의 연주를 하여 많은 사람에게 큰 감동을 주었다고 합니다. 그 첫날연주와 함께 데디케이션한 프로그램을 저한테 보내왔습니다. 슐러 목사님이 얼마나 자랑하는지 모릅니다. 그러나 중요한 것은 이 오르가니스트입니다. 역경을 딛고, 낙심하지 않고, 보십시오, 하나님께서 그의 손목을 꺾어서 오르가니스트로 만드셨습니다. 이것이 하나님의 일입니다. 이 문을 닫고 저 문으로 인도하십니다. 여러분은 이것을 보십니까. 다윗은 이것을 알고 감사하는 것입니다. 하나님께서 깨닫게 하시고 성장케 하시고 겸손하게 하시고, 그리고 잘하게 하시고 거룩하게 하시고 강하게 하시고 영광되게 하신다는 말씀입니다.

우리가 모르는 중에 하나님께서 인도하고 계십니다. "우리를 향하신 주의 생각도 많도소이다." 나를 향한 하나님의 생각이 많습니다. 그래서 감사합니다. 사무엘은 블레셋을 점령한 다음에 '에벤에 셀' — '하나님이 여기까지 인도하셨다' 라고 말씀합니다. 그리고 기념비를 세웁니다. 여기까지 — 공간적으로 시간적으로 영적으로 하나님께서 우리를 여기까지 인도하셨습니다. 앞으로도 인도하실 것입니다. 이제 우리는 은혜의 기념비를 세우고 다시 출발할 것입니다. 고린도전서 15장 10절에서 바울은 말씀합니다. "나의 나된 것은 하나님의 은혜로 된 것이니 내게 주신 그의 은혜가 헛되지 아니하여" 오늘 내가 있다고 고백합니다. 아무리 생각해도 오직 은혜입니다. 우리에게 주신 그 하나님의 은혜에 결코 실망을 드려서는 안될 것입니다. 모름지기 은혜에 깊이 감사하면서 기념비를 세우고 다시 새 아침을 맞아야 할 것입니다. △

새사람의 정체의식

그런즉 우리가 무슨 말 하리요 은혜를 더하게 하려
고 죄에 거하겠느뇨 그럴 수 없느니라 죄에 대하여
죽은 우리가 어찌 그 가운데 더 살리요 무릇 그리스
도 예수와 합하여 세례를 받은 우리는 그의 죽으심과
합하여 세례받은 줄을 알지 못하느뇨 그러므로 우리
가 그의 죽으심과 합하여 세례를 받음으로 그와 함께
장사되었나니 이는 아버지의 영광으로 말미암아 그
리스도를 죽은 자 가운데서 살리심과 같이 우리도 또
한 새 생명 가운데서 행하게 하려 함이니라 만일 우
리가 그의 죽으심을 본받아 연합한 자가 되었으면 또
한 그의 부활을 본받아 연합한 자가 되리라 우리가
알거니와 우리 옛사람이 예수와 함께 십자가에 못박
힌 것은 죄의 몸이 멸하여 다시는 우리가 죄에게 종
노릇하지 아니하려 함이니 이는 죽은 자가 죄에서 벗
어나 의롭다 하심을 얻었음이니라 만일 우리가 그리
스도와 함께 죽었으면 또한 그와 함께 살 줄을 믿노
니 이는 그리스도께서 죽은 자 가운데서 사셨으매 다
시 죽지 아니하시고 사망이 다시 그를 주장하지 못할
줄을 앎이로라 그의 죽으심은 죄에 대하여 단번에 죽
으심이요 그의 살으심은 하나님께 대하여 살으심이
니 이와 같이 너희도 너희 자신을 죄에 대하여는 죽
은 자요 그리스도 예수 안에서 하나님을 대하여는 산
자로 여길지어다

(로마서 6 : 1-11)

새사람의 정체의식

　어떤 부모가 아들, 딸 남매를 키워 장가보내고 시집보내고나서 내외만 남아 살다가 하루는 내외가 딸네집에 갔습니다. 가보았더니 사위가 앞치마를 두르고 부엌일을 하는 것이었습니다. 사위가 부지런히 음식도 만들어 나르고 하는데, 딸은 어머니 옆에 가만히 앉아 있습니다. 이런 장면을 보고나서 딸의 어머니는 우리 딸 시집 참 잘 갔구나 하면서 "좋은 남편을 만나 저렇게 사랑받고 아낌을 받으니 얼마나 좋으냐"고 입에 침이 마르도록 좋아하는 것이었습니다. 그 다음에 아들네집에 갔습니다. 가보니 아들이라는 것 역시 부엌에 들어가서 일을 하고 있는 것입니다. 어머니는 못마땅해서 오만상을 찌푸리는 것이었습니다. 내가 어떻게 키운 아들인데 저 며늘애가 내 금쪽같은 아들을 부엌으로 들여보내 일을 시킨단말인가, 말도 안된다, 하고 화를 내는 것이었습니다.

　여러분, 어떻게 생각하십니까? 꼭 같은 현상을 보았는데 사위가 일하는 것은 좋게 보이고 아들이 일하는 것은 못마땅합니다. 이것, 회개하여야 합니다. 그런데 우리가 이것은 죄인 줄을 모릅니다. 자기 마음속에 깊이 뿌리박고 있는 것입니다. 자기도 몰랐습니다. 내가 얼마나 깊이 고정관념에 빠져 있는지를 몰랐습니다. 몰랐으니까 회개도 안했지요. 이러한 의식에 변화가 바로 이루어지지 않는다면 우리는 신앙생활의 자유함이나 용기를 얻을 수가 없습니다. 밤낮 그렇게 맴돌 것이니까요. 자기문화라고 하는 고정관념, 자기라고 하는 주관적 개념에서 벗어나지 못합니다. 자기중심적 의식에서 헤어나지 못하는 한 세상도 달라질 것이 없고 나 또한 항상 거기에 머물러야 한다는 말입니다. 실용주의철학의 기반을 이루었다고 하는 미국의 철학자요 심리학자였던 윌리암 제임스는 이렇게 말합니다. '마치 그 소망을 이룬 사람처럼 행동하라.' 강하게 주장합니다. 아직 소망을 이루지 못했습니다. 그러나 이미 이룬 것처럼 행동하라, 함입니다. 이것은 주술이 아닙니다. 사람은 그가 믿는 바대로 되는 존재이기 때문이다—이것이 결론입니다. 가령 내가 학자가 되기를 바란다면 지금부터 학자로 살아야 됩니다. 재벌이 되기를 바란다면 지금부터 재벌행세를 해야 됩니다. 귀인이 되기를 바란다면 지금부터 귀인이 되어야 합니다. 저는 학생들에게 늘 이야기합니다. 목사가 되겠느냐, 그렇다면 그대가 목사가 되었을 때 그대의 교인이 어떤 교인이 되기를 원하는가, 바로 그 모습으로 살아라, 그래야 그 목사가 되는 것이다, 합니다. 오늘은 되는대로 살면서 내일은 새로운 일이 있기를 기대하고 있습니다. 소원하고 있습니다. 희망하고 있습니다. 이것은 미신입니다. 될 리도 없습니다. 그렇게 반복되는 동안에 이상한 인간, 기형적 인간이 되어버립니다. 이상과 현실을 전혀 별개로 하는, 그러한 인간상이 된다는 말입니다. 그런고로 천한 행동을 하면서 귀한 일이 있어지기를 바라는 것처럼 바보가 없습니다. 정말로 당신이 어떤 사람이 되기를 원한다면 그 되기를 바라는 바로 그 사람이 벌써 된 것처럼, 그렇게 오늘을 살아가야 된다는 것입니다. 그럼 예수를 믿는다는 것은 무엇입니까. 예수를 믿는 것, 그리스도인으로 살아간다는 것은 그리스도의 죽음에 우리가 연합하는 것입니다.

여러분, 십자가를 똑바로 쳐다보십시오. 계속 명상해보십시오. 그러느라면 우리는 두 가지를 경험하게 됩니다. 하나는, 내가 죽어집니다. 나라고 하는 옛사람, 내 욕망, 내 고집, 내 혈기, 다 사라집니다. 그리고 동시에 그리스도 안에 있는 신비로운, 새로운 생명이 내게 다가옵니다. 이것을 체험함으로 그리스도인입니다. 오늘도 아버지의 영이 감동을 해서 이것이 이루어진다고 성경은 분명히 말씀합니다. 그리스도인 된다는 것은 신비로운 역사입니다. 그 생명력이 내게 다가와서 내 영혼이 중생을 합니다. 새로운 역사가 일어납니다. 이것은 기적입니다. 이러한 영적 변화가 오고나서, 여러 영적 출생이 있은 다음에 바로 달라지는 것이 있습니다. 그것이 바로 의식구조입니다. 가치관이며 세계관—무엇이 중요하냐, 하는 문제가 확 바뀌는 것입니다. 전에는 이런 것이 중요했는데 아니요, 이제는 이것이 중요합니다. 우리 의식의 근본이 바뀝니다. 나를 위하던 것이 교회를 위하고, 나 중심으로 살던 것이 다른 사람부터 먼저 생각합니다. 전에는 물건을 사러 가면 그 집 살림이 되건말건 상관없고 나만 이롭게 하겠다고 값을 깎고깎았지만 예수를 믿고나면서 확 달라졌습니다. 내가 한푼 더 손해보더라도 저 사람이 추운 데 서서 얼마나 고생을 하나, 이 사람의 생활처지가 이게 말이 아닌데 내가 그 사람의 자존심을 생각해서 얼마를 구제하지는 못하더라도 할 수 있는 대로 후하게는 해주어야 되겠다, 하고 그 사람 편을 먼저 생각하게 됩니다. 이것이 아니고, 그 추위에 떠는 할머니 앞에서도 물건값을 깎겠다고만 하는 사람, 그는 예수믿는 사람 아닙니다. 의식구조가 잘못된 사람입니다. 이같이 의식구조에 변화가 오고, 그 다음에는 지성에 변화가 옵니다. 그 생각의 방향에 따라 달라지는 것입니다.

어떤 이론이든지 기초와 대 전제에 의해서 달라지는 것입니다. 그런데 어떤 학자는 말합니다. 본인의 간증입니다. 옛날에는 진화론을 믿었다고 합니다. 철저하게 믿고 공부하던 진화론자인데 도중에 예수를 믿으면서 보니 자신은 예수만 믿는 줄 알았는데 학설도 바뀌었습니다. 학설이 창조론으로 확 돌아가고 마는 것입니다. 이제는 아무리 생각하고 아무리 연구해보아도 진화론처럼 비과학적인 것이 없다는 것을 알게 되는 것이었습니다. 완전히 엉터리더라는 것입니다. 창조론이야말로 가장 과학적이라는 것이었습니다. 그것을 열심히 주장하고 크나큰 책을 여러 권 쓴 것을 보았습니다. 보십시오. 이것은 지성이 변화한 것입니다. 예수를 믿는다면서도 학문의 세계는 동쪽으로, 신앙의 세계는 서쪽으로, 왔다갔다하게되면 이것은 참교인이 아닙니다. 그의 지성이 구원을 받으면 그의 논리가 구원을 받고, 그의 사고구도가 구원을 받는 것입니다. 그런가하면 또한 감성이 구원을 받습니다. 알 수 없는 기쁨이 찾아옵니다. 그래서 가장 충만한 감성에 이릅니다. 돈을 벌어서도 아니고, 사람들에게서 칭찬을 받아서도 아니고, 예수믿는 사람만이 가지는 신비한 기쁨인 것입니다. 또한 전에는 상상할 수도 없었던 일을 하게 됩니다. 의지가 구원을 받았기 때문에. 이래서 인격이 변하고 가정이 변하고 사회도 구원을 받게 되는 것입니다. 이것을 분명히 알아야 합니다.

구원에는 언제나 심판적 요소가 함께합니다. 십자가는 그를 믿는 자에게 두 가지 역할을 합니다. 하나는, 옛사람을 죽입니다. 옛사람을 죽이는 역할을 합니다. 또하나는, 그리스도 안에서 새사람으로 살리는, 그런 역할을 합니다. 그래서 율법 안에 죽고, 나로서 죽고 그리스도로 살고, 옛사람으로 죽고 새사람으로 사는 것이 바로 그리스도인의 모습입니다. 율법으로 죽고 은혜로 사는 생명, 거기에 그리스도인의 정체가 있는 것입니다. 또 오늘성경말씀은 '십자가는 곧 죽음'이라고 강조합니다. 죽음이 먼저 있고 부활이 있습니다. 죽는 자에게 부활이 있습니다. 죽어지고 부활이 있습니다. 이 부활생명으로 사는 것이다, 하는 말씀입니다. 특별히 오늘본문에서 제가 집중적으로 말씀드리고자 하는 것은 11절입니다. 마지막에 가서 보면 "이와 같이 너희도 너희 자신을 죄에 대하여는 죽은 자요 그리스도 예수 안에서 하나님을 대하여는 산 자로 여길지어다"합니다. 나 자신을 자신에 대해서나 율법 앞에서는 죽은 자로 여기고 은혜 안에서, 그리스도 안에서는 산 자로 여기라, 하는 말씀입니다. 여기 '로기제스데 헤아우투스(reckon yourselves)'라고 하는 말에 아주 중요한 의미가 있습니다. 자기자신에 대해서 그렇게 논리적으로 인정하라, 하는 말입니다. 그렇게 인정하라─여러분, 스스로를 어떻게 인정하십니까? 여기에 그리스도인의 정체의식이 있는 것입니다. 이것을 오늘본문은 상징적으로 설명해줍니다. 세례를 말씀합니다.

세례─여러분은 세례를 오래전에 받아서 다 뜻을 잊어버렸겠지만 사실은 세례야말로 계속적으로 생각하여야 되는 것입니다. 마르틴 루터는 말했습니다. '신앙생활이란 데일리 뱁티즘(daily baptism)이다'라고. 매일세례─매일매일 나로서 죽고 그리스도로 사는 것입니다. 나로 날마다 물속에다 장사지내버리고 그리스도의 이름으로 다시 사는 것입니다. 그러한 모습을 '매일세례'라고 표현하고 있습니다. 죄에 대하여 죽고 의에 대하여 살아나는 것이다─이것이 신비로운 생명의 역사입니다. 갈라디아서 5장 24절에서 사도 바울은 말씀합니다. "그리스도 예수의 사람들은 육체와 함께 그 정과 욕심을 십자가에 못박았느니라." 정과 욕심도 죽어버렸습니다. 당연히 죽어야 됩니다. 그리고 사는 것이 그리스도인입니다. 바울의 유명한 간증이 있지 않습니까. "I have been crucified with Christ." 나는 그리스도와 함께 십자가에 못박혔다, 나는 죽었다, 십자가를 바라보면서 '나는 죽었다' 하고 선언합니다. 그리고 오직 그를 믿는 믿음 안에 내가 살아가고 있다─다시 사는 또다른 모습의 인간을, 자기정체를 고백하고 있습니다. 한마디로 말해서 철저히 죽어야 살아날 수 있다는 말씀입니다. 여러분, 걱정 근심이 있습니까? 이유가 있다면 단 한 가지─죽지 못해서 그렇습니다. 영적으로 욕심과, 자존심과, 명예와, 소유욕과, 자기중심적인 생각을 지워버려야 됩니다. 죽어버렸으면 아무 일도 없습니다. 그런데 아직도 꿈틀꿈틀합니다. 다 죽은 줄 알았는데 누가 뭐라고 한마디, 비위를 건드리면 발끈 일어납니다. 이것 때문에 고생입니다. 가끔 제가 비난도 듣고 합니다. 그럴 때 어떤 사람은 딴에 걱정된다고 합니다마는 나는 그런 걱정 반갑지 않습니다. "아, 목사님 이렇게 나쁜 말을 하는 사람도 있습니다"합니다. "그래요?" 이러고 말면 "걱정 안되십니까?"합니다. "왜 걱정이 됩니까. 아, 죄인 보고 죄인이라 하는데 무슨 걱정입니까. 허물이 많은 사람인데." 무슨 비난을 좀 받기로서니 그게 무슨 큰 문제가 되느냐고 해버립니다. 여러분, 기분이 나쁩니까? 덜 죽어서 그렇습니다. 한 계단만 더 내려 서보십시오. No problem! 뭔가 아직도 남아서 꿈틀거리고 있기 때문에 그렇습니다. 스스로를 귀족화하고 잘난 체하느라고 고민인 것입니다. 발바닥이 땅에 닿을 때까지 푹 내려 서보십시오. 아무 문제 없습니다.

또한 우리는 죽음을 거듭거듭 확인하여야 합니다. 죄에 대하여 내가 얼마나 죽었는가, 그리스도 안에 있음을 계속 확인하면서 죽은 자로 여기고 산 자로 여길지어다─계속적으로 확인하라는 것입니다. 여러분도 잘 아시지만 '교회협의회'라는 것이 있습니다. 세계교회협의회—WCC라고 칭합니다. 이것은 1948년에 암스테르담에서 창설되었습니다. 날만 새면 교회 간에, 교파 간에 티격티격했는데, 그런 교회들이 좌우간 일단 한데 모여서 하나가 되자, 같은 신앙을 고백하고 같은 성경을 믿는 사람들이 이래서야 되겠는가, 하고 한데 모이게 되었습니다. 세계적으로 말입니다. 이것이 WCC인데, 이 WCC대회를 열 때, 이것은 대단한 역사적 사건입니다마는, 그때 개회예배를 드리고나서 바로 이어서 장례식을 치렀습니다. 이 장례식은 아주 드라마틱한 행사였습니다. 그런 이벤트가 있었습니다. 장례식을 할 때 서양사람들은 bowing이라고 해서 관을 열어놓고 한 사람 한 사람 차례차례 지나가면서 그 관을 한 번씩 들여다보지요. 들여다보고 '그동안 내게 베푸신 사랑에 대해서 감사합니다, 그동안 사랑 많이 받은 것을 고맙게 생각합니다…' 이렇게 죽은 사람하고 한 마디씩 인사말 하는 절차가 있습니다. 그날도 이제 대회에 참석한 많은 사람들이 bowing을 하게 되었습니다. 관 속에 시체는 없습니다. 다만 관 바닥에 거울을 깔아놓았습니다. 그러니 관을 들여다보면 자신의 얼굴이 보입니다. 자신의 얼굴을 들여다본 것입니다. 그리고 사람들은 저마다 깊은 생각을 하면서 돌아갔던 것입니다.

　　여러분, 교회가 하나되려면 저마다 죽어야 됩니다. 가정도 하나가 되려면 저마다 죽어야 됩니다. 내 인격이 하나되려면 이것도 '나 아무개'를 매장해버려야 가능합니다. 그러고야 자유할 수 있는 것입니다. 내가 그리스도 안에 새 생명, 새로운 사람 됨을 인정하여야 됩니다. 그런데 이것을 인정하고 지켜나가기가 얼마나 어려운지 모릅니다. 그것은 고난의 길이요 순례의 길입니다. 「레미제라블」의 작가

빅토르 위고는 20세 때부터 작가로 명성을 날리고 세계적으로 유명한 사람이 됩니다. 작가로, 사상가로 유명해졌습니다. 그러나 그의 사생활은 그 명성에 걸맞지 않았습니다. 그는 심한 주벽이 있었고, 탐욕에 빠졌고, 타락했고, 허탄한 생활을 했습니다. 온가족을 괴롭혔습니다. 자녀들도 그에게 시달렸습니다. 1841년 여름, 사랑하는 딸 레오프딘느가 물에 빠져 죽었습니다. 그 시체가 센 강에 떠올랐습니다. 사랑하는 딸의 죽음을 놓고 그는 유고(遺稿)에서 이렇게 말합니다. "이 비극은 하나님께서 내게 주신 심판이다. 나의 딸이 죽은 게 아니라 내가 죽은 것이다." 그는 거기서부터 다시 시작을 합니다. 깨끗한 생활, 경건한 생활을 다시 시작하면서 쓴 소설이 바로「레미제라블」입니다.「레미제라블」의 내용을 보십시오. 장발장이라고 하는 사람 하나가 새사람이 되는데, 새사람이 되어 일어나려고 하는데, 얼마나 어려웠습니까. 얼마나 많은 핍박이 있었습니까. 나는 새사람이 되었는데 아무도 나의 새사람됨을 인정해주지 않습니다. 아무리 착하게 살려고 해도 세상이 나를 용납지 않습니다. 그 고민, 그 뼈아픈 고통이 거기에 나타나 있지 않습니까. 그래서「레미제라블」의 주인공 장발장은 빅토르 위고의 자화상이라고들 합니다. 그래서 유명한 것입니다. 많은 사람의 심금을 울리게 되어 있는 것입니다.

깊이 생각하여야 됩니다. 옛사람 십자가에 못박아서 이제 다시는 옛생활, 옛정욕, 옛시기, 질투, 혈기에 노예가 되면 안됩니다. 나는 자유인으로 살아야 됩니다. 그리스도 안에서 나는 죽었다고 선언하고 산 자로 살아가야 합니다. 여러분, 다른 사람이 인정해주기를 바라지 맙시다. 어려운 것입니다. 제가 아는 후배제자 한 사람이 신학대학 다닐 때 아주 데모 잘했습니다. 데모하는 데 문서도 만들고,

그런 것을 아주 잘하는 사람이었습니다. 아주 똑똑했습니다. 그리고 그는 결심을 하고 새사람이 되었고 대학을 마치고 목사가 되었습니다. 지금 20년이 지났습니다. 그러나 아직도 어떤 교회에서는 "옛날에 데모했다며?"하고 그를 거부합니다. 새사람이 된 지 20여 년인데도 아직도 사람들은 데모하던 극단주의청년으로 보아버린다는 것입니다. 이것을 헤어나기가 힘들어서, 너무 괴로워서 내 앞에서 우는 것을 보았습니다. 내가 얘기했습니다. "분하냐? 분하다면 아직도 그대는 구원받지 못했다. 회개에는 왕복거리가 필요한 것이다." 20년을 살았지만 아직 멀었습니다. 여러분, 성경은 말씀합니다. 스스로, 자기 스스로 그리스도 안에 죽은 자요 그리스도 안에서 산 자로 여길지어다—내가 여기지 않는데 누가 여길 것입니까. 내가 내 새사람됨을 인정하지 않는데 누가 인정해줄 것입니까. 기대하지 마십시오. 세상이 달라지기도 바라지 마십시오. 다만 먼저 하나님 앞에서 나의 새사람됨을 스스로 인정하여야 됩니다. 확실하게 인정하고 그대로 살아갈 것입니다. 나의 정체, 새사람된 정체의 의미를 바로 알아야 하겠습니다. 옛사람은 없습니다. 옛욕망도 없습니다. 옛사람에 대한 미련도 없습니다. 다만 죄에 대하여는 죽은 자요, 그리스도 안에서 하나님을 대하여는 산 자로 여길 것입니다. △

세상을 이기는 비결

예수께서 그리스도이심을 믿는 자마다 하나님께로
서 난 자니 또한 내신 이를 사랑하는 자마다 그에게
서 난 자를 사랑하느니라 우리가 하나님을 사랑하고
그의 계명들을 지킬 때에 이로써 우리가 하나님의 자
녀 사랑하는 줄을 아느니라 하나님을 사랑하는 것은
이것이니 우리가 그의 계명들을 지키는 것이라 그의
계명들은 무거운 것이 아니로다 대저 하나님께로서
난 자마다 세상을 이기느니라 세상을 이긴 이김은 이
것이니 우리의 믿음이니라 예수께서 하나님의 아들
이심을 믿는 자가 아니면 세상을 이기는 자가 누구뇨
이는 물과 피로 임하신 자니 곧 예수 그리스도시라
물로만 아니요 물과 피로 임하셨고 증거하는 이는 성
령이시니 성령은 진리니라 증거하는 이가 셋이니 성
령과 물과 피라 또한 이 셋이 합하여 하나이니라

(요한일서 5 : 1 - 8)

세상을 이기는 비결

영국을 여행하는 한 나그네가 관광지로 유명한 해안지대를 방문하게 되었는데 그 바닷가에 많은 갈매기가 죽어 있는 것이었습니다. 그는 죽은 갈매기떼를 치우고 있는 사람을 만나게 되어 그에게 물었습니다. "이 많은 갈매기가 왜 죽게 되었습니까." 그는 대답합니다. "여기는 관광지가 되어서 여름 한철이 되면 많은 사람이 찾아오는데 관광객들은 늘 갈매기들에게 빵과 과자와 사탕을 줍니다. 갈매기들이 사람들의 손바닥에 올라앉아서 그런 먹이를 열심히 쪼아먹지요. 사람들은 그게 재미있어서 더 열심히 그런 먹이를 주곤 합니다. 그런데 그로 말미암아 갈매기들은 입맛이 달라졌고, 그래서 이제는 자연의 먹이에는 식욕을 잃어버리게 되었습니다. 이제 철이 바뀌어서 관광객들의 발길이 뚝 끊어지고보니 갈매기들은 별수없이 굶어죽고만 것입니다." 그 누가 이 갈매기들을 죽이자고 과자를 주었겠습니까. 갈매기를 향해서 총을 쏘는 사람에게는 나쁜 사람이라고 나무라지마는 갈매기에게 과자를 주는 사람을 보고 나쁜 사람이라고 나무라는 사람은 없습니다. 그런 먹이가 결국에는 갈매기들을 떼죽음시킨다는 사실에 생각이 미치지 않았던 것입니다. 그런데 결과적으로는 그렇게 되었습니다. 갈매기가 먹어야 할 음식은 따로 있습니다. 갈매기는 갈매기로서의 길을 가야 합니다. 그런데 사람들은 나름대로 즐기느라고 이렇게 갈매기에게 먹여서는 안될 먹이를 준 결과로 이러한 일이 생겼다, 하는 것입니다.

사람은 분명코 떡으로만 살지 않습니다. 사람이면 꼭 먹어야 될 하나님의 말씀이 있습니다. 몸은 음식을 먹어야 하지만 우리의 영은 하나님의 말씀을 먹어야 합니다. 계속 먹어야 됩니다. 충만해야 됩니다. 목회사회학자가 연구해보았는데, 넉 주일만 교회 나오지 않으면 하나님의 존재가 안보인다고 합니다. 먹어야 될 것을 먹지 않으면 안먹어야 될 것을 먹게 됩니다. 들어야 될 하나님의 말씀을 듣지 않으면 어느 순간부터 벌써 들어서는 안될 것을 듣게 되고, 그리로 빠져들어가게 됩니다. 그런데 이것을 모릅니다. 자기가 지금 얼마나 무서운 함정에 빠져들어가고 있는가를 스스로 모르고 있으니까 문제인 것입니다. 죽어가고 있는 것을 모르고 있는 것입니다. 정말 세상은 싸움입니다. 싸움이라는 개념을 우리가 다시한번 생각해보아야 합니다. 옛날에는 싸움이라 하면 영토싸움이었습니다. 권력싸움이었습니다. 혹은 물질을 뺏는 싸움이었습니다. 그래서 우리가 역사에서 보고, 혹 무슨 옛날 사극에서 보는 것처럼 찌르고 베고 폭탄을 터뜨리고, 사람을 죽이고 빼앗고… 이런 것이 싸움 아닙니까. 싸움이라 하면 우리는 이런 유의 전쟁을 생각하게 됩니다.

그러나 요새는, 우리 보기에 지금 당장은 싸움이 없는 듯하게, 조용하고 평안하고 아무 일도 없는 것처럼 보입니다마는 실상은 더 무서운 싸움이 이루어지고 있습니다. 심각한 싸움입니다. 인간을 죽이고 인간성을 파괴하고 양심을 마비시키는, 그래서 사람도 죽이고 가정도 죽이고 사회를 파괴하는 무서운 싸움이 우리 앞에 계속되고 있다는 말씀입니다. 싸움이라는 것은 말하자면 비타협적 공격입니다. 타협이 없습니다. 타협되지 않는 것, 또 절대화한 극단관계를 말하는 것입니다. 둘 중에 하나가 죽어야 되는 것입니다. 이것이 싸움입니다. 나아가 싸움이란 궁극적으로 생명의 문제입니다. 잘사느냐 못사느냐, 더 편리하냐 더 불편하냐 하는 유의 이야기가 아닙니다.

심지어는 자유냐 부자유냐의 문제도 아닙니다. 싸움이란 곧 죽는다는 문제입니다. 사느냐 죽느냐―이것이 싸움입니다. 결과적으로 끝에가서는 죽고사는 문제에 부딪칩니다. 이것이 싸움입니다. 그런고로 심각할 수밖에 없습니다. 그런데 이 심각성을 우리는 가시적인 것이 아니기 때문에 모르고 있는 것입니다. 죽어가고 있습니다. 만성살인이요 만성자살입니다. 그 속에서 의식없이 몽롱하게 죽어가고 있는 것입니다.

사회학자들의 말을 들어보면 인간을 타락시키고 미치게 하는 것이 네 가지 있다고 합니다. 소리없이 미치게 하고 죽이는 것입니다. 그 첫번째가 정도를 지나친 이성관계입니다. 여자에게 미친 남자, 남자에게 미친 여자―시쳇말로 참 못말립니다. 이성관계에 미쳐서 정신 못차리다가 정신병원에 가게되는 사람 많습니다. 상사병(相思病)이라는 것도 있습니다. 이것 때문에 얼마나 많은 범죄가 있는지 모릅니다. 해야 할 일을 못합니다. 공부도 못하고 사업도 못하고. 어쨌든 이성에 미치는 것, 그것이 기본적으로 첫번째 미치는 일입니다. 두 번째가 무엇이냐하면 술입니다. 알콜입니다. 술에 취하면, 술에 미치면 이성관계도 넘어섭니다. 우리는 흔히 술을 많이 마시는 사람들이 여자관계도 복잡한 줄 아는데 사실은 그렇지 않다고 합니다. 정말로 술 좋아하는 사람이면 여자는 거들떠보지도 않는다고 합니다. 그것 별로 재미없습니다, 술이 더 좋지. 그래서 술에 깊이 빠져들면 가정을 돌아보지 않는 것입니다. 정말로 가정도 뭐도 영 생각에서 떠나는 것입니다. 이것이 문제입니다. 세 번째는 마약입니다. 마약이라는 것은 소리없이 사람을 죽이고 세상을 썩게 합니다. 우리는 나 자신과 관계없다고해서 지금 남의 얘기로 아는데 그렇지 않습니다. 지금 중국이 13억이라고 하는 무섭게 많은 인구로 넘치는데 그 가운데 0.6%가 마약중독자라고 합니다. 저들은 과거에 아편전쟁을 치렀기 때문에 유달리 마약을 겁냅니다. 마약의 문제는 큰일 중에서도 큰일인 것입니다. 미국도 영국도 독일도… 어느 나라 할것 없이 마약의 문제 앞에서는 꼼짝을 못합니다. 저마다 마약과의 전쟁을 선언한 지 오래지마는 갈수록 점점 더 심각합니다. 무서운 것입니다. 젊은이와 온세대가 이 마약에 소리없이 잠식되고 있습니다. 그런데 마약에 맛들이면 술은 안마십니다. 가정도 필요없습니다. 돌아보지 않습니다.

이제 네 번째로 심각한 것이 있습니다. 바로 도박입니다. 우리는 이것을 모르고 있습니다. 도박을 그저 하찮은 것으로 생각하는데 결코 그렇지 않습니다. 결론적으로 여자와 술과 마약과 도박이 사람을 미치게 하는데 그 중에 제일은 도박이니라, 할 수 있을 정도입니다. 도박이란 엄청나게 무서운 것입니다. 그까짓것, 내가 할 수도 있고 안할 수도 있지 않느냐 할지도 모르지만 안그렇습니다. 아편 하는 사람이 도박을 하면 아편을 끊습니다. 그만큼 강한 힘이 있습니다. 아시는 분은 아시겠지만 한번 미치기 시작하면 무섭습니다. 그런데 반드시 돈 따고잃는 것만이 도박이 아닙니다. 도박성을 가진 것이 많습니다. 그것은 증권일 수도 있고, 컴퓨터일 수도 있고, 슬롯머신일 수도 있습니다. 하찮은 오락같지마는 이런 것, 사람 미치게 하는 것입니다. 이런 것들이 다 도박성입니다. 이것이 얼마나 무서우냐. 남의 나라 얘기를 해서 좀 뭣합니다마는 우리나라도 마찬가지일 테니까 이웃 일본의 경우를 보겠습니다. 젊은사람들이 결혼을 합니다. 결혼도 요새는 비혼시대가 되어서 그런지 잘 안해서 걱정입니다마는 결혼을 해서 아직 일 년도 되지 않은 신혼의 남편들 중 17%가 가정생활이 없습니다. 숫제 가정에 흥미가 없는 것입니다. 결혼생활이 되지를 않습니다. 어째서 그러냐 하면 직장생활에 시달리다가 나오면 두 시간 동안 '빠찡꼬(슬롯머신)'를 합니다. 이것은 기계와 더불어 하는 도박입니다. 여기에서 진이 다 빠져가지고 집에 돌아오는 것입니다. 그러니 집에는 아무 흥미도 없는 것입니다. 그들에게 부부생활보다 더 재미있는 것이 많거든요. 그래서 30%가 불임입니다. 아이를 못낳아요. 아내들이 '하늘을 봐야 별을' 따지요. 이 세대가 어디로 가는 것입니까. 요새는 컴퓨터도 문제입니다. 좋은 일로, 정말 과학을 연구하고 산업을 위해서 만지는 것이라면 모르거니와 단순히 재미있는 장난거리로 삼아 정신없이 빨려들어가는 것입니다. 그러니 이것도 마약이지요. 제가 아는 분으로 아주 건강하던 분이 어이없게 세상을 떠났습니다. 세상을 떠나기 직전에 나한테 이야기를 하는데, 매일 새벽 2시까지 컴퓨터에 매달렸다고 합니다. 미쳐버린 것이지요. 컴퓨터를 동원할 일이 있었던 것이 아닙니다. 무슨 대단한 논문을 만든 것도 아니고 작품을 쓴 것도 아닙니다. 그게 그냥 너무 재미가 나서 마냥 없는 돈 털어 대여섯 번이나 기기를 바꾸고 찾아다니고 하다가 얼굴이 홀쭉 말라가더니 병원에 갑니다. 갔더니 못고치는 것입니다. 뇌종양이 생긴 것입니다. 그래 결국 죽고 말았습니다. 죽으면서 하는 말이 이랬습니다. "나는 컴퓨터 때문에 죽습니다."

마약을 굳이 뭐라고 하여야 되겠습니까. 도박을 꼭 '이것이 도박이다' 할 수 있나요? 몇 사람 둘러앉아서 돈 대고 화투짝이나 카드짝 만지는 그런 것만 도박이 아닙니다. 바야흐로 우리 주위에는 기계화한 도박, 그리고 도박성행위가 너무나 많습니다. 여기에 빠져들어가 자신을 망칩니다. 정신 망치고, 양심 팔아먹고, 가정 안돌아보고, 마지막에는 육체까지 파괴되는 것이 아닙니까. 어쩌다 이 모양이 되었습니까. 다시한번 얘기합니다마는 사람 미치게 하는 것 중에 제일은 도박입니다. 이것을 두고 하찮은 문제라고 생각하는 데 문제가 있는 것입니다. 한번 빠져들어가기 시작하면 헤어나기 어렵습니다. 마약보다 더 어렵다는 것을 알아야 합니다.

우리는 분명히 알아야 합니다. 싸움입니다. 결국은 자기와의 싸움입니다. 나아가 에베소서 6장 12절 말씀대로 궁극적으로는 악마와 싸우는 것입니다. "우리의 씨름은 혈과 육에 대한 것이 아니요 정사와 권세와 이 어두움의 세상 주관자들과 하늘에 있는 악의 영들에게 대함이라." 악마는 교활합니다. 옛날에는 저런 방법으로 우리를 괴롭히더니 이제는 달콤하고 재미있는 것으로 사람을 매혹시켜서 필경은 타락케 한다는 말씀입니다. 무서운 일입니다. 모름지기 우리는 우리 싸움의 타깃을 분명히 알아야 합니다. 정신을 차려야 합니다. 깨어 기도하여야 합니다. 내가 어느 시점에 와 있는지, 내가 지금 무엇의 도전을 받고 있는지 분명히 알아야 합니다. 세상유혹이란 실로 무서운 것입니다. 세상 그 자체가 유혹입니다. 자기와의 싸움이 문제요, 죄와의 싸움이 문제입니다. 자기와의 싸움에서 패배한 자에게는 아무것도 기대할 것이 없습니다. 그러면 무엇으로 이길 수 있겠습니까.

오늘성경은 우리에게 이 무서운 싸움에서 이길 수 있는 비결을 가르쳐줍니다. "세상을 이긴 이김은 이것이니 우리의 믿음이니라." 오직 믿음입니다. 믿음은 사람을 자유하게 합니다. 믿는 자만이 자유인입니다. 죄와 사망으로부터, 모든 유혹으로부터 자유할 수 있습니다. 특별히 믿는 자는 자기를 이길 수 있기에 믿는 자만이 세상을 이길 수 있습니다. 믿는 자는 강합니다. 사랑을 의지하기 때문입니다. 십자가의 사랑을 믿기 때문입니다. 말씀의 영양을 공급받음으로 넉넉한 건강과 충만함이 있으면 저러한 유혹이 문제되지 않습니다. 보아하면 해야 할 일을 하지 않는 사람이 안해야 될 일을 합니다. 들어야 할 말씀을 듣고 그 말씀에 순종하는 가운데 저러한 문제들로 거칠 것이 없게 되는 것입니다. 유혹받을 턱이 없게 됩니다. 나를 의롭다 하시는 주님의 사랑, 그 엄청난 사랑을 믿고 이에 응답하면서 사는 사람이라면 반석같이 탄탄할 것입니다. "예수께서 하나님의 아들이심을 믿는 자가 아니면 세상을 이기는 자가 누구뇨(5절)." 바로 이 믿음, 이 사랑으로 이기는 것입니다. 여기에 소망이 있습니다. 무릇 사람들은 허전하기 때문에 문제입니다. 공백이 있기 때문에, 텅 비니까 허탄하게 미쳐드는 것입니다. 하나님의 사랑으로 가득채우면 그런 시험, 문제될 것이 없는 것입니다.

또하나, 이것은 깊이 생각하여야 합니다. 우리는 십자가 앞에 겸손합니다. '믿음은 오직 겸손'이라고 풀이할 수 있습니다. 그래서 우리는 우리자신의 힘을 의지하지 않습니다. 오직 말씀을 의지합니다. 하나님께서 부어주시는 힘을 따라, 그의 힘을 의지하여 승리하는 것입니다. 심리학자 엘리스가 쓴 책「Reason and Emotion of Psychotropic」에 보면 이런 말이 있습니다. '사람들이, 주변사람들로부터 스스로 나는 사랑을 받고 있다, 나는 필요한 존재다, 라고 생각하는 사람은 정상적인 사람인 경우 2%밖에 안된다.' 무슨 말인고 하니 정상적인 사람은 늘 '나는 부족하다. 다른 사람들보다 부족하다' 하고 생각한다는 것입니다. 아내가 되어서도 그저 '난 부족해서 남편에게 죄송하다' 하고 남편이 되어서도 '내가 이거 뭐, 남편노릇도 잘 못하고 아버지노릇도 잘 못하고 사회인노릇도 잘 못해서 늘 부끄럽구나' 하고 생각하는 것이 정상이라는 것입니다. 그런데 정신병자의 경우에는 65%가 '나는 필요한 존재다. 절대적으로 필요한 존재다' 라고 생각한다는 것입니다. 이런 현상을 가리켜 비합리적 믿음이라고 합니다. 내가 제일 잘났다, 나는 꼭 필요한 존재다, 하고 생각하는 것입니다. 이것이 정신병자의 특징입니다. 요새 흔하게 유행하는 '공주병' '왕자병'이 다 이런 것입니다. 정신병자들입니다. 어느 정신병원에서 한 사람이 "나는 나폴레옹이다"라고 소리지르니까 뒤따라가던 사람이 "니가 왜 나폴레옹이냐?"하고, 또 한 사람은 "내가 언제 너를 나폴레옹으로 임명했냐?" 하더랍니다.

참 이상하게도 약간 돈 사람들을 만나보면 하나같이 교만합니다. 저 잘났습니다. 세상이 다 잘못되었고 저는 완전합니다. 저는 꼭 경이로워요. 저가 생각하는 것만이 옳습니다. 비정상적 신앙인 것입니다. 그런데 세상이 저를 몰라줍니다. 그러니 미치는 거지요. 결론적으로 말하면 미친 사람은 교만한 게 아니라 교만한 사람이 미치는 것입니다. 겸손한 사람은 미치는 법이 없습니다. 세상을 이기는 이김은 오히려 교만이 아닙니다. 가장 낮추는 겸손이 세상을 이깁니다. 겸손한 믿음을 가질 때 세상을 이길 수 있습니다. 어떤 억울함을 당해도, 무슨 일을 당해도 두려울 것 없습니다. "당연한 일이지요. 있을 일이 있는 것이지요"하고는 낙심치 않습니다. 겸손한 자만이 건강하고 겸손한 자만이 강할 수 있는 것입니다.

또한 온유한 마음이 땅을 차지하는 힘이 된다는 것을 알아야 합니다. 뿐만아니라 믿음은 소망을 줍니다. 그래서 최종승리의 약속을 믿게 됩니다. 믿고 현재를 봅니다. 요셉이 애굽으로 팔려갔습니다마는 비록 노예로 살지라도 죄수로 살지라도 믿음은 잃지 않았습니다. 믿음을 지켰습니다. 그 많은 유혹을 넉넉히 이길 수 있었던 것은 '나는 하나님 앞에 있다' 하는 믿음 때문이었습니다. 하나님 앞에서 내가 어떻게 범죄하겠습니까. 그렇게 그는 하나님의 시선을 의식했고, 하나님의 백성 된 존재의식을 가졌고, 그리고 하나님의 약속을 믿었던 것입니다. 이것을 우리는 확실하게 알아야 합니다. 그리할 때만 승리할 수 있는 것입니다. 히틀러가 유대사람 6백만 명을 죽이는 엄청난 범죄를 저지를 때 유대사람들이 갇혀 있던 그 수용소들은 지금도 기념관으로 남아 있습니다. 그 수용소들의 벽을 살펴보고 많은 사람들이 숙연해진다고 합니다. 그 벽들에 많은 낙서가 남아 있습니다. 그 중에는 기독교인의 글도 있습니다. '하나님은 지금 어디 계십니까? 우리가 이렇게 죽어가는데 하나님은 지금 어디에 계십니까?' 하는 글이 제일 많은 편인데 '그 크신 하나님의 사랑, 말로 다 형용 못하네' 같은 찬송가 가사가 적혀 있는 것을 볼 수 있다고 합니다. 또 어느 구석에는 큰 글씨로 분명하게 써놓았는데 'God is here!' '하나님은 여기 계십니다' 라는 간증이었다고 합니다.

누가 세상을 이기겠습니까. 하나님께서 여기 계시고, 하나님께서 나와 함께하시고, 하나님께서 이 현실과 역사를 주관하신다고 믿을 때 그 믿음이 세상을 이기는 것입니다. 능숙한 선원은 배를 몰고 나갔다가 풍랑이 아주 심하면 돛을 찢어버린다고 합니다. 돛이라는 것은 배에 있어서는 생명같은 것입니다. 이것이 있어야 바람을 맞고 행선하는 것입니다. 그럼에도 불구하고 바람이 심하면 이 돛을 찢고, 나아가서는 돛대를 찍어버린다고 합니다. 바람이 심할 때는 이 돛대가 말썽이거든요. 이것이 기우뚱하여 뿌리가 빠지게 되면 배 밑창이 열리게 됩니다. 돛대뿐 아니라 풍랑이 더욱 심하면 나중에는 소중한 닻줄과 키까지도 다 버린다고 합니다. 그렇게 가볍게 하고 하나님께 맡깁니다. 바람부는대로 물결치는대로 따라가기로. 인간의 노력, 생각, 의지, 다 포기하고 홀가분히 하나님께 맡긴다고 합니다. 인생 사는 것이 그런 것같습니다. 내 방법으로 하겠지요, 노력으로 하겠지요, 신념으로 하겠지요, 의지로 하겠지요마는 큰 풍파가 다가올 때는 두손 다 들고 하나님께 맡겨야 합니다. 그것이 사는 길입니다.

어린 소녀가 장난이 심해서 놀다가 그만 눈꺼풀이 심하게 상했습니다. 수술을 받아야 했습니다. 가벼운 수술이긴 해도 아프기는 대단할 것이므로 마취를 해야 되는데 눈꺼풀이고보니 마취하기가 힘들어서 의사가 말합니다. "애야, 마취를 하지 않고 수술할 것이니 아프더라도 좀 참겠니?" 소녀가 대답합니다. "아버지의 손을 잡고 수술받으면 됩니다, 선생님." 마침내 의사는 마취 없이 수술을 시작했는데, 어린 소녀는 아버지의 손을 꼭 잡고 땀을 뻘뻘흘리면서 참아내는 것이었습니다.

우리가 괴롭습니다. 어렵습니다. 그러나 주님의 손을 꼭 붙잡고 견딜 것입니다. 이길 수 있습니다. 승리는 우리의 것입니다. 성도 여러분, 두려워할 것 없습니다. 믿음을 굳게 하고, 순수하게 하고, 십자가에 초점을 맞추어 다시한번 믿음을 새롭게 하십시오. 넉넉히 이길 수 있습니다. 세상을 이긴 이김은 이것이니 우리의 믿음이니라— 오직 믿음으로 이길 수 있는 것입니다. △

눈을 열어 보게 하소서

왕이 이에 말과 병거가 많은 군사를 보내매 저희가 밤에 가서 그 성을 에워쌌더라 하나님의 사람의 수종 드는 자가 일찌기 일어나서 나가보니 군사와 말과 병거가 성을 에워쌌는지라 그 사환이 엘리사에게 고하되 아아, 내 주여 우리가 어찌하리이까 대답하되 두려워하지 말라 우리와 함께한 자가 저와 함께한 자보다 많으니라 하고 기도하여 가로되 여호와여 원컨대 저의 눈을 열어서 보게 하옵소서 하니 여호와께서 그 사환의 눈을 여시매 저가 보니 불말과 불병거가 산에 가득하여 엘리사를 둘렀더라 아람사람이 엘리사에게 내려오매 엘리사가 여호와께 기도하여 가로되 원컨대 저 무리의 눈을 어둡게 하옵소서 하매 엘리사의 말대로 그 눈을 어둡게 하신지라 엘리사가 저희에게 이르되 이는 그 길이 아니요 이는 그 성도 아니니 나를 따라오라 내가 너희를 인도하여 너희의 찾는 사람에게로 나아가리라 하고 저희를 인도하여 사마리아에 이르니라

(열왕기하 6 : 14 - 19)

눈을 열어 보게 하소서

유대인가정에서 어린이들에게 들려주는 이야기가 있습니다. 이 이야기는 하도 유명해서 유대사람이면 누구도 이 이야기를 모르는 사람이 없다고 합니다. 그만큼 소중하게 여기는 자녀교육의 교과서처럼 인용되는 이야기입니다. 바로 훌륭한 학자 아가바의 이야기입니다. 온 유대사람들이 높이 존경하는 유대학자 아가바는 소년시절 한때 어느 부잣집에 들어가 머슴살이를 하였습니다. 비록 머슴살이를 하는 처지이지만 그 용모가 출중하고, 경건함이 있고 정직함이 있고 사람됨에 깊이가 있었습니다. 그런 점을 꿰뚫어본 주인집 딸이 아가바를 사랑하였습니다. 그녀는 그의 현재를 본 것이 아니었습니다. 그 사람됨을 보았고 그 미래를 본 것입니다. 가진 게 아무것도 없는, 머슴살이하는 이 총각을 그녀는 열애했습니다. 아가바도 이 처녀를 사랑하게 되었습니다. 이것이 알려지자 주인이 노발대발, 이 총각 아가바와 딸까지도 집에서 내쫓고 맙니다. 저들은 할수없이 집을 떠나야 했고 둘이서 결혼을 하였습니다. 그리고 함께 양을 치면서 살아가는데, 그녀는 자기 때문에 이 귀중한 한 청년의 장래가 이렇게 되지 않았나 싶어서 이제라도 공부를 하라고 남편에게 권합니다. 그러나 아가바는 대답합니다. 너무 늦었다고. 나이 40이 다 되었는데 이제와서 무슨 공부를 하겠느냐고. 그저 조용하게 하나님 잘 섬기고 양을 치는 목자로 살다가 가자고 합니다. 그러나 절대로 이렇게만 있어서는 안된다고 하면서 부인은 아가바에게 거듭거듭 공부를 하라고 충고합니다. 어느날이었습니다. 아가바는 들에서 목이 말라 개울을 찾았습니다. 엎드려서 물을 마시는데 눈앞에 바위가 보였습니다. 밥그릇처럼 우묵하게 패여 있는 바위였습니다. 바위가 어떻게 되어 이렇듯 우묵하게 패여 있는 것인가, 하고 자세히 보았더니 바로 위에서 물이 떨어지는 것이었습니다. 한 방울 한 방울 똑똑 떨어졌습니다. 몇백 년 몇천 년 떨어졌는지 그 물방울로 말미암아 마침내 바위가 밥그릇처럼 움푹 패이게 된 것이었습니다. 여기서 그는 깨달았습니다. '아, 이제라도 공부를 시작해야 되겠구나!' 그는 그때부터 열심히 공부를 했고, 드디어 온민족이 추앙하는 대학자 아가바가 되었던 것입니다.

인생은 자기가 당하는 사건을 어떻게 맞아들이느냐에 향방이 다려 있습니다. 어떻게 생각하느냐가 문제입니다. 대체로 사람은 무슨 사건에 부딪히면 아, 끝났다, 소용없다, 이제는 절망이다, 하고 너무 쉽게 좌절해버립니다. 그래서 방탕하게 됩니다. 그래서 타락합니다. 그래서 술과 아편에 빠져듭니다. 혹은 자기인생 자체를 스스로 포기해버리고 탕진해버리는 것을 봅니다. 그러나 또하나의 유형은 무슨 일이 있으면 그것을 숙명으로 생각합니다. 원인도 결과도 없는, 그저 팔자거니 생각하고 운명론에 치우치는 해석을 하고맙니다. 세 번째 유형은 그렇지 않습니다. 어떤 사건이든지 먼저 이것을 바르게, 바른 자세로 받아들이려 합니다. 우선 당연하다고 생각합니다. 여러분, 감당하기 어려울 때가 많을 것입니다. 그러나 이것은 확실합니다. 어떤 사건이건 특별하다고 생각할 것이 없습니다. 있을 일이 있는 것입니다. 당연하다—이렇게 받아들여야 합니다. 있을 수 없는 일이 있는 것이 아닙니다. 있을 수 있는 일이 있는 것입니다. 사람은 병들게 되어 있고 죽게 되어 있습니다. 이것은 당연한 것입니다. 안 죽을 사람이 죽은 것처럼 야단스럽게 굴 것이 없습니다. 당연히 있을 일이 있었을 뿐입니다. 이를테면 차사고가 났다고 합시다. 이것도 있어야 할 일이 있게 된 것일 뿐입니다. 우리 소망교회 교역자들이 함께 어디로 여행을 할 때가 있습니다. 그럴 때는 절대로 차를 같이 타지 않습니다. 비행기도 같이 타지 않습니다. 두 대로 나누어 탑니다. 왜 그러겠습니까. 사고란 있게 마련입니다. 없게 해달라고 박박 기도만 한다고 되는 것이 아닙니다. 사고란 있을 수 있는 것입니다. 그렇다면 이제, 소망교회 교역자 20명이 같이 가다가 사고가 났다고 합시다. 그럼 신문에 뭐라고 날 것입니까. '소망교회 교역자 몽땅 죽다' — 이렇게 날 것이 아닙니까. 이래서는 하나님께 영광돌리지 못합니다. 사고란 언제나 있을 수 있는 것입니다. 그런고로 분산해서 가는 것입니다. 한쪽이 사고가 나더라도 한쪽은 남을 것이니까요. 그렇게 생각합니다. 여러분, 당연하다고 생각하십시오. 없을 일이 있다고 생각하지 마십시오. 왜 하필이면 나냐, 하는 생각을 하지만, 아닙니다. 'Why me?' 가 아니고 'Me too.' 입니다. 왜 나만 이러냐—아닙니다. 모든 사람이 그러한 가운데 나도 그러한 것일 뿐입니다. 당연하게 받아들이는 것이 중요합니다.

두 번째 단계는 그 속에 의미가 있음을 알아야 합니다. 뜻없는 사건은 없습니다. 그것이 무엇을 의미하느냐—여러분은 귀기울여 들으십시오. 여러분의 마음속에서 분명히 하나님께서 말씀하십니다. 이 사건이 무엇 때문에 있는 것이라고, 이 사건을 통하여 무엇을 말씀하시는 것이라고, 하나님께서는 분명하게 역력하게 말씀하십니다. 모름지기 그 의미를 들을 줄 알아야 합니다. 그리고나서 이것에 대한 해석을 하여야 됩니다. 바른 해석뿐만 아니라 좀더 적극적인 플러스 발상이 필요합니다. 긍정적이고 창조적인 미래지향적 해석을 내려야 합니다. 여기서 운명이 바뀌는 것입니다. 사람은 보는대로 운명이 달라지고 생각하는대로 한평생을 살게 마련입니다.

보십시오. 본다고 할 때도 공간적으로 보아서 멀리 넓게 보는 사람이 있고 어떤 사람은 자기 눈앞에밖에 못보는 사람이 있습니다. 좀더 넓게넓게 볼 수 있는 시각을 가져야 합니다. 요새 '세계화'라고 하는 말이 유행하고 있습니다마는 세계를 보고, 그리고 나를 보아야 합니다. 저는 이런 생각을 늘 해봅니다. 이즈음 우리 한국남자들에게 큰 고통이 왔습니다. 그것은 가부장적 제도가 송두리째 무너진 것입니다. 남편은 얻어먹고 아내가 봉사를 하라 했는데 이제는 남자들보고 부엌일 하라 합니다. 깜짝놀라지만 세계를 보십시오. 세계로 시야를 넓혀보면 여자가 가만히 앉아 있고 남자가 시중드는 데가 많습니다. 바로 이웃 중국에 가보면 13억 인구가 그렇게 삽니다. 시장은 반드시 남자가 보게 되어 있습니다. 바로 옆집이 이러한데 이 조그마한 나라에서 '그런 일은 절대로 안된다. 말도 안된다' 하겠습니까. 그만두십시오. 물건너갔습니다. 넓게 보십시오. 그리고 오늘의 나를 보십시오. 그 어리석은 사고방식에서 한시바삐 벗어나십시오.

또 시간적으로도 현재만 보고 미래를 못보는 사람이 있습니다. 좀더 멀리, 10년 후 20년 후, 아니 하나님 앞에 갔을 때 그 때의 모습을 보십시오. 영원한 세계를 생각하고 사는 것입니다. 그런데 오늘만 생각하고 먹고놀자고 할 것입니까. 그러지 마십시오. 앞으로 부끄러워집니다. 앞으로 답답해집니다. 모름지기 저 멀리 생각하는 안목이 있어야 되겠습니다. 또한 영적으로 하나님의 손길, 하나님의 뜻을 생각하여야 되겠습니다. 이 세상 모든 문제의 근본이 물질이다, 해결책도 물질이다, materialism이다, 유물사관이다—이렇게해서 많은 사람을 현혹하고 많은 사람에게 불행을 준 멍청한 사람이 있습니다. 칼 마르크스입니다. 이 사람에게 홀린 사람들이 더더욱 바보지요. 세상을 물질로만 보았으니까요. 물질은 가시적이고 잠깐 보는 것입니다. 물질을 보는 것은 적게 보는 것입니다. 보이지 않는 세계가 무궁무진한 것입니다. 이것을 볼 줄 알아야 한다는 말씀입니다. 그리스도인이란 다른 사람이 못보는 것을 보는 사람입니다. 다른 사람이 듣지 못하는 것을 듣는 사람입니다. 다른 사람이 의식하지 못하는 것을 의식하고 감지하는, 바로 그런 사람이 그리스도인입니다.

　여러분, 지도자가 어떤 사람입니까. 요새 지도자가 없다, 지도자가 보이지 않는다고 괴로워합니다. 그렇습니다. 지도자란 멀리 보는 사람입니다. 지금 당장 국민에게 지지를 받고 못받고에 집착하여 국민에게 아첨하는 지도자는 지도자가 아닙니다. 제가 개인적으로 좀 괴롭게 생각하는 것이 있습니다. 멍청한 지도자가 글쎄 다 없어졌던 구정(舊正)을 다시 살려놓았습니다. 우리나라처럼 명절 둘 있는 나라가 없습니다 도대체가. 이 어려운 세대에 이 무슨 짓입니까 망신스럽게. 이것 다 없어졌던 것을 국민이 좋아한다해서 다시 살린 것입니다. 국민에게 아첨한 것이지요. 그 순간만 보았지 미래를 보지 못했다는 말씀입니다. 얼마나 바보스러운 정치가입니까. 오늘의 지도자들도 눈치살피는 게 능사입니다. 국민의 뜻, 국민의 여론… 어쩌고 하는데 참 딱합니다. 지도자란 국민을 이끌어가야 합니다. 국민에게 끌려다니는 자는 지도자가 아닙니다. 국민의 의사라고 다 바른 것이 아니거든요. 그리고 십인십색(十人十色)입니다. 다 모르고 주장하고, 다 모르고 따를 때도 많고, 모르고 소리지를 때도 많습니다. 멀리 바라보는 안목을 가지고 국민을 인도하며, 여느 사람이 듣지 못하는 것을 들으며, 여느 사람이 보지 못하는 세계를 바라보고 약속의 땅을 향하여 인도하는 자라야 지도자가 아니겠습니까. 세계적인 정치가였던 윈스턴 처칠이 말했습니다. "아무리 적어도 2년 후에 지지받을 생각을 하라. 당장에 지지받는 사람이 지도자는 아니다." 먼훗날에 가서 국민들이 생각할 때 "아, 당신이 옳았습니다"하는 평판을 들을 수 있는 자가 지도자인 것입니다. 이리 끌리고 저리 끌리며 인기에 영합하는 자는 지도자일 수 없다는 말입니다.

그리스도인의 시각을 생각해봅시다. 그리스도인은 보다 더 먼 미래를 바라봅니다. 보다 더 깊은 세계를 바라봅니다. 보다 더 높고 신령한 세계를 보고듣고 삽니다. 이런 사람이 그리스도인입니다. 그래서 아우구스티누스는 유명한 말을 합니다. "믿음은 보지 못하는 것들을 믿는다. 그 결과로 믿는 바를 보게 된다." 오늘본문에 나타난 이야기는 너무나도 간결하면서도 우리에게 말씀해주는 바가 많습니다. 엘리사라고 하는 선지자가 사마리아에 있음으로해서 아람 왕은 아무리 군사적으로 힘이 있어도 이스라엘 사마리아를 칠 수가 없었습니다. 왜냐하면 이 선지자가 미리미리 다 알아버리니까요. 작전계획까지 미리 다 알아버리니까 도저히 칠 수 없다는 것을 알고 이 선지자를 죽이고자 합니다. 참 어리석은 발상이지요. 아람 왕은 군사를 보내어 엘리사가 유숙하고 있는 산을 숫제 포위해버렸습니다. 그 포위망을 좁혀왔습니다. 새벽에 엘리사의 사환이 나가본즉 아람군사가 개미떼처럼 쳐들어오는 것이었습니다. "아, 선생님, 이제 어찌합니까?" 합니다. 이제 죽었구나 하고 벌벌떱니다. 그러나 엘리사의 마음은 고요했습니다. 하나님께서 함께하심을 믿고 있기 때문이었습니다. 하나님께서 함께하심을 믿고, 하나님께서 보우하심을 믿고 있기 때문에 그는 이렇게 말씀합니다. "두려워 말라 우리와 함께한 자가 저와 함께한 자보다 많으니라." 이거 모른다고 사환이 벌벌떠니까 엘리사는 기도합니다. "여호와여 원컨대 저의 눈을 열어서 보게 하옵소서." 사환의 눈을 열어서 적군사보다 우리 편이 많음을 보게 해달라는 기도입니다. 여기서 우리가 생각할 중요한 문제는 사건과 진실입니다. 하나님께서 엘리사를 지켜주시고 그와 함께하고 계십니다. 많은 파란이 있었고 많은 고통이 있었으나 하나님께서는 언제나 엘리사와 함께하고 계십니다. 문제는 하나님께서 함께하신다는 것을 엘리사가 믿느냐 안믿느냐입니다. 또 그를 시중하는 사환들이 그것을 보느냐 못보느냐에 달린 것입니다. 그들의 시각이 문제인 것입니다. 그들이 눈을 떠서 볼 수 있으면 문제가 없고 못보면 벌벌떨 수밖에 없는 것입니다. 아람 군만 보고 자기를 보우하시는 하나님의 군대를 못보는 사람은 바로 이 시간에 절망할 수밖에 없습니다. 다시 말해서 사람들은 자기편견에서 헤어나지를 못하기 때문에 자기경험에서 벗어나지 못하고 자기의 노예로 매여 있게 됩니다. 자기판단에 집착하고 있는 한 하나님의 음성을 들을 수도 없고 하나님의 보우하심을 믿을 수 없기 때문입니다. 그래서 저들은 벌벌떨 수밖에 없습니다. 이 점을 깊이 생각하여야 합니다.

어느날 미국의 어떤 강을 건너가야 될 노인이 나루터에서 추운 겨울날 벌벌 떨면서 도움을 청하고 있었습니다. 혹시 이 강을 건너는 누가 있어서 자기를 좀 도와주었으면 하는 기대를 가지고 서 있습니다. 말을 탄 사람들이 그 앞을 지나갑니다. 그러나 이 노인은 "여보십시오, 날 좀 도와주십시오"라는 말을 하지 않습니다. 말을 탄 사람들은 그냥 건너갑니다. 많은 사람들이 그렇게 지나가는데도 가만히 있던 노인이 맨마지막으로 말을 타고 지나가는 청년을 유심히 쳐다보고 있다가 마침내 입을 엽니다. "이봐요, 청년. 나를 좀 도와주시오. 물이 차고 깊어서 내가 건널 수가 없구료." 청년은 "그러십시다"하고 선뜻 노인을 말에 태웠습니다. 그리고 청년도 올라탔습니다. 두 사람이 한 필의 말에 올랐고, 청년이 노인의 허리를 꼭 잡고 말을 몰아 강을 건넜습니다. "노인장, 안녕히 가십시오." 청년이 인사를 하고 노인과 헤어져 돌아가는데 문득 궁금해지는 것이 있어 다시 노인에게 다가왔습니다. 그는 노인에게 물었습니다. "내 앞으로 많은 군사가 다 말을 타고 지나갔는데 왜 그들에게는 부탁을 하지 않고 맨마지막으로 가는 나에게 도와달라고 부탁하셨습니까?" 노인은 대답했습니다. "내가 그들의 눈을 보았더니 아주 피곤하고 초조하고 불안하고 뭔가 가득차 있어서 남의 말을 들을 것같지 않아보였소. 그래서 그만두었습니다. 그런데 젊은이의 눈을 쳐다보았더니 거기에는 평화가 있고 여유가 있었습니다. 이리저리 경관의 아름다움을 살필 줄도 알더구먼. 그래서 젊은이한테 부탁했던 것이오." 청년이 노인에게 절하고 말합니다. "고맙습니다. 지금 들은 어른의 말씀을 이제부터 한평생 마음에 새겨두겠습니다." 그 청년이 누구인고하니 바로 미국의 제3대 대통령이 되는 토마스 제퍼슨이었습니다. 그 청년이 후일 백악관으로 간 것입니다.

모름지기 마음에 여유가 있어야 합니다. 그것이 눈에 나타납니다. 눈빛에 여유가 있어야 합니다. 평화가 있어야 됩니다. 그래야 하나님의 음성을 들을 수도 있고 사람의 사람됨을 알아볼 수도 있고 세대를 바로 분별할 수도 있는 것입니다. 그런고로 오늘성경말씀은 가르칩니다. 이제 엘리사는 주변사람들을 위하여 기도합니다. '하나님이여 저들의 눈을 열어주시옵소서. 아람군사보다 우리를 보우하는 군사가 더 많고 강함을 보게 하여주십시오.' 이렇게 기도하고 있습니다. 눈을 열어서 역사의 흐름을 볼 수 있어야 합니다. 하나님께서 인도하시는 진리의 세계를 직시할 수 있는 여유가 있어야 됩니다. 믿음이란 오늘본문에 나타난대로는 분명코 '하나님을 찾아 헤매는' 노력이 아닙니다. 구도자의 모습도 아닙니다. 하나님이 어디 계시느냐고 외치며, 하나님을 만나겠다고 몸부림치는 것이 아닙니다. 믿음이란 내가 하나님 안에 있음을 깨닫는 것입니다. 이미 엘리사를 보호하는 하나님의 군대가 있습니다. 저들은 하나님의 보우를 받고 있었습니다. 충분히 보우받고 있었습니다. 문제는 이것을 보지 못하는 데 있고, 깨닫지 못하는 데 있다는 말씀입니다. 내가 하나님 안에 있음을 깨닫는 거기에 믿음의 본질이 있는 것입니다. 자, 이렇게 보면 안심하게 될 것입니다. 두려워할 것 없습니다. 이렇게저렇게 많이 간구할 것도 없습니다. 그저 행복할 따름입니다.

한 성자가 수도의 생을 사느라 많은 고행을 하고 고생을 겪으며 섬기는 생활을 해왔습니다. 세상떠났을 때 그가 천국문 앞에 섰습니다. 주님께서 나오시어 이 수도사를 맞아주었습니다. 너무도 감사해서 그는 주의 영접을 받는 순간 자기가 걸어온 한평생을 뒤돌아보았습니다. 멀리멀리, 세상에 태어나면서부터 한평생 산 그 길이, 오솔길 험한 길 고갯길이 전부 보이는 것이었습니다. 자세히 보니 발자국이 두 줄입니다. "저는 혼자 외롭게 살아왔는데, 가족도 없이 살아왔는데 어째서 발자국은 두 줄입니까?"하고 그는 주님께 여쭈었습니다. 예수님 대답하십니다. "내가 항상 너와 함께했느니라." 그런데 다시한번 자세히 본즉 줄곧 발자국이 두 사람 발자국으로 나오다가 더러는 한 사람 발자국으로 나올 때가 있습니다. 그는 다시 주님께 여쭙니다. "발자국이 한 줄로 난 저 시간에는 예수님께서 나를 버리셨습니까? 어째서 저기는 한 줄의 발자국뿐입니까?" 예수님 대답하십니다. "그때는 네가 너무 힘겨워해서 내가 업고 왔느니라."

여러분, 혼자 산다고 착각하지 마십시오. 이미 혼자가 아닙니다. 여러분은 결코 혼자가 아닌 것입니다. 여러분의 재주로, 여러분의 능력으로 살았다고 착각하지 말 것이요 그렇게 살 것이라고도 착각하지 말 것입니다. 하나님을 우러러보십시오. 그리스도를 우러러보십시오. 십자가를 똑바로 쳐다보십시오. 그 십자가 안에 나의 과거가 있습니다. 나의 현재도 있습니다. 나의 남은 미래의 운명도 그 안에 있습니다. 이미 내가 주 안에 있습니다. '나의 눈을 열어 하나님의 사랑을 알게 하옵소서. 하나님의 능력, 하나님의 지혜, 구체적으로 나와 함께하시는 하나님의 경륜을 보다 더 밝히 알게 하옵소서' ─이것이 우리의 기도제목이 되어야 할 것입니다. 나아가서는 내 사랑하는 친구, 내 사랑하는 자녀들을 위해서도 '하나님이여, 저들의 눈을 열어 하나님께서 저와 함께하심을 알게 하옵소서. 부디 눈을 열어주옵소서' ─이런 기도를 드려야 할 것입니다.

어느 어머니가 시장에 가면서 백화점을 한번 구경하고 싶었습니다. 그녀는 어린아이의 손목을 잡고 백화점에 들어갔습니다. 오랜만에 백화점을 둘러봅니다. 너무도 화려한 그 시설과 장식과 그리고 즐비한 물건들을 보면서 어머니는 신이 났습니다. 이거 보고 저거 보고 어린아이한테도 "얘, 이것 좀 보아라, 굉장하지?"하면서 즐거워합니다. 그런데 이 아이는 어머니와 달리 징징대면서 울기만 하는 것이었습니다. 자꾸만 웁니다. "얘, 너 왜 징징대니? 좋은 것들 보고도…" 어린아이가 똑똑합니다. "엄마, 내 눈에는 지금 아줌마들 엉덩이밖에 안보여요." 키가 낮아서 아무것도 보이는 것이 없습니다. 아무것도 안보이니까 즐길 것도 없지요. 징징 울 수밖에요. 여러분, 아무것도 못보니까 징징대는 것입니다. 이젠 그만 징징댑시다. 눈을 열어서 밝은 세상을 넓게 멀리 바라보고 주님의 세계를 바라보면서 오늘을 살아갑시다. 그래야 우리에게 평화가 있고 여유가 있는 것입니다. 거기에 자유함이 있는 것입니다. △

죄인의 친구

모든 백성과 세리들은 이미 요한의 세례를 받은지라 이 말씀을 듣고 하나님을 의롭다 하되 오직 바리새인과 율법사들은 그 세례를 받지 아니한지라 스스로 하나님의 뜻을 저버리니라 또 가라사대 이 세대의 사람을 무엇으로 비유할꼬 무엇과 같은고 비유컨대 아이들이 장터에 앉아 서로 불러 가로되 우리가 너희를 향하여 피리를 불어도 너희가 춤추지 않고 우리가 애곡을 하여도 너희가 울지 아니하였다 함과 같도다 세례 요한이 와서 떡도 먹지 아니하며 포도주도 마시지 아니하매 너희 말이 귀신이 들렸다 하더니 인자는 와서 먹고 마시매 너희 말이 보라 먹기를 탐하고 포도주를 즐기는 사람이요 세리와 죄인의 친구로다 하니 지혜는 자기의 모든 자녀로 인하여 옳다 함을 얻느니라

(누가복음 7 : 29 - 35)

죄인의 친구

성도 여러분! 여러분은 진정한 사랑을 해본 적이 있습니까? 아니, 지금도 누구를 참으로 사랑하고 있다고 생각하십니까? 그 사랑이 무엇을 의미하는지, 어떻게 하여야 진정한 사랑인지 생각해보았습니까? 이 세상을 살아가면서 우리에게 피곤이 있다든가, 혹은 낙심하게 된다든가, 나약해진다든가, 걱정 근심에 매인다든가 한다면 한마디로 말해서 사랑이 없기 때문입니다. 사랑이 원인이 되고 있다는 말씀입니다. 사랑이 없기 때문이요, 사랑이 무엇인지를 몰랐기 때문이요, 나아가서는 사랑 아닌 것을 사랑으로 착각하고 스스로 속고 있거나 스스로 속이고 있기 때문입니다. 참사랑이 무엇인지 생각해보았습니까? 이제 이 나이쯤 되었으면 사랑을 알 때도 됐습니다. 그리고 꼭 알아야 됩니다. 사랑이 무엇인지 한번 진단해보시기 바랍니다.

몇년 전에 호주 시드니에 교회부흥회를 인도하러 갔었습니다. 그때만 해도 서울에서 직행하는 비행기가 없어서 일본에 건너가 호주비행기를 타고 갔는데 시드니에 도착하는 시각이 그쪽 시각으로 새벽 3시였습니다. 이른새벽인데 고맙게도 그곳 교인들, 집사님들, 장로님들, 목사님 내외분이 다 나왔습니다. 마침 그때의 대사가 우리교회 교인이었기 때문에 대사 내외분도 마중을 나왔었습니다. 그들은 특별한 귀빈실을 준비해서 제가 비행기에서 내리자마자 그 귀빈실로 안내하고 정중하게 영접을 하는 것이었습니다. 참으로 고마웠습니다. 이제 서로 인사를 나누는데, 여집사님 한 분이 20년 전에 저를 보고 이제 20년만에 다시 보는 사람입니다. 그분이 저를 보자

"목사님, 팍삭 늙으셨네요. 목사님은 안늙으실 줄 알았는데…" 합니다. 제가 그 여집사님을 보니 그분은 아예 폭삭 늙었어요. 여러분, 인사라고 하는 것은 생각 좀 해보고 하는 것입니다. 사랑하는 마음은 분명합니다. 존경하는 마음도 분명합니다. 그러나 인사를 생각없이 하는 것은 사랑이 아닙니다. 제가 제일 싫어하는 인사가 있습니다. "피곤하십니까?" "어디 아프신가요?" "무슨 걱정거리가 있으십니까?" ─ 이렇게 말하는 인사를 제가 제일 싫어합니다. 피곤하지 않다가도 "피곤하십니까?"하면 피곤한 것같습니다. "어디 불편하십니까?"하면 성한데도 아픈 것같습니다. 말 한마디로 사람을 죽이는 것입니다. 영 좋지 않습니다. 피곤해보이면 어떻게 분위기를 바꾸어서 피곤하지 않게 해드려야겠다는 생각은 하지 않고 "피곤합니까?" 하고 묻는 것이 무슨 의미가 있습니까. 맹추같은 인사입니다. 이런 것은 사랑이 아닙니다. 존경하는 것도 아닙니다. 감상도 아닙니다. 깊이 생각하여야 합니다.

사랑이라는 것이 이렇습니다. 내 편에서 저를 사랑해서는 안됩니다. 저의 편에서 저를 사랑하는 것이지 내 입장에서 저를 사랑하는 것이 아닙니다. 저의 입장에서 저를 생각하여야 합니다. 내가 이 말을 하면 저분의 마음이 어떨까? 몇번 생각을 하고 말을 하여야 됩니다. 교양없는 입버릇 때문에 사람 많이 죽입니다. 그것을 무슨 사랑인 줄 알고 '위해서' 그런다나. 반갑지 않습니다. 또 내 시각에서 저를 보아서는 안됩니다. 그의 시각에서 그를 봐야 합니다. 내 눈높이에서 그를 사랑해서는 안됩니다. 내가 사랑하는 그 사람의 눈높이에서 그 사람을 대할 때 이것이 사랑입니다. 사랑을 하면 사람이 변화합니다. 사랑에는 엄청난 변화능력이 있습니다. 변화효과가 있습니다. 사랑하는 순간에 얼굴도 변하고 마음도 변하고 생활도 변합니다. 이것은 꼭 사랑의 얘기는 아닙니다만 제가 어린아이들을 키울 때, 아들 둘을 먼저 키우는데, 이 아이들이 유치원이며 초등학교를 다닐 때 보니 영 세수를 안합니다. 한다는 소리가 토요일날 목욕 갈 것인데 세수는 왜 하느냐, 입니다. 그래서 엄마는 세수 안한다고 야단이고 나도 한마디 할까 하다가 생각해보니 그것이 부전자전(父傳子傳)이더라고요. 나도 어릴적에 그랬었거든요. 그래서 내버려두었습니다. 세수를 하건말건 제 마음이지, 하고요. 그런데 중학교에 들어가면서부터 여학생들하고 섞이기 시작하더니 달라집니다. 이제 닦기 시작하는데 하루에 몇번씩 세수를 하더라고요.

사랑을 하면 사람이 달라지는 것입니다. 내가 사랑하는 그 사람을 생각하면서 내 얼굴이 변하고, 내 생각이 바꾸어지는 것입니다. 때로 우리는 사랑을 통해서 다른 사람을 변화시키려고 합니다. 아예 근본적으로 바꾸어보려고 시도합니다마는, 하기야 변화하겠지요, 변화합니다, 반드시, 그러나 그보다 먼저 변하는 것은 나 자신입니다. 남을 변화시키기보다는 사랑과 함께 내가 달라지더라는 그 말입니다. 나 스스로부터 자연스럽게 나도모르게 내부에 변화가 옵니다. 사랑하는 사람이 생겼을 때 그 사람이 공부하면 내가 공부하게 되고 그 사람이 무엇을 좋아하면 나도 그것을 좋아하게 되고… 그렇지 않습니까? 그 사람이 먹는 것, 심지어는 그 사람이 매는 넥타이도 좋습니다. 그 사람의 모든것이 좋아서 나도 어느 사이에 자꾸 따라가고 있더라는 말입니다. 이것이 사랑이라는 것입니다. 마음이 변하고, 가슴이 변하고, 느낌이 변하고, 말이 변하고, 행동이 변합니다, 완전히. 어느 사이에 딴사람이 되어갑니다. 이것을 사랑이라고 합니다.

사랑과 함께 내 가치관이 근본적으로 변합니다. 이것이 사랑입니다. 당연히 그러하여야 합니다. 사람이 달라집니다. 사랑을 아는 사람과 모르는 사람, 참사랑을 경험한 사람과 경험하지 못한 사람, 사랑하는 사람이 있는 사람과 없는 사람은 다릅니다. 사랑을 아는 순간에 나는 다른 또하나의 사람으로 나타나게 되는 것입니다.

성경은 사랑을 증거합니다. "하나님이 세상을 이처럼 사랑하사" 라고 말씀합니다. 하나님이 세상을 이처럼 사랑하사… 그래서 어떻게 됐습니까. 독생자를 주셨습니다. 하나님께서 사람이 되어 이 땅에 오셨습니다. 다시 요한복음에서 증거합니다. "말씀이 육신이 되어 우리 가운데 거하시매(요 1 : 14)"라고. "And the Word became flesh and dwelt among us." 말씀이 육신이 되었습니다. 하나님께서 사람을 사랑하시더니 하나님께서 사람이 되셨다―이것이 성경입니다. 성경원리입니다. 빌립보서 2장 6, 7절에 보면 "그는 근본 하나님의 본체시나 하나님과 동등됨을 취할 것으로 여기지 아니하시고 오히려 자기를 비어(완전히 비워, 비하시켜서) 종의 형체를 가져 사람들과 같이 되었고 사람의 모양으로 나타나셨으매"합니다. 종의 모양이 되었고, 죄인이 되었다고 성경은 증거합니다. 이것이 사랑입니다. 제가 인천에서 목회를 할 때 이런 상담을 한번 해보았습니다. 큰 호텔의 지배인으로 있는 사람이 남편입니다. 그런 직업에 있어서 그런지 몰라도 그 남편은 여자관계가 복잡하고 지금도 어느 대학생하고 동거생활을 한다는 것입니다. 그런 고민을 가진 부인이 저에게 상담을 하게 됩니다. 제가 물었습니다. "남편을 사랑하십니까?" "사랑하고 말고요." "나는 그런 감상적인 얘기는 잘 안듣는 사람입니다. 구체적으로 사랑을 어떻게 합니까?" "한 달에 한 번 돌아오지마는 그 옷을 다 빨아주고요, 좋은 음식도 해주고요, 그리고 피곤해보여서 보약도 달여줬어요." 그랬더니 보약 먹고 다시 기어나가더라고 합니다. 어쨌든 올 때마다 정성을 다해준다는 것입니다. 그런데 남편은 돌아오지를 않습니다. 제가 웃으면서 "한마디 더 묻겠습니다. 미안하지만 내가 묻는 말에 똑바로 대답하십시오. 잠자리는 어떻게 하십니까?" 하고 물었더니 "그건 안됩니다. 더러워서 안됩니다"라고 말합니다. "맞았습니다. 바로 그것입니다. 당신이 그 남자를 사랑한다면 당신이 죄인이 되어야 합니다. 죄인을 사랑할 때, 자신이 죄인이 되지 않고 그를 사랑하겠다는 것은 빈말입니다. 아무 의미도 없는 것입니다. 의인이 죄인을 사랑하는 것은 반갑지 않습니다. 죄인은 의인 앞에 꼼짝도 못하니까요. 당신이 정말로 그 죄인을, 그 탕자를 사랑한다면 당신이 같이 탕자가 되어야 사랑하는 것임을 잊지 마십시오. 당신남편을 만나고 있는 그 여자보다도 내가 더 천한 자리로 내려가고야 당신남편을 사랑할 수 있는 것입니다." "아, 그것 참 힘들겠네요." "사랑하기가 원래 힘든 거요." 그러고 보냈는데, 정말 죽기보다 싫었지만 그분은 열심히 기도하고 힘써서 결국은 남편이 돌아왔습니다. 그래, 너무 좋아서 제게 와서 다시 간증하듯이 부끄러움도 모르고 자초지종을 얘기하는 것이었습니다.

　여러분, 사랑을 무엇으로 아십니까? 더러운 자를 사랑하려면 같이 더러워져야 되고, 죄인을 사랑하려면 내가 죄인이 되는 길밖에 없다는 것을 잊지 마십시오. 높은 자리에서 도도하게 누구를 불쌍히 여긴다… 쓸데없는 소리 하지 마십시오. 그것은 사랑이 아닙니다. 오늘본문은 분명히 우리에게 말씀합니다. 예수님께서는 죄인을 사랑하셨다고. 그래서는 마침내 불명예스럽게 죄인의 친구라고 하는 이름을 얻게 되십니다. 참으로 불명예스러운 이름입니다. 죄인의 친구 — '친구'가 무엇입니까?

「런던타임즈」가 친구라고 하는 말의 정의를 현상모집 해서 여기에 많은 사람들이 응모했는데, 그 가운데 가장 우수한 것 셋을 뽑아서 상을 주었다고 합니다. 친구란 무엇인가?—그 첫번째는 이것입니다. '온세상이, 모든 사람이 다 나를 버릴 때, 그때 찾아와주는 사람이 친구다.' 두 번째는 '너무 괴로워서 아무 말도 하지 못하고 침묵할 때 그 말없는 말을 이해해주는 사람, 그 사람이 친구다.' 마지막으로 '내가 기쁜 마음을 가지고 만나면 기쁜 마음이 multiple, 배가 되고 더해지며, 내가 고통스러울 때 만나면 고통이 반으로 감해지는 바로 그런 사람이 친구다' 하였습니다. 보십시오. 예수님은 죄인을 사랑하셨습니다. 우리 죄인을 사랑하신 나머지 죄인의 친구라고 하는 불명예스러운 이름을 얻으셨습니다. 당시의 귀족들, 종교지도자들은 이것이 못마땅했습니다. 저들도 백성을 사랑한다고는 합니다. 그러나 그들의 사랑은 높은 데서 내려다보는 것이고, 예수님께서는 땅에 내려오셔서 그 죄인들과 함께 먹고 마시고 그들과 함께 사셨습니다. 그래서 죄인의 친구가 되십니다. 그렇게 되니까 저 고고한 사람들이 이것을 못마땅하게 여깁니다. 그래서 예수님을 시기, 질투하게 되고 마침내 십자가에까지 몰고가는 것을 볼 수 있습니다. 그뿐이 아닙니다. 성경은 너무나도 생생하게 당시의 상황을 그려주고 있습니다. 저들은 예수님을 가리켜 이렇게도 말합니다. "먹기를 탐하고 포도주를 즐기는 사람이요(34절)" — 왜 하필이면 이런 이름입니까. 저들은 이렇듯 예수님을 세속주의자로 몰아버렸습니다. 그러나 예수님께서는 이 이름을 부끄러워하지 않으셨습니다. 먹기를 탐한다고 해도, 포도주를 즐기는 사람이라고 소문을 내도 그랬습니다. 왜요? 죄인들과 함께 먹으셨으니까요. 그들과 함께 먹으시는 것이 좋으니까요. 그것을 즐기셨으니까요. 이것이 예수님의 사랑이었습니다. 아무 이의가 없습니다. 예수님께서는 그 능욕, 그 굴욕을 그대로 수용하고 계십니다.

에이브러햄 링컨에 얽힌 이야기입니다. 링컨은 아시다시피 가난하게 살았을 뿐만 아니라 정규적인 공부라고는 초등학교 1학년 다녀본 것이 전부입니다. 요새로 말하면 학벌이 없는 사람입니다. 그러나 열심히 노력하고 수고한 결과로 대통령이 됩니다. 그럴 때 공부많이 한, 학벌이 높고 지체와 신분이 높은 귀족과 고관들은 그를 대통령으로 섬긴다는 것이 영 마음에 안들었습니다. 마음이 뒤틀렸습니다. 그러나 어찌할 수가 없었지요. 그러던 참에 대통령이 상원의원들 앞에 가서 취임인사를 하게 되었습니다. 아주 못돼먹은 한 상원의원이 대통령에게 망신을 주려고 모욕적인 언사를 퍼부었습니다. "당신같은 사람이 대통령이 된 것은 기적같은 이야기요, 정말 놀라운 일입니다. 그러나 잊지 마십시오. 당신의 아버지는 구두 깁는 사람이오. 구두쟁이였소. 그것을 명심하시오!" 그러자 대통령의 눈에서 눈물이 주르르 흘렀습니다. 그는 정중하게 대답했습니다. "고맙습니다. 내가 그동안 대통령으로 출마해서 선거운동 하느라고 아버지를 잊어버렸는데 이제 아버지를 생각나게 해주시니 감사합니다. 우리 아버지는 참 좋은 분입니다. 구두를 깁되 아주 최고로 잘 만드는 분이었습니다. 당신이 신고 있는 그 구두도 아마 우리 아버지가 만든 것일 겁니다. 만일에 구두가 해어지거든 나한테 오십시오. 내가 어깨너머로 배운 바가 있는데 우리 아버지 만큼은 못하지만 정성을 다해서 기워드리겠습니다." 온 장내가 숙연해졌습니다. 내 아버지가 구두쟁이라는 것이 조금도 부끄럽지 않습니다, 오히려 자랑스럽습니다―그것이 사랑이라는 것입니다. 그는 아버지를 사랑하기 때문에 아버지의 못배운 것이나 아버지의 직업이나 아버지의 생활에 대해서 그대로 받아들이고 그것을 영광되게 생각한 것입니다.

여러분, 예수님께서는 죄인의 친구라는 비난을 변명없이, 설명없이 수용하십니다. 그대로 받아들이십니다. 보십시오. 예수님께서는 우리에게 물질을 주십니다. 우리에게 모든것을, 건강도 주시고, 지혜도 주시고, 다 주셨습니다. 특별히 명예를 주셨습니다. 자기자신을 주셨습니다. 신분을 주셨습니다. 그러나 예수님께 돌아간 것은 어리석은 사람이라는 낙인입니다. 나약한 사람이고, 비겁한 사람이고, 죄인이고, 죄인의 친구고, 저주받은 자라고 하는 불명예만 얻으셨습니다. 이것이 사랑이라는 것입니다. 그는 우리에게 의를 주셨습니다. 우리를 의롭다 하시기 위하여 그가 죄인이 되셨습니다. 그는 죄인으로 나타나십니다. 모든것을 다 주시고 스스로는 가장 험한 이름만 받으셨습니다. 여러분, 사랑에 대해서 묻습니다. 아직도 여러분이 누구를 사랑한다고 생각하십니까? 얼마나 사랑하였습니까? 그리고 사랑과 함께 내가 달라진 것이 무엇입니까? 얼마나 달라졌습니까? 얼마나 변했습니까? 다시 부탁합니다. 여러분, 명예를 주셨습니까? 생각해보십시오. 가만히 보면 다 준다고 하면서 이름을 안줍니다. 명예를 주지 않습니다. 의를 주지 않습니다. 자기 의와 고고함은 지켜나가겠다는 것입니다. 그것은 사랑이 아닙니다. 죄인의 친구―그것이 바로 진정한 의미의 사랑입니다.

어떤 아들이 많이 방탕했습니다. 아버지를 많이 속썩였습니다.

돈도 많이 없앴습니다. 그러나 어느 순간 아버지를 찾아와서 그 앞에서 울 때, 이 아버지는 대답합니다. "탕자의 아버지는 탕자다. 너 하나의 잘못이 아니다. 나와 너는 같다." 여기서 그 아들이 다른 사람이 됩니다. "내게 너같은 아들은 없다"—이것은 사랑이 아닙니다. "너는 가문의 망신이다"—이것은 사랑이 아닙니다. 탕자의 아버지는 탕자지, 죄인의 아버지가 죄인이지, 뭐 잘났다고 할 것입니까. 그대로 내려앉아서 같은 탕자의 마음을 가질 때, 여기에 구원이 이루어지는 것입니다. 명예를 주어요. 부끄러울 것 없습니다.

또 한 가지, 이렇게 주시면서 예수님께서는 행복하셨습니다. 죄인을 사랑하시고 세리와 죄인의 집에서 잡수시면서 그 죄인과 세리들이 예수님을 영접하고 기뻐하는 모습을 보고 함께 기뻐하셨습니다. 죄인 하나가 회개하고 돌아오면 하늘나라에서는 잔치가 벌어진다고, 그 천국적인 기쁨을 세리의 집에서 말씀하고 계십니다. 예수님의 행복은 거기에 있었습니다. 이것이 아가페의 본질입니다. 예수께서 죄인을 사랑하사 죄인의 친구가 되십니다. 아니, 죄인이 되십니다. 이제 우리는 그 은혜에 감격할 뿐입니다. 나는 어떻게 살아가야 합니까? 이 사랑을 아는 자로서 어떻게 살아가야 합니까? △

너는 내것이라

야곱아 너를 창조하신 여호와께서 이제 말씀하시
느니라 이스라엘아 너를 조성하신 자가 이제 말씀하
시느니라 너는 두려워 말라 내가 너를 구속하였고 내
가 너를 지명하여 불렀나니 너는 내 것이라 네가 물
가운데로 지날 때 내가 함께할 것이라 강을 건널 때
물이 너를 침몰치 못할 것이며 네가 불 가운데로 행
할 때 타지도 아니할 것이요 불꽃이 너를 사르지도
못하리니 대저 나는 여호와 네 하나님이요 이스라엘
의 거룩한 자요 네 구원자임이라 내가 애굽을 너의
속량물로 구스와 스바를 너의 대신으로 주었노
라…… 두려워 말라 내가 너와 함께하여 네 자손을
동방에서부터 오게 하며 서방에서부터 너를 모을 것
이며 내가 북방에게 이르기를 놓으라 남방에게 이르
기를 구류하지 말라 내 아들들을 원방에서 이끌며 내
딸들을 땅끝에서 오게 하라 무릇 내 이름으로 일컫는
자 곧 내가 내 영광을 위하여 창조한 자를 오게 하라
그들을 내가 지었고 만들었느니라

(이사야 43 : 1 - 7)

너는 내것이라

80년대 이후에 세계적으로 알려진 정신질환으로 패닉 디스오더 (panic disorder)라고 하는 것이 있습니다. 이 병명은 우리가 '공황장애'라고 번역할 수 있습니다. '장애'라고 하는 것은 질병이라고 하는 것과는 다릅니다. 질병이라는 것은 지금 진행하고 있는 것입니다. 이 진행의 과정에서 더 악화되어 죽을 수도 있는가하면 양호하게 진행되어서 나을 수도 있습니다. 아무튼 계속 진행 중에 있을 때 그것을 병이라고 합니다. 그런데 병이 어느 정도에서 뚝 멈추어버렸다면 이것을 장애라고 합니다. 그러니까 우리가 '장애자'라 할 때는 장애된 그 부분은 고칠 수가 없는 것입니다. 이렇듯 어렵게 생각하는 질환입니다. 패닉 디스오더라고 하는 것은 돌연한 공포로 인하여 겁을 먹는 상태를 말합니다. 돌연한 공포감, 겁에 질린 그런 상태를 의미하는 것입니다. 갑작스러운 공포에 휩쓸리면서 이제 아무것도 하지 못합니다. 몸도 약해지고 거기서 지식도 성격도, 많은 지혜도 다 그대로 정지하고 마는 것입니다. 이것이 바로 공황장애입니다. 금방이라도 죽을 것처럼 절박하게 되고, 이러한 병에 걸릴 때, 이러한 장애자가 되고나면 대부분이 인격파탄으로 갑니다. 그래서 폭행자가 되기도 하고, 알콜중독자가 되기도 하고, 또 뻔히 나쁜 줄을 알면서도 계속 술을 먹어댑니다. 성격도 아주 고약해집니다. 이것은 증상이 아닙니다. 이것은 정신장애입니다. 미국에서 연구한대로는 무려 인구의 5%가 이런 증상을 가지고 있다 합니다. 그러면 그의 신호증상이 무엇인지 한번 생각해봅시다. 공황장애에 빠진 사람의 모습은 이렇습니다. 첫째는 호흡이 가빠지고 숨쉬기가 힘들어집니다.

아무 이유도 없습니다. 이렇다할 병이 있는 것도 아닌데 숨쉬는 것이 힘들어집니다. 두 번째는 맥박이 빠르게 마구 뜁니다. 이 사람의 맥박은 잴 것이 없습니다. 오르락내리락하니까요. 세 번째는 어지럽고 휘청거립니다. 당장 졸도할 것같은 느낌이 듭니다. 네 번째는 식은땀이 자주 납니다. 다섯 번째는 숨이 가쁘면서 가슴부위에 통증이 오고 불쾌감을 느낍니다. 여섯 번째는 딴세상에 온 듯하거나 혹은 자신이 달라진 것같은 비현실감에 빠집니다. 일곱 번째는 속이 울렁거리고 먹었던 것을 토할 지경이 됩니다. 여덟 번째는 손발과 온몸이 떨립니다. 아홉 번째는 손발이 저리다가 마비상태에 이릅니다. 여기저기 마비되는 것을 느낍니다. 열 번째는 누군가가 내 목을 조르는 것같아서 곧 질식할 듯 괴로워합니다. 열한 번째는 얼굴이 화끈거리며 오한이 납니다. 열두 번째는 죽을 것같은 공포감에 휩싸입니다. 열세 번째는 미쳐버리거나 자제력을 잃어버릴 것같은 공포감에 빠집니다. 이 열세 가지 신호증상 중 네 가지 증상만 있으면 스스로 일단 의심해보아야 합니다. 공황장애에 빠져들기 시작하는 것을 의미합니다. 의학적으로는 대책이 없습니다. 원인도 모릅니다. 제대로 된 학설도 없습니다. 다만 증상이 있을 뿐입니다.

　이제 저러한 문제에 대한 해답은 오직 신학적으로 얻을 수 있습니다. 하나님의 형상을 입은 인간이 하나님을 떠날 때 생기는 증상인 것입니다. 하나님을 떠났을 때, 스스로 자유하려고 할 때 패닉 디스오더에 걸리는 것입니다. 내 지식에 의지하려 하고 내 돈에 의지합니다. 내가 사놓은 증권에 의지합니다. 내가 사놓은 토지에 의지합니다. 내 명예, 내 권세, 내가 그동안에 애써 쌓아온 나 나름의 기반을 믿고 삽니다. 그런 것을 하나님으로 섬깁니다. 한마디로 말해서 인간우상입니다. 자기우상입니다. 자기가 우상이 되고, 인간이 우상이 될 때 그에 대한 심판이 그렇게 떨어집니다. 피조물된 자기 위치를 어느 사이에 떠나버렸습니다. 자행자지(自行自止)하려고 합니다. 자기신뢰에 빠져버린 결과가 이렇게 되고마는 것입니다. 인간이 주인이 아닙니다. 그런데 어느 사이에 내가 주인이 되어버렸고 세상까지, 내 주변에 있는 모든 사람까지 전부 내 손에 있는 것처럼 착각을 합니다. 여기서 이같은 결과가 옵니다. 본문은 이에 대한 해답을 줍니다. 너는 내것이다, You are mine. 하나님께서 말씀하십니다. 창조자가 말씀하십니다. 조성자(造成者)가 말씀하십니다. 너는 내 영광에 의하여 내가 만들었다―이것을 인정하라는 것입니다. 인간은 자기를 위하여 살지 못합니다. 자기로 인하여 살지 못합니다. 인간은 피조물입니다. 나는 그의 피조물입니다. 피조물된 속성을 떠나면 안됩니다. 하나님의 능력, 하나님의 지혜, 그 안에 내가 있습니다. 이 믿음을 가져야 합니다.

오늘본문에서는 네 가지로 확실하게 우리가 그것을 인정하여야 한다고 말씀하십니다. 강조하십니다. 먼저는 "너는 내것이라"―피조물이라는 것입니다. 내가 만들었다, 내가 창조주요 너는 피조물이다―내 존재, 내 생의 목적, 내 삶의 노정이 하나님의 손에 있습니다. 내 운명이 근본적으로 하나님께 있는 것입니다. 어느 사이에 내가 공부해서 뭐가 되는 것같습니다. 내 기술로 되는 것같습니다. 돈 몇푼 벌고 좋은 집에 살고… 다 되는 것같습니다. 착각입니다. 이제 다시 하나님께서 말씀하십니다. 너는 내것이다, 내가 만들었다, 그것을 인정하라―이렇게 말씀하십니다. 인간은 신이 아닙니다. 여러분, 「쿠오바디스」라는 영화 보셨지요? 장면 장면 기억나는 것이 많겠습니다마는 그 중 왕의 대관식이 있습니다. 왕이 이제 취임하는 바로 그 순간에 병거를 타고 지나갈 때 바로 옆에 나란히 탄 제사장이 왕관을 머리에 씌워주지 않고 머리 위에 올려놓고는 계속 하는 말이 있습니다. '너는 신이 아니다' '너는 신이 아니다' — 자꾸 강조합니다. 많은 왕들이 '내가 신이다' 하고 자처하다가 망했었습니다. 많은 사람들이 말이야 어떻게 표현했든 간에 '내가 하나님이다' 하다가 망한 것입니다. 하나님의 존재를 부인하고, 부인하는 순간 내가 하나님이 되고자 하는, 그로 인해서 망한 것입니다. 우리는 신이 아닙니다. 모름지기 우리가 하나님의 피조물 됨을 확실하게 인식하여야 합니다.

　그리고 두 번째로 말씀하십니다. "내가 너를 지명하여 불렀나니" — "I have called you by your name." 지명, 곧 이름을 부르셨다는 말씀입니다. 그 말의 깊은 뜻은 바로 개인적이라는 것입니다. 개별적으로 부르셨다는 것입니다. 무더기로 부르신 것이 아니라, 온인류를 상대하셨다는 것이 아니라 한 사람을 부르셨습니다. 여러분 한 사람 한 사람이 지난날을 생각해보십시오. 하나님께서 나를 개별적으로 어떻게 사랑하셨습니까? 개인적으로 나를 부르셨습니다. 이것을 꼭 기억하여야 합니다. 하나님께서 아브라함을 부르시고 야곱을 부르시고 이삭을 부르시고 모세를 부르십니다. 개인적으로 불러주셨습니다. 한 사람의 이름을 부르셨습니다. 여러분 하나하나를 개별적으로 부르셨다는 것을 잊지 마십시오. 그리고 이사야에서는 말씀하십니다. 너의 이름이 내 손바닥에 있다고요. 손바닥에 네 이름을 새겼노라고요. 항상 너의 이름을 내가 보고 있다고요. 꼭 기억하여야 합니다. 우리는 개별적으로 부르심을 받았습니다. 내게 의가 있는 것도 아니고 내게 선한 도덕성이 있는 것이 아닙니다. 높은 도덕성에 의하여 내가 존재하는 것이 아닙니다. 다만 그가 나를 지명하여 부르심으로 내가 있습니다. 그에게 주도권이 있고 그에게 처음부터 약속이 있었습니다. 그에게 목적이 있어서 여러분을 부르신 것입니다.

세 번째로, 오늘본문에 보면 "내가… 네 구원자임이라" 하십니다. 내가 너희를 구속하였다, 내가 너희에 대해서 구원하는 하나님이다, 하십니다. 이 말씀의 의미인즉 이미 죄악 중에 헤맸고, 이미 하나님의 품을 떠났고, 무자격한 가운데 있었다는 것을 의미합니다. 거기에서 구원하셨습니다. 깊은 사망과 죄악에서 건져내셨다는 말씀입니다. 내가 너를 건졌다, 하시는데 이제와서 내가 죄인입니다 아닙니다, 자격이 있습니다 없습니다, 할 것이 아닙니다. 하나님께서 구원하셨습니다. 그는 구원의 하나님이요 구속의 하나님이십니다. 특별히 오늘본문에서 구체적으로 설명하십니다. 내가 너희를 구속하기 위하여 대속물을 주었다—깊고 오묘하고 신비로운 말씀입니다. 여러분 하나를 구원하시기 위하여 하나님께서는 값을 치르셨습니다. 역사적 사건이 우리 앞에 있습니다. 우리는 얼마나 많은 사람을 죽이고 얼마나 많은 사람의 희생을 보면서 오늘에 이르렀습니까. 이것을 잊지 말아야 합니다. 주님 말씀하십니다. 애굽을 속량물로 주셨다고요. 무슨 말씀입니까. 이스라엘백성을 애굽에서 건지시기 위하여 잘 아시는대로 애굽은 망했습니다. 애굽이 망하면서 이스라엘에게 출애굽이 이루어집니다. 바벨론에 포로되어 가 있는 이스라엘백성들—범죄한 대가로 바벨론에 포로되어 갑니다마는 하나님께서 그들에게 자유를 주시고 바벨론에서 돌아오게 하시기 위하여 바벨론을 치십니다. 구스와 스바를 대신으로 주셨다, 하십니다. 여러분도 여러분 한 사람을 살리기 위하여, 한 사람을 구원하기 위하여 여러분 주변에 얼마나 많은 속량물이 있었는지 알 것입니다. 그것을 기억하여야 합니다. 우리는 일본사람들의 손에 36년 동안 고생을 합니다. 하나님께서 우리에게 자유를 주시기 위하여 일본이 망합니다. 어떻게 해석해도 좋습니다. 일본이 망하면서 우리가 구원을 받습니다. 바로 이 사건에서 우리를 위한 하나님의 놀라운 구원의 사역을 분명하게 읽어야 합니다. 속량물을 주시면서 내가 너희를 구속했느니라, 그런고로 너는 내것이다, 피값으로 샀다, 하심입니다.

또한 사랑하십니다. 본문에 보니 하나님께서 나를 "존귀하게 여기고" 나를 기뻐하신다, 하십니다. 생명 대 생명으로 우리를 사랑하십니다. 모든 사건이 하나님의 사랑의 경륜 속에 있습니다. 알거나 모르거나, 우리는 다 미처 깨닫지 못합니다마는, 사랑이 있습니다. 이제 사랑하시면서 말씀하십니다. 너는 내것이다, 분명히 너는 내것이다, 내가 너를 사랑한다, 존귀히 여긴다, 사랑을 받아들이라, 말씀하십니다. 어떤 사람이 사랑을 받아들일 수 있습니까. 교만한 사람은 사랑을 알지도 못하고, 사랑을 받지도 못하고, 사랑을 주지도 못합니다. 특별히 사랑은 겸손하고 진실한 사람만이 알 수 있는 것입니다. 클라인스가 쓴 유명한 책이 있습니다. 「Imposture Phenomenon」이라고 하는 책입니다. 임파스처는 사기꾼이라는 뜻입니다. 남의 이름, 남의 지식, 남의 명예를 도용, 사칭하는 것입니다. 그러니까 가면이 되는 것이지요. 무릇 가면현상(假面現象)—이것이 문제입니다. 여기서 어느 사이에 우리는 자기존재와 진실을 잃어버리게 됩니다. 이 문제에 대해서 그 책에는 이렇게 씌어 있습니다. 의사, 변호사, 국회의원, 대기업의 중역 가운데 70%가 이 병에 걸렸다는 것입니다. 아무것도 못하면서 하는 척, 아는 것 없으면서 대단히 아는 것처럼, 알고보면 이렇다할 것이 아무것도 없고 부끄럽기 짝이 없으면서 대단한 존재인 것처럼, 남의 것, 남의 돈, 남의 지식 가지고 내것인양 착각을 하고 있습니다. 가면이지요. 프로이트는 이런 사람을 hypocrite라고 말합니다. 이렇게 거짓된 내가 있는 한 진실하지 못하고, 진실하지 못한 한 누구를 사랑할 수도 없고 사랑받을 수도 없습니다. 이것을 잊지 말아야 합니다. 오늘 우리 주변을 보십시오. 여러분 자신에게 물어보십시오. 도대체 배웠다면 얼마나 배웠습니까. 무엇을 안다는 것입니까. 요새 일본사람들이 bubble economy — 거품경제라는 말을 많이 씁니다마는 우리는 거품 정도도 못됩니다. 풍선이지요, 도대체가. 빚더미에 앉아서 재벌이라고 큰소리치고 있습니다. 주위에 사람들을 줄줄이 몰고 다니면서 말입니다. 이런 거만을 떨고 있습니다. 아직도 내가 잘못했다는 말을 할 줄 모릅니다. 세상에 이런 거만이 있는 것입니까. 이것이 바로 우리 민족의 모습입니다. 우리가 지금 돈 쓰게 생겼습니까. 우리가 사치하게 생겼습니까. 아무것도 없으면서 거드름만 떨고 있는 것입니다. 체면만 내세우고 있는 것입니다. 이대로 언제까지 갈 수 있겠습니까. 거품은 꺼질 수밖에 없는 것입니다. 요즘에 벌어지고 있는 추태들은 없을 일이 있는 게 아닙니다. 있을 일이 있는 것입니다. 진작 있어야 할 일이 이제야 있는 것입니다. 놀랄 것 조금도 없습니다. 이것이 현실 아닙니까.

생각해보십시오. 그런고로 가면현상에 빠진 저러한 사람들, 소위 imposture 현상에 빠진 사람들은 그 가면이 벗겨질세라 전전긍긍, 두려운 것입니다. 가장 두려운 것이 진실입니다. 사실이 사실대로 폭로될까봐 벌벌떨고 있는 것입니다. 이래서 미치는 것입니다. 원점으로 돌아가보십시오. 본래가 아무것도 없었던 것입니다. 사실은 아무것도 없습니다. 정산해보면 아무것도 안남습니다. 이제는 거드름만 남았습니다. 이 얼마나 한심한 일입니까. 민족이건 경제건 정치건 개인이건 보십시오. 이제 우리는 다시 아주 겸손한 마음으로 돌아가야 합니다. 진실을 되찾아야 합니다. 하나님 앞에 진실하고, 참으로 회개, 중생하여 다시 시작하여야 합니다. 하나님의 크심을 인정하고, 하나님의 구원을 인정하고, 그 사랑을 다시 확증하여야 합니다. 하나님의 말씀을 들어보십시오. 너는 내것이다, 내가 구원했다, 내가 조성했다, 내가 너희를 사랑한다—하시는 말씀을 다시금 겸손히 받아들이면서 다시 태어나야 하는 것입니다.

원래 줄타기를 하는 사람은 스릴을 좋아하고, 그 스릴 때문에 많은 사람에게 칭찬과 박수를 받는 것이 아닙니까. 그런데 외줄타기를 하는 사람은 줄이 길수록 보는 사람들에게 인기가 있고 줄을 높이 맬수록 더 많은 사람들에게 박수를 받는 것입니다. 한 줄타기꾼이 나이애가라 폭포에서 미국과 캐나다 사에에다 강철줄을 걸어놓고 거기서 줄타기를 했습니다. 많은 사람들이 모여서 손에 땀을 쥐고 이 줄타기를 구경하고 있습니다. 그 사람은 열심히 이리 건너가고 저리 건너가고 했습니다. 사람들이 아낌없는 박수갈채를 보냈습니다. 어느날이었습니다. 그 사람은 다시 또 많은 사람 앞에서 줄타기를 시작하면서 사람들 보고 "내가 이 줄을 타고 무사히 저 끝까지 갈 수 있다고 생각하십니까?"하고 물었습니다. 들은 바도 있고 하여 사람들은 그렇게 믿는다고 대답합니다. 그 사람은 다시 정중하게 말합니다. "그러면 여러분 중 한 사람이 내 어깨에 올라타십시오." 아무도 나서지 않습니다. 그런데 꼬마소년 하나가 "나요!"하면서 손들고 나오는 것이었습니다. 소년은 그 사람의 어깨에 올라앉았고, 그 사람은 소년을 어깨에 태운 채 줄을 타고 이 끝에서 저 끝으로 건너갔습니다. 사람들이 우레와 같은 박수갈채를 보냅니다. 나중에 사람들은 그 소년에게 물어보았습니다. "너, 겁나지 않든? 어떻게 그런 용기를 낼 수 있었느냐?" 소년은 대답합니다. "나는 무사히 갈 줄 알았습니다. 저분이 우리 아버지거든요."

여러분, 역사의 주인이 누구입니까. 창조주께서 말씀하십니다. 내가 너를 창조했고 내가 너를 조성했느니라, 너는 내것이라—그런고로 이제 자기우상을 포기하여야 합니다. 자기교만을 완전히 십자가에 못박아버려야 합니다. 너나할것없이 우리는 자기라고 하는 존재를 완전히 매장해버리고 깨끗한 마음으로 돌아가야 합니다. 더 낫고 덜하고가 없습니다. 우리는 다같이 부채를 진 사람이요 다같은 죄인입니다. 다같이 부끄러움 가운데 있습니다. 이것을 그대로 받아들여야 됩니다. 사실을 사실대로. 누구를 시비할 것도 없습니다. 그리고 주의 음성에 귀를 기울일 것입니다. "너는 내것이라." △

복있는 자의 행로

　복있는 사람은 악인의 꾀를 좇지 아니하며 죄인의
길에 서지 아니하며 오만한 자의 자리에 앉지 아니하
고 오직 여호와의 율법을 즐거워하여 그 율법을 주야
로 묵상하는 자로다 저는 시냇가에 심은 나무가 시절
을 좇아 과실을 맺으며 그 잎사귀가 마르지 아니함
같으니 그 행사가 다 형통하리로다 악인은 그렇지 않
음이여 오직 바람에 나는 겨와 같도다 그러므로 악인
이 심판을 견디지 못하며 죄인이 의인의 회중에 들지
못하리로다 대저 의인의 길은 여호와께서 인정하시
나 악인의 길은 망하리로다

(시편 1 : 1 - 6)

복있는 자의 행로

우리는 정초가 되면 늘 "복 많이 받으십시오"하고 인사를 주고 받습니다. 그때마다 생각하게 되는 것은 복이라는 것이 무엇일까 하는 것입니다. 성도 여러분, 복이라는 것이 무엇입니까? 무슨 뜻으로 복받으라 하는 것입니까? 오늘도 나는 하나님 앞에 복을 구하고 있는데, 무슨 뜻의, 어떤 내용의 복을 생각하고 그러는 것입니까?

우리 민족은 고래로 유교의 교훈을 받아서 오복(五福)이라고 하는 것이 의식 속에 자리잡고 있습니다. 그 오복이란 수(壽) 부(富) 강녕(康寧) 유호덕(攸好德) 고종명(考終命)의 다섯 복을 말합니다. '수'라고 하면 오래 사는 것, 장수하는 것을 말합니다. '부'라고 하면 물질적인 넉넉함입니다. 우선 먹을 것이 넉넉하고 경제적으로 고통을 당하지 않는 형편을 말하는 것입니다. '강녕'이라고 하면 심신이 건강하고 편한 것을 말합니다. '유호덕'이라고 하면 덕을 지키는 낙을 말합니다. 사람이 덕이 부족해서 항상 인색하고 미련하면 다른 사람에게도 기쁨을 주지 못하고 자신도 복되지 못합니다. 그래서 덕을 숭상하고 덕을 지켜 사는 기쁨이 곧 복이다, 함입니다. '고종명'이라고 하면 제 명대로 살다가 편안히 죽는 것을 말합니다. 명이 너무 짧아서 요절(夭折)을 한다면 아무래도 복되다 할 수가 없겠습니다. 적어도 평균연령은 넘도록 오래 살고 그리고 죽을 때 잘 죽어야 하는 것입니다. 객사하는 것도 복스럽지 못합니다. 너무 오래도록 병중에 누워 있는 것도 복이 아닐 것입니다. 모름지기 종말을 잘 맞아야 합니다. 마지막을 마치 작품처럼 잘 끝내야 복된 것입니다. 우리네는 예로부터 이상의 다섯 가지를 복으로 알아왔습니다. 복조리도 그렇고, 복받는다는 것이 대체로 지극히 물질적이고 또 소극적입니다. 그리고 철저하게 이기적입니다. 여기에 무슨 사회성이라든가 세계평화라든가 무슨 개척정신이라든가 창조적인 무엇은 전혀 찾아볼 수가 없습니다. 그저 소극적이고 이기적이고 물질적이고 육체적이고… 그렇습니다. 이것이 일반적으로 우리가 생각해오는 복의 개념입니다.

그러나 다시한번 깊이 생각해보면 저러한 복의 개념은 다 환경에 관련된 것이요 여건에 관련된 것입니다. 복을 하나의 상태로 보고 있는 것입니다. 그러나 성경은 근본적으로 인간존재 자체와 그 인격에 초점을 두고 있습니다. 여기에 큰 차이가 있습니다. 다시말하면 '복된 사람'이 핵심인 것입니다. 복의 문제는 복된 사람의 문제이지 복된 환경의 문제가 아니라는 것입니다. 한번 생각해보십시오. 돈은 있는데 인격이 없으면 그것은 복이 아닙니다. 지식은 있는데 덕이 없어서 아는 체나 하고 돌아다니다가 제 밥 먹고 욕먹는 사람이라면 복있는 사람이 아닙니다. 지식이 있으려면 인격도 있어야 됩니다. 그리고 권세는 있는데 지혜가 없습니다. 권좌에 앉기는 했는데 지혜가 없어서 자신에게도 복이 아니고 다른 사람에게도 많은 해를 끼치는 것을 볼 수 있습니다. 또 자식이 있으면서 존경을 받지 못하면 그 또한 복이 아닌 것입니다. 자식들이 부모에게 존경심을 가지고 효심을 가져야 되는데 뭔가가 잘못되어서 자식들이 부모를 원수쯤으로 생각하고 부모 역시 자식을 천하원수로 보게 되었다면 어떻게 자식을 복이라 하겠습니까. 건강도 그렇습니다. 건강은 있는데 명예가 없는 사람이 있습니다. 욕되게 삽니다. 아주 굴욕적으로 삽니다. 그래서야 오래 살아서 무엇하겠습니까. 역시 수(壽)가 있다면,

건강이 있다면 명예도 함께 있어야 하는 것입니다. 부끄럽지 않아야 됩니다. 부끄러움 없는 생을 살아야 건강도 복이 될 수 있겠습니다. 오래 사는 것도 그렇습니다. 제때 죽었으면 길이 추앙받았을 위인이 제때 죽지 못해서 부끄러움을 사게 되는 일이 많습니다. 주변에서도 많이 볼 수 있는 현상입니다. 조금만 일찍 갔더라면 좋았을 것을 쓸데없이 오래 살아가지고 도리어 욕바가지를 뒤집어쓰는 사람이 많습니다. 이러니 오래 산다고 무조건 복이라 할 수는 없구나, 싶어지는 것입니다.

얼마전에 제가 우리교회 주일예배 마치고 비행기를 타고 미국을 가게 됐습니다. 그렇게 가면 미국에 가서 저녁예배에 또 설교를 하게 됩니다. 시간을 그렇게 맞추어서 떠나는데, 가만히 생각하니 차를 타고 가는 것이 좀 불편하고, 여러 사람에게 주일날 폐를 끼칠 것 같아서 공항까지 택시를 타고 갔습니다. 택시기사가 나를 돌아보면서 말을 겁니다. "자가용 없으세요?" 내게 자가용이 있어보이는가봐요. "자가용 있지요. 좋은 차가 있습니다." "그런데 왜 택시 타세요?" 그래서 제가 대답했습니다. 이 복잡한 길에 차 한 대라도 덜 나와야 되지 않겠는가, 그리고 오늘이 주일날이니 나도 그렇지만 다른 사람에게 신세를 져야 하는데 그럴 것까지 없어서 이렇게 택시를 타고 나간다고요. 그랬더니 이 운전기사 보십시오. "아이고, 사람들이 다 선생님같았으면 얼마나 좋겠습니까"하는 것이었습니다. 그리고 이제 마음이 열리니까 말이 쏟아져나오는데 "어떤 사람은요, 몇푼 안되는 길을 타고 가면서 이래라저래라 잔소리하고, 운전하는 것이 뭐 그따위냐, 욕지거리를 하고 해서 어떤 때는 너무 괴로워서 도중에 차를 세우고 하차시켜버릴 때도 있습니다. 그런 때는 무슨 생각이 나는고하니 '저 사람이 아무리 보아도 돈 많이 가지고 살 사람이 못되는데 잘못돼서 돈 좀 만지게 되는 바람에 사람 못쓰게 됐구나' 싶어요. 한마디로 돈이 지랄을 하는 것입니다." 그래 '아니꼽고 매스껍고 치사하고 더러워서' 피한다는 것이었습니다. 그때마다 이 운전기사는 '내가 어쩌자고 택시기사가 되었나' 한다고 합니다. "그러나 오늘같은 날은 아주 기분이 좋습니다"하더니 택시비를 안받겠다고 합니다. 택시비 받게 하느라고 제가 아주 애를 먹었습니다. 결국은 돈을 더 주고 말았지요. 보십시오. 돈 있다고 복이라 하겠습니까. 덕이 빠져 있으면 제 돈 쓰고 다니면서 욕먹습니다. 역시 사람이 중요한 것입니다. 가톨릭에서는 '복자'라고 합니다. 복된 사람, 복된 인격이 복입니다. 돈보따리가 복이 아니고, 복주머니가 복이 아니고, 복조리가 복이 아니라는 말입니다. 돈이 복이 아니고 사람이 복입니다. 모름지기 '복된 사람'이 된다는 문제를 생각하여야 됩니다.

창세기 12장에 보면 하나님께서 아브라함에게 고향을 떠나라고 말씀하십니다. 아브라함은 갈 바도 알지 못하고 떠납니다. 하나님께서는 "네가 복의 근원이 되리라"고 아브라함에게 말씀하십니다. 그런데 아브라함은 한평생 발붙일 만큼도 땅을 얻지 못한 채 항상 나그네로 삽니다. 자식도 많지 않습니다. 편치 않은 생을 살지마는 그는 복의 근원이 됩니다. 스스로 복될 뿐만 아니라 모든 민족으로 복되게 하였습니다. 종교학적으로 말하면 세계 3대종교인 기독교, 유대교, 이슬람교가 아브라함을 믿음의 조상으로 높입니다. 인간 중에서 가장 높이 존경을 받는 사람이 아브라함인 것입니다. 그러나 그는 부자가 아니었습니다. 이걸 생각하여야 됩니다. 복이 무엇입니까?

창세기 30장에 보면 야곱이 하란에 가서 지내는데 그 외삼촌 라반이 20년이나 같이 지내놓고 하는 말이 있습니다. "여호와께서 너로 인하여 내게 복 주신 줄을 내가 깨달았노니(창 30 : 27)"—너는 복자다, 하나님께서 너 때문에 우리집에 복 주신 것을 내가 확실히 보았노라, 하는 것이니 기막힌 이야기 아닙니까. 바로 야곱같은 사람이 되어야 한다는 것입니다. 비록 남의 집에 머슴으로 살아도 그는 복자인 것입니다. 또, 창세기 26장 28절에 보면 이삭을 괴롭히던 원수들이 이삭 보고 말합니다. "여호와께서 너와 함께 계심을 우리가 분명히 보았으므로"—이삭의 생애 속에 하나님께서 함께하시는 것을 주변사람들이 모두 보고 간증을 함입니다. 창세기 39장에 보는 바 요셉에 관한 것은 더 말할 것도 없습니다. 그는 노예로 팔려와 보디발의 집에서 노예생활을 하지마는 성경은 분명히 말씀합니다. 하나님께서 요셉과 함께하심으로 요셉으로 인하여 보디발의 집에 하나님께서 복을 내리셨다고. 복의 근원이 된 사람들입니다. 믿음의 조상들은 다 복의 근원이 된 사람들인 것입니다. 복된 사람은 어디 가든지 복됩니다. 무엇을 하든지 형통합니다. 합동하여 선을 이룹니다. 스스로가 복될 뿐만 아니라 모든 사람에게 복을 베풀면서 살아갑니다. 곧 복의 근원인 것입니다.

본문 시편 1편을 눈여겨보십시오. 무엇이 복이다, 하지 않습니다. "복있는 사람은…" 이렇게 시작합니다. 복있는 사람이 어떤 사람입니까. 여기서 생각할 복의 문제는 환경문제가 아니고, 여건 문제가 아니고, 부귀의 문제가 아니고, 권세의 문제가 아니고, 절대로 소유의 문제가 아닙니다. 복있는 사람은—이렇게 시작됩니다. "복있는 사람은 악인의 꾀를 좇지 아니하며 죄인의 길에 서지 아니하며 오만한 자의 자리에 앉지 아니하고"―이렇게 소극적으로 말씀을 시작하는데 다시한번 생각하여야 됩니다. 악인의 꾀를 '좇지 아니한다'는 말은 히브리원문대로 보면 '걷지 아니한다'라는 뜻입니다. 'walks not'입니다. 악인의 꾀를 따라서 걷지 않는다는 것입니다. 또 죄인의 길에 '서지 않고'― 'nor stands,' 오만한 자의 자리에 '앉지 않고'― 'nor sits'입니다. 악인과 함께 가지도 않고, 악인과 함께 서지도 않고, 악인 무리에 섞여 앉지도 않는다는 것입니다. 왜 그렇습니까. 복이 있기 때문입니다. 자기에게 주어진 복이 넉넉하니까요. 복있는 사람은 자기 복과 자기 행복에 충만한데 악인의 꾀를 따를 까닭이 없습니다. 가끔 스스로 속았다고 탄식하는 사람을 봅니다. "내가 속았다"하며 억울하다, 분하다, 하지만 억울할 것 없습니다. 왜 속았습니까. 속인 사람도 잘못이지만 속은 죄도 있는 것입니다. 자기에게 욕심이 있으니까 속았습니다. 매력에 끌렸으니까 속았지요. 유혹에 빠진 것은 소극적으로 말해서 거기 빠지게 될 수밖에 없는 허점이 내게 있었기 때문입니다. 적극적으로 말하면 내가 넉넉지를 못했습니다. 내 행복으로 충만하다면 악인의 꾀를 좇을 이유가 없습니다. 성향도 없고 관심도 없으니까. 그 유혹이 나하고 무슨 상관 있겠습니까. 내가 배고프니까 음식이 시험이 되는 것이지 넉넉하게 배가 불러 음식냄새도 맡기 싫다면 아무리 좋은 진수성찬이 있은들 유혹에 빠질 까닭이 있나요? 내 행복으로 충만한 사람이라면 악인의 꾀에 빠질 필요도 없고 죄인의 길에 서서 서성거릴 필요도 없고 오만한 자와 같이 앉아서 이야기할 필요도 없는 것입니다. 내 행복으로 넉넉하기 때문입니다.

　제가 젊어서 인천에서 목회를 할 때 장로님 한 분이 사진작가였습니다. 사진작가협회 회장도 지낸 아주 유명한 분인데 그분에게 제가 카메라를 좀 배웠습니다. 그분이 가진 카메라가 아주 비싸고 좋은 카메라였습니다. 남에게 함부로 빌려주지 않을 만큼 소중히 여기는 것이었습니다. 그 카메라로 가르쳐주고 빌려도 주고 해서 제가 잘 배웠었습니다. 제 생각에 '나는 저런 카메라 못가져보겠구나' 했었습니다. 퍽 귀한 것이라서요. 그런데 바로 몇년 전 미국에 갔을 때입니다. 후배되는 목사님 한 분이 바로 그 카메라를 들고 나왔습니다. 한 50년된 것을. 골동품상회에서 싸게 산 것이라고 합니다. 그런데 그것을 어떻게 작동하여야 되는지 필름을 못넣겠다고 합니다. "목사님 한번 해보십시오"하기에 옛날에 배워둔 솜씨가 있어서 익숙하게 필름을 넣어가지고 썼습니다. 그러자 그 목사님이 "그 카메라, 임자가 따로 있구만요. 목사님 가지십시오"하는 게 아닙니까. 500불 주었다고 하기에 돈을 주려고 하니까 그만두라고 해서 거저 얻어 가지고 왔습니다. 제가 그것을 가지고 금강산이며 묘향산이며 여러 곳 사진을 찍었습니다. 아주 사진이 잘나오는 것입니다. 그래서 저는 사진을 잘찍어서가 아니라 카메라가 좋아서 일약, 사진작가가 됐습니다. 많은 사람들이 굉장히 잘 찍었다고 말하는데 다 카메라가 좋은 덕분입니다. 그런데 이 50년된 골동품 카메라를 메고 다니다보니 한번은 한다하는 일본의 사진작가 한 사람이 제자들까지 데리고 다 가와서는 카메라 좀 보여달라고 합니다. 보라고 주었더니 제자들에게 보여주면서 "고노 카메라와네 스바라시 모노데스요"하더라고요. 이 카메라 굉장한 거라고 감탄을 하는 것입니다. 그래서 내가 나도 안다고 맞장구쳤지요. 그런 일이 몇번 있었습니다. 왜 이런 말 하는고하니 이 골동품 카메라를 떡 손에 쥐고나니까 다른 카메라는 부러운 게 없습니다. 무슨 카메라를 진열해놓고 굉장하다고 해도 그건 다 내것만 못하다고 생각하니까 탐심이 없습니다. 조금도 눈길이 가지 않습니다. 문제는 여기에 있는 것입니다. 내가 넉넉한 것, 좋은 것을 손에 쥐고 있어 스스로 행복하면 남의 것 기웃거릴 것 없지 않습니까.

악인의 꾀에 빠지기는 왜 빠집니까. 사람이 허하니까 빠지는 것입니다. 내가 넉넉한데 뭐가 답답해서 죄인의 길에 선단말입니까. 이것을 알아야 합니다. 죄인의 길에 서지 않는 자가 복있다는 것이 아닙니다. 복된 자는 죄인의 길에 서지 않는다는 것입니다. 악인의 꾀에 빠지지 않는 자가 복이 있다는 얘기가 아닙니다. 똑바로 읽으십시오. 복있는 자는 악인의 꾀에 빠지지 않습니다. 빠질 필요가 없습니다. 이런 자가 복있는 사람입니다. 넉넉하니까 말입니다. 내 행복으로 스스로 넉넉하기 때문입니다. 스스로 만족합니다. 이것이 복인 것입니다. 여기까지는 소극적인 면입니다. 적극적으로는 본문에 보는대로 복있는 사람은 여호와의 율법을 즐거워합니다. 이제 행복관이 문제입니다. 무엇을 즐거워하는고하니 여호와의 율법을 즐거워합니다. 율법을 사랑하고 율법 듣기를 즐거워합니다. 하나님말씀 듣는 것, 설교 듣는 것, 예배드리는 것—이것이 좋은 것입니다. 여러분도 휴일 이 시간에 가고 싶은 데가 많을 것입니다. 그러나 그것보다 이것이 더 중요합니다. 거기보다 여기가 더 행복합니다. 그래서 여기 나왔습니다. 하나님의 율법을 사랑하고 하나님의 말씀을 듣는 것이 꿀송이보다 훨씬 더 단 바로 이 시간, 이 행복을 아는 사람이 행복한 사람인 것입니다. 이런 사람이 바로 복된 사람이다, 그 말씀입니다. 여호와의 율법을 즐거워하고, 또 여호와의 율법을 묵상한다고 하였습니다. 묵상한다는 것은 생각한다는 말입니다. 깊이 생각하는 것입니다. 집중적으로 생각하고 딴생각은 하지 않습니다.

사람 가운데는 생각하기를 포기한 사람이 있습니다. 동물적인 사람이지요. 생각하는 것을 싫어하는 사람이 있습니다. 왜 싫어합니까. 과거에 대해 생각하니까 분하고 억울하고, 미래에 대해 생각하니까 암담하고, 현재를 생각하니까 고통스러워 견딜 수가 없습니다. 그래서 생각하지 않으려고 술을 마시는 것입니다. 불쌍한 사람들입니다. 술취하기를 좋아하는 사람, 참으로 불쌍한 사람입니다. 생각을 포기한 사람입니다. 생각만 하면 괴로우니까요. 생각하는 것을 즐기는 사람이 행복한 사람입니다. 명상을 합니다. 깊이 생각합니다. 가장 좋은 일을 생각합니다. 가장 아름다운 일을 생각합니다. 하루종일이라도 가만히 생각하면 그렇게 좋을 수가 없습니다. 생각만 해도 좋은 것입니다. 이 생각 속에서 즐기는 이것이 인간적 행복이라는 것입니다. 깊이 생각해보면 우리는 결국 모든것에서 생각함으로 즐기는 것입니다. 내가 혹 귀한 선물을 받았다고 합시다. 하찮은 것이지만 사랑하는 사람이 내게 준 선물이니 썩 기분이 좋습니다. 이걸 볼 때마다 그 사람의 얼굴이 떠오르고 그 어떤 순간이 생각습니다. 그 벅찬 감격의 시간이 생각납니다. 이것을 즐기는 것입니다. 생각 속에서 사람은 행복하기도 하고 불행하기도 한 것입니다. 하물며 하나님의 말씀이겠습니까. 명상합니다. 하나님의 말씀을 깊이 생각하느라면 그 속에서 내게 주신 과거의 은혜가 생각납니다. 하나님의 말씀을 읽느라면 내게 주신 약속이 생각납니다. 말씀이라고 하는 프리즘을 통하여 우리는 무한한 세계를 바라봅니다. 거기에 행복이 있는 것입니다.

여행을 해보았습니까? 한번 여행을 하려고 하면 적어도 3개월 동안은 준비를 하라는 말이 있습니다. 제가 몇년 전에 한번 예루살렘을 갈 기회가 있었습니다. 회갑 때였습니다. 회갑여행이라고해서 처음으로 그곳에 가보았습니다. 아내와 같이 갔는데, 가기 전에 저는 성지에 관한 책을 3권이나 읽었습니다. 3권 다 읽고 한 권은 가지고 가서 가령 베들레헴에 간다 하면 베들레헴에 대한 것을 미리 보고, 사해를 방문한다 하면 사해에 대한 것을 아침에 한 번 보고야 출발하곤 했습니다. 안내자가 뭐라고 뭐라고 설명해보아야 아무것도 아니더라고요. 오히려 내가 보충을 해주었습니다. 사실은 이렇고… 하고 얘기를 했더니 그 안내자가 어떻게 그리 잘 아시느냐고 하기에 제가 히브리대학 교수가 쓴 책을 읽었다고 했더니 "아, 그렇습니까" 하면서 반가워하는 것이었습니다. 이래저래 퍽 재미있었지요. 그런데 가만히 보니 공부 안하고 온 사람들은 그저 더워서 못살겠다고 투덜거리고 짜증내고 하는 것입니다. 일껏 돈들여 왔다가 그 무슨 꼴입니까. 거기는 그실 뜨거워야 볼만합니다. 며칠전에도 누가 이스라엘을 간다고 하기에 여름에 가라고 권했습니다. 겨울에 가면 비만 오고 서늘해서 이스라엘이 어떤지 몰릅니다. 여름에 가서 그 뜨거운 45도를 겪어보아야 여기서 사람이 살아남았구나 하고 진가를 맛볼 수 있습니다. 고생스러울수록 의미가 있는 것입니다. 고생 안하려면 안방에 누워 있을 일이지 어딜 다닙니까. 생각해보십시오.

자, 이제 우리는 미리 공부를 해서 환하게 내가 갈 곳을 봅니다. itinerary를 세우고 무얼 보고 어디를 보고… 미리 머리속에 스크린이 들어 있는 것입니다. 그리고 가는 것입니다. 우리는 성경을 통하여 오늘을 기점으로, 앞으로 주실 하나님의 축복을, 요단강 건너가 하늘나라에 들어갈 때까지를 환하게 바라봅니다. 스데반이 순교하면서 하늘을 우러러봅니다. 주님의 보좌가 환하게 우러러보입니다. 바로 이것이 명상입니다. 여호와의 말씀을 즐거워합니다. 하나님의 말씀을 명상합니다. 복있는 사람은 여호와의 말씀을 주야로 묵상하는 자로다―묵상할 때 여기서 지혜가 생기고 능력이 생기고 활력이 생기고 소망이 생기는 것입니다. 그런고로 악인의 꾀에 빠질 리도 없고 죄인의 길에 설 리도 없습니다. 이 사람이 복된 사람인 것입니다. 앞에 무슨 일이 있느냐고 묻지 마십시오. 금년에 무슨 일이 있을 것이냐고 묻지 마십시오. 과거도 그랬듯이 앞으로도 깜짝깜짝 놀랄 일이 계속될 것입니다. 쓸데없는 망상을 가지지 마십시오. 금년에도 조용하기는 틀렸습니다. 오늘 나타나고 있는 일련의 엄청난 추태가 어디 오늘의 사건입니까. 벌써 몇년 전에 있었던 일이 오늘에야 알려진 것일 뿐 이상할 것 하나도 없습니다. 놀랄 것 조금도 없습니다. 그렇게 역사는 흘러왔습니다. 다만 우리는 아무것도 묻지 말고 스스로 복된 사람이 되도록만 힘쓸 것입니다. 내가 복자만 되면 어디 가서 어떤 환경에 놓이더라도 하나님께서는 나를 통하여 역사하시고 나를 통하여 영광을 받으시며 당신의 뜻을 의연하게 이루어가실 것입니다. 복있는 사람은 형통할 것입니다. 하나님께서 그 운명을 보증해 주신다고 말씀하십니다. 시냇가에 심은 나무처럼 될 것이라고 말씀하십니다. △

무능하게 된 이유

    예수께서 무리의 달려 모이는 것을 보시고 그 더러운 귀신을 꾸짖어 가라사대 벙어리 되고 귀먹은 귀신아 내가 네게 명하노니 그 아이에게서 나오고 다시 들어가지 말라 하시매 귀신이 소리지르며 아이로 심히 경련을 일으키게 하고 나가니 그 아이가 죽은 것 같이 되어 많은 사람이 말하기를 죽었다 하나 예수께서 그 손을 잡아 일으키시니 이에 일어서니라 집에 들어가시매 제자들이 종용히 묻자오되 우리는 어찌하여 능히 그 귀신을 쫓아내지 못하였나이까 이르시되 기도 외에 다른 것으로는 이런 유가 나갈 수 없느니라 하시니라

(마가복음 9 : 25 - 29)

무능하게 된 이유

　여러 해 전에 있었던 일입니다. 비가 막 쏟아지는 오후, 청계천 고가도로로 차를 몰아 달리고 있었습니다. 삼일고가도로에 와서 램프(ramp)를 타고 남산쪽으로 회전을 하여야 되는데 램프에 올라섰을 때 바로 앞차가 고장이 나서 서게 되었습니다. 그러니까 뒤의 차들이 줄줄이 수십 대가 잇달아 서게 됩니다. 이제는 비켜갈 길도 없습니다. 램프 한가운데 차가 섰기 때문에 그대로 꼼짝못하고 서 있는 터인데 그 차를 몰던 사람이 차에서 내려오더니 자동차 보넷을 열어 놓고 기웃기웃거리며 애를 씁니다. 비도 쏟아지고해서 누구도 그를 도와줄 경황이 없는데, 성미급한 사람 하나가 자기차에서 내려 비를 맞으면서 가까이 다가가 무엇이 고장났느냐고 묻습니다. 자세히 들으니 그 사람이 빗속에서 소리를 지르는데 "기름이 떨어졌어요"하는 것이었습니다. 다가갔던 사람이 "기름 바닥나는 것도 몰랐소?"하고 볼멘소리를 하니까 그 사람 대답인즉 게이지가 고장났다는 것입니다. 저는 여기서 많은 생각을 하게 되었습니다. 기름 떨어진 자동차—이건 무능합니다. 그 차가 아무리 고급차라해도 소용없습니다. 운전기술도 소용이 없습니다. 운전경력도 소용이 없습니다. 설사 거기 탄 사람이 자동차 만드는 기술자라 해도 도리가 없습니다. 모든 지식이 다 무효로 돌아가는 것입니다. 그런데 중요한 것은 기름이 떨어졌다는 사실을 본인이 모르고 있었다는 사실입니다.

　오늘본문에 나타난 이야기는 오늘을 사는 우리에게 많은 것을 시사해주는 중요한 말씀입니다. 어떤 날 예수님께서 변화산에 올라가셨습니다. 이제 눈앞에 십자가가 있기 때문에 제자들로 하여금 능히 이 많은 고통을 이기고 승리할 수 있도록 하기 위해서 장차 나타날 영광을 미리 보여주셨습니다. 베드로, 요한, 야고보에게 아주 엄청난 체험을 하게 하셨습니다. 이런 귀한 은혜의 장소가 마련되고 있는데 아홉 제자는 산밑에서 예수님을 기다리면서 졸고 있고 자고 있었습니다. 이제 아침이 되어 예수님께서 제자들과 함께 내려오시는 바로 그 시간 직전에 한 사건이 벌어졌었습니다. 어떤 아버지에게 귀신들린 아들이 있었다는 것입니다. 정신이상자 아들을 둔 부모의 마음이 얼마나 아플 것인지는 상상이 될 것입니다. 성경이 말씀하는대로 그는 불로 뛰어들어가고 물로 뛰어들어가고 제 몸을 찔러서 피를 내고… 멀쩡한 아들이 종종 이렇게 발작을 일으키는 것이고 보니 그 아버지의 괴로움이 얼마나 하겠습니까. 이것을 고치려고 치료도 많이 다니고, 미신도 섬겨보고, 백방으로 애를 썼는데 고칠 수가 없었습니다. 그러던 중에 그 아버지는 눈이 번쩍 뜨이는 소문을 들었습니다. 예수님께서는 어떤 병이라도 고칠 수 있다더라, 하는 소문이었습니다. 그는 기대를 걸고 예수님을 찾아 아이를 데리고 왔는데 마침 예수님께서 안계십니다. 제자들만 산기슭에 웅기중기 앉아 있었던 것입니다. 바로 이 시간입니다. 어떻게 생각이 되는고하니, 이 귀신들린 아이를 용케 끌고끌어 여기까지 왔으니 이 아이에게서 귀신을 내쫓아달라고 청할 때 제자들이 이랬었으면 좋았을 것이라고 저는 생각합니다. "이제 예수님께서 곧 내려오십니다. 산에 올라가 밤새 기도하셨는데 이제 새벽이 됐으니 곧 내려오실 겁니다. 여기서 잠깐만 기다리면 예수님을 만나게 될 것이고, 예수님만 만나면 뭐, 이까짓 귀신이나 이까짓 병은 아무것도 아닙니다. 깨끗하게 고쳐주실 것입니다. 그러니 안심하고 좀 기다리십시오." 제자들이 이렇게 했더라면 얼마나 좋았을까 하는 생각이 드는 것입니다. 그런데 그렇지를 않았습니다. 아홉 제자가 저마다 그 아이한테 덤벼들어 자기가 귀신을 내쫓겠다고 한 것입니다. 뭔가 희한한 것을 좀 보여주고 싶었던 것입니다. 자기자랑을 하고 싶었던 것같습니다. 그래서 아홉 제자가 다 시도를 합니다. "나사렛 예수의 이름으로 명하노니 귀신아 나가라" "예수의 이름으로 명하노니 썩 물러가라"하고 각자 나름대로 기를 써보았지마는 소용없었습니다. 이 아이는 더욱더 소리를 지르고 발악을 합니다. 이 일로 인하여 아버지는 낙심하게 되고 이 일로 인하여 제자들은 말할수없는 부끄러움을 당하게 됩니다. 창피하지요. 당황하게 됐습니다.

　이 본문을 보면 생각나는 이야기가 하나 있습니다. 제가 가르친 제자 가운데 목사님이 많은데 그 중의 한 사람이 교회를 개척했습니다. 한 백 명 정도의 교인을 모으고 교회를 개척, 상가에 예배처소를 마련하고 열심히 예배를 인도하는 젊은 목사였습니다. 어느날이었습니다. 예배를 드리는 중인데 느닷없이 한 사람이 벌떡 일어서더니 고래고래 소리를 지르는 것입니다. 귀신들린 사람이었습니다. 이런 경우에는 어떻게 대응하여야 되는지를 내가 신학대학에서도 가르쳐주었는데, 이 사람은 그 시간에 무슨 생각을 했는고하니 '내가 이 시간에 저 귀신을 내쫓으면 이야말로 우리 교회의 부흥에 불씨가 될 것이다. 좋다. 뭔가 보여주어야겠다' 하고 생각하게 되었습니다. 그래서 설교하다말고 내려가 교인들 한가운데 있는 그 사람을 향해서 "예수의 이름으로 명하노니 귀신아 나가라"하고 냅다 소리를 질렀는데, 그놈의 귀신이 나가주었으면 얼마나 좋았겠습니까. 그런데 그렇지 않았습니다. 이 귀신이 더 소리를 지르면서 "야, 이놈아! 네놈은 누구야?"하고 덤벼드는 것입니다. 난장판이 되었습니다. 그래서 교인들도 실망하고 목사님은 더없이 부끄러워졌습니다. 제게 전화가 왔는데 "목사님, 이런 일이 있었습니다. 이런 때는 어떻게 하면 좋습니까?" 합니다. 내가 대답했습니다. 사표 내라고. 영권이 없으면 목사가 아닙니다. 지식도 있고 능력도 있고 학벌 다 있다해도 영적 권세가 없다면 일은 끝난 것이 아니냐고 충고했습니다. 아주 충격을 받고는 다시 시작하여 다시 일어서는, 그런 훌륭한 목사님이 있었습니다. 그분에게 그 일은 아주 좋은 경험이 되었으리라고 생각합니다.

문제의 초점은 어디에 있는고하니 자신의 무능을 스스로 몰랐다는 사실입니다. 자기능력이 이미 빠져나갔다는 사실을 자기가 모르고 있었습니다. 무엇을 아는 줄 알았는데 이제 보니 아무것도 모릅니다. 무엇을 할 수 있는 줄 알았는데 보니 그게 초라하기 짝이 없습니다. 아주 무능합니다. 돈을 버는 줄 알았는데 정산해보니 빚더미입니다. 내 돈은 하나도 없고 은행돈뿐입니다. 무엇을 이루었고, 무슨, 아세아의 용이 어떻고… 빈털터리입니다. 일본사람들은 버블(bubble)이라고해서 거품경제라고 말합니다마는 우리는 거품은커녕 풍선도 못됩니다. 무엇이 됐다는 것입니까. 무얼 이루었다는 것입니까. 기적은 무슨 기적입니까. 아무것도 없는데 있는 것처럼, 무엇을 할 수 있는 것처럼, 무얼 가진 것처럼, 아는 것처럼 착각을 했습니다. 스스로 속은 것입니다.

오늘본문으로 돌아가보면 예수님의 제자들은 스스로 예수님의 제자로 부르심받았다는 사실 하나를 너무 크게 생각하고 있습니다. 저가 뭐 특별해서 예수님의 제자가 된 것처럼 말입니다. 하기야 많은 사람 중에서 열두 사람만 부르심으로 주님과 함께할 수 있게 하셨으니 예삿일은 아니지요. 내가 예수님의 제자다, 나는 예수님의 제자다, 하고 위세를 떨치고 싶었습니다. 그런데 그들은 예수님과 같지 못했습니다. 또한 예수님께 대한 지식을 신앙으로 오해하고 있었습니다. 그들은 예수님 따라다니면서 구경 많이 했습니다. 귀신 내쫓으시는 것, 병 고치시는 것, 죽은 사람 살리시는 것까지 보았습니다. 희한한 구경 많이 했습니다. 그저 어떤 병이든 어떤 사건이든 다 해결하시는 그 굉장한 능력을 매일처럼 구경했었습니다. 그러나 그랬다고해서 그런 능력이 내것 되는 것입니까. 죽을 사람 살리는 자리에서 구경했다하여 이제 내게 달라진 것이 무엇입니까. 그 많은 지식을 가졌다고해도 그 지식이 내 인격에, 내 인간에게 어떤 변화를 주지 않는 한 그 지식은 아무 소용이 없는 것입니다. 깊이 생각하여야 합니다.

빌립보서 4장 13절에 "내게 능력 주시는 자 안에서 내가 모든 것을 할 수 있느니라"라고 말씀합니다. 내게 능력 주시는 자 안에서만, 그리스도 안에서만 가능한 것입니다. 그리스도 밖에서는 아무 의미가 없는 것입니다. 고린도전서 4장 20절에 보면 "하나님의 나라는 말에 있지 아니하고 오직 능력에 있음이라" 합니다. 말 잘하는 것, 많이 아는 것, 이런 것과 상관이 없습니다. 문제는 능력입니다. 자기를 이기는 능력, 유혹을 이기는 능력, 죄를 이기는 능력, 불의를 극복하는 능력, 모든것을 물리치는 권세—이것이 있어야 하는 것이었단말입니다. 이 사람들은 지난밤 예수님께서 산에서 기도하실 때 함께 기도하지도 못하는 정도의 인간들이었습니다. 예수님 기도하시는데 어떻게 거기서 잠을 자고 있단말입니까. 그러고도 어찌 능력의 사람이 될 수 있다는 것입니까. 또 중요한 점은 경험이 문제라는 것입니다. 이 사람들이 며칠전에 병을 고친 경험이 있거든요. 예수님께서 열두 제자를 부르신 다음에 두 사람씩을 내보내셨습니다. 가서 귀신을 내쫓고 병을 고치고 하나님의 나라가 가까웠다고 복음을 전하라 하시는 분부를 받고 둘씩 둘씩 흩어져 사방에 다니면서 역사했습니다. 주님이 보내시고 주님의 능력이 함께하심으로 큰 역사를 이루고 돌아와 신이 나서 자랑을 한 일이 있거든요. 아, 귀신 보고 나가라니까 당장 나가더라, 병자가 낫더라, 했습니다. 굉장한 경험들입니다. 그게 다 며칠전의 일이었습니다. 그래놓으니, 그 경험에 비추어 오늘도 그것이 가능하다고 생각한 것입니다. 무릇 지난날의 경험, 그 경험이 오늘에도 똑같은 형식으로 반복되는 것은 아닙니다. 그것을 알아야 합니다. 어느 사이에 이 경험이 자기 의지가 된다고 생각했습니다. 그러나 세월은 변했습니다. 내 경험은 내 지식으로 남고 나라는 인간은 벌써 바뀌었습니다. 내 마음은 이제 처음마음이 아닙니다. 그때의 그 감격은 없어졌습니다. 그런고로 변질되는 것입니다.

더욱 중요한 신학적 문제가 있습니다. 그들이 예수님의 말씀을 따라 나아가서 예수님의 이름으로 권능을 행하였는데 그 일로 인하여 저들은 이제 나는 능력의 사람이 되었다고 착각을 했습니다. 내가 몇번 해보니까 되더라, 이제부터는 한평생 내가 이런 능력의 사람으로 나타날 거라고 착각을 했습니다. 그러나 그게 아닌 것입니다. 하나님께서 그를 통하여 역사하신 것일 뿐입니다. 자기가 한 것이 아니었습니다. 이것을 몰랐습니다. 내가 능력의 사람이 된 게 아니라는 것을. 'became power man' 이 아닙니다. 파워맨이 된 게 아니란말입니다. 하나님의 능력이 나를 통해 나타난 것일 뿐이지요. 이 사실을 그들은 바로 깨닫지 못하고 있었습니다. 아마도 대표적인 예로 모세를 들 수 있을 것입니다. 모세는 능력의 사람입니다. 분명히 하나님께서 그와 함께하심으로 홍해를 육지같이 건너는 사람이 됐고, 반석을 쳐서 물을 내는 사람이 됐고, 이스라엘백성을 광야에서 40년 동안 인도한 능력의 사람이 됐습니다. 그러나 그가 가데스바네아에 왔을 때, 백성들이 물이 없으므로 원망을 할 때 큰 실수를 합니다. 백성들 앞에 나아가 소리지르기를 "우리가 너희를 위하여 이 반석에서 물을 내랴(민 20 : 10)"합니다. 바꿔말하면 '내가 물을 내랴' 하고 소리를 지르는 셈입니다. 자기가 물을 낼 때가 어디 있습니까. 하나님께서 물을 주셨고 자기는 심부름을 한 것일 뿐입니다. 그는 어느결에 내가 능력의 사람이 된 것처럼 착각을 합니다. 40년 동안 하나님의 능력 안에 살다보니 어느결에 내가 능력자가 된 줄로 착각을 했습니다. 그리고 소리를 지르는 것입니다. 이에 하나님께서 크게 책망을 하십니다. "너희가 나를 믿지 아니하고 이스라엘자손의 목전에 나의 거룩함을 나타내지 아니한고로(민 20 : 12)" 너희는 요단강을 건너가지 못한다고 꾸짖으십니다. 이리하여 모세는 몽매에도 그리던 가나안에 못들어가고 느보 산에서 소천합니다. 이 사실을 우리는 깊이 생각하여야 합니다. 무슨 일을 이루었다고해서 이제 내가 능력자가 된 줄로 착각해서는 안됩니다. 하나님께서 나를 통하여 그 일을 이루신 것일 뿐입니다, 오늘도 내일도. 그런고로 우리는 아무 것도 아닙니다. 사도 바울이 고백했듯이 나의 나된 것은 오직 하나님의 은혜일 뿐, 나 자신이 무엇을 했다고 할 수도 없고 할 수 있다고도 못합니다. 하나님께서 허락하시면 되고 인도하시면 가능할 뿐입니다. 우리자신은 언제나 이대로 부족하고 허물많은 죄인의 모습으로 남는다는 것을 잊어서는 안됩니다.

특별히 오늘본문을 자세히 보면 이렇게 자신들에게서 지금 능력이 빠져나갔고, 신앙적 자세에 변질이 왔고, something wrong─무언가 잘못되고 있다는 것을 자신들이 몰랐습니다. 모르는 채로 섣불리 소리를 지르다가 망신을 당한 것입니다. 과신을 했던 것입니다. 잘못된 것을 모르고 있었습니다. 그러나 그들이 이제 성령을 받게 될 때, 사도행전 3장에 보면 베드로와 요한이 참 중요한 말씀을 하고 있지 않습니까. 베드로와 요한이 성전 미문에 올라가다가 거기에 있는, 나면서부터 앉은뱅이된 사람을 일으킵니다. 굉장한 사건입니다. 많은 사람들이 그들을 하늘에서 내려온 사람들인 양 우러러보고 높이 추앙하고 있을 때 베드로와 요한은 진실한 말을 합니다. "이 일을 왜 기이히 여기느냐 우리 개인의 권능과 경건으로 이 사람을 걷게 한 것처럼 왜 우리를 주목하느냐(행 3 : 12)" 합니다. 나는 아무것도 아니다, 예수의 이름이 저를 낫게 했느니라, 그런고로 나를 보지 말라─이것이 성령 충만한 베드로, 요한의 진실이었습니다. 깊이 생각하여야 합니다. 예수님 말씀하시기를 "믿는 자에게는 능치 못할 일이 없느니라"하십니다. 그런데 믿음이 빠져나갔습니다. 그것을 모르고 있었습니다. 예수님 친히 말씀하십니다. "믿음이 없는 세대여" ─그렇습니다. 믿음이 중요합니다. 무엇보다도 믿음이 있고야 능력이 있는 것입니다. 믿음 없어지면 아무것도 아닙니다.

여러분, 신뢰의 지수는 경제성장지수보다 우선한다는 것을 잊지 마십시오. 무엇을 좀 이루었다고 될 일이 아닙니다. 오직 크레디트(credit)의 문제입니다. 신뢰성이 문제입니다. 우리 한국사람들이 요새 외국을 많이 여행합니다. 이민도 많이 갑니다. 갔다가 다시 돌아오기도 합니다. 문자그대로 소위 세계화한 세상에 살고 있습니다. 그런데 미국에 가보면 이런 얘기를 많이 듣습니다. 외국사람들은 자동차를 살 때 전부 할부로 삽니다. 월부로 사요. 심지어는 양복 하나도 월부로 사고 꼬박꼬박 뭅니다. 월부금 무느라고 죽을고생을 합니다. 그런데 우리 한국사람들은 가서 일시불로 꽝 돈 내고 바로 삽니다. 그런데 어느 쪽이 신용을 얻고 있느냐, 하면 보십시오. 일시불로 자동차를 사는 사람은 전혀 믿어주지를 않습니다. 그 인격은 허풍이요 거품에 불과한 것입니다. 그러나 자동차를 사고 이것을 3년 동안 꼬박꼬박 월부로 하루도 지연되지 않고 계속 잘 물면 이것이 신용도가 됩니다. 크레디트가 되어서 그 다음에 담보 없이 돈을 꿀 수 있습니다. 이것을 알아야 합니다. 돈이 많아서 일시불로 꽝 내면 기분은 좋을지 몰라도 신용도는 영점입니다. 신용이란 하루아침에 얻을 수 있는 것이 아닌 것입니다. 3년, 10년을 꼬박꼬박 월부로 잘 물어나가는 사람은 믿을 수 있는 사람입니다. 우리 경제의 문제가 여기에 있는 것입니다. 돈을 얼마나 벌었는지 몰라도 (사실 번 것도 없지마는) 국제적으로 신용도가 아주 밑바닥입니다. 한국의 은행들은 세계적으로 신용도가 밑바닥입니다. 한국경제란 믿을 것이 못됩니다. 한국사람 믿을 사람들이 못됩니다. 믿기지 않으면 끝난 거지요. 이것을 알아야 합니다. 신용도가 없는 것입니다. 신뢰지수가 문제입니다. 개인적으로도 그렇습니다. 그 말을 믿을 수 있고, 약속을 믿을 수 있고, 인격을 믿을 수 있고, 진실을 믿을 수 있고… 그래야 무엇이 되어집니다.

믿음이 없는 사회는 무능합니다. 신용도가 낮으면 모든것이 송

두리째 무너지는 것입니다. 이것을 알아야 합니다. 철학자 키에르케고르는 'untasted faith'라고 하는 유명한 용어를 썼습니다. 체험되지 않은 신앙, 다져지지 않은 신앙, 한번도 깊은 체험이 없는 신앙이란 믿을 것이 못됩니다. 아무 의미도 없는 것입니다. 넬스 필레라고 하는 신학자는 믿음에 대하여 세 가지로 분석합니다. 첫째는 전통적 기독교신앙을 받아들이는 고백적 신앙입니다. 두 번째는 정직한 단계의 신앙입니다. 내 지식이나 자랑이나 위선이나 공로 같은 것은 다 버리고 하나님 앞에 정직해지는 믿음의 단계가 있어야 됩니다. 그 다음에는 하나님을 아버지로 고백하고 은총적으로 귀기울여 듣는 믿음입니다. 모든것은 하나님의 은혜다, 오직 은혜로 내가 있다, 하는 믿음이 확실하게 들어갈 때 이것이 가장 큰 믿음입니다. 잘되는 일이건 못되는 일이건, 건강하건 병들건, 그 모든것이 나를 향한 하나님의 은혜라는 인식에 도달할 때, 이 사람이 강한 능력의 사람이 될 수 있다는 것입니다. 능력의 근거는 믿음입니다. 그 믿음은 오직 기도로써 성립하는 것입니다.

기도는 하나님과 영적으로 교통하는 유일한 채널입니다. 그런고로 기도가 없는 믿음은 믿음일 수가 없습니다. 기도 없는 믿음은 지식입니다. 그것은 자기신뢰에 불과합니다. 아무것도 아닙니다. 예수님의 제자들, 기도가 없었습니다. 예수님께서는 기도 아니고는 그런 일이 있을 수 없다, 하셨습니다. 너희가 능력을 행한 것은 안다마는 간밤에 기도하지 않았다, 바로 이 시간에도 기도가 없었다, 하나님과 나 사이에 기도의 관계가 없는 너희의 신앙이 무슨 의미가 있느냐, 하심입니다. 오직 하나님의 능력만이 존재합니다. 그 능력은 믿음을 가진 자와 함께합니다. 기도와 함께 하나님과 나와의 관계가

바로될 때 확고한 믿음에 서고, 믿음의 사람이 될 때 능력의 사람이
되는 것입니다. △

정직한 영을 새롭게 하소서

하나님이여 주의 인자를 좇아 나를 긍휼히 여기시며 주의 많은 자비를 좇아 내 죄과를 도말하소서 나의 죄악을 말갈게 씻기시며 나의 죄를 깨끗이 제하소서 대저 나는 내 죄과를 아오니 내 죄가 항상 내 앞에 있나이다 내가 주께만 범죄하여 주의 목전에 악을 행하였사오니 주께서 말씀하실 때 의로우시다 하고 판단하실 때 순전하시다 하리이다 내가 죄악 중에 출생하였음이여 모친이 죄 중에 나를 잉태하였나이다 중심에 진실함을 주께서 원하시오니 내 속에 지혜를 알게 하시리이다 우슬초로 나를 정결케 하소서 내가 정하리이다 나를 씻기소서 내가 눈보다 희리이다 나로 즐겁고 기쁜 소리를 듣게 하사 주께서 꺾으신 뼈로 즐거워하게 하소서 주의 얼굴을 내 죄에서 돌이키시고 내 모든 죄악을 도말하소서 하나님이여 내 속에 정한 마음을 창조하시고 내 안에 정직한 영을 새롭게 하소서 나를 주 앞에서 쫓아내지 마시며 주의 성신을 내게서 거두지 마소서 주의 구원의 즐거움을 내게 회복시키시고 자원하는 심령을 주사 나를 붙드소서 그러하면 내가 범죄자에게 주의 도를 가르치리니 죄인들이 주께 돌아오리이다

(시편 51 : 1 - 13)

정직한 영을 새롭게 하소서

한 낚시꾼이 있었습니다. 그는 심한 공처가였습니다. 어느날 낚시터에 나가서 하루종일 낚시를 드리우고 있었지마는 한 마리도 못 잡았습니다. 집에 돌아올 때 그는 아내의 잔소리가 걱정되었습니다. 한 마리도 못잡으면서 무엇하러 돌아다니느냐고 잔소리할 것을 생각하니 마음이 편치 않았습니다. 그래서 그는 시장에 가서 싱싱한 물고기 세 마리를 사가지고 집에 들어가기로 했습니다. 그런데 생선가게에서 가장 싱싱한 놈으로 세 마리를 골라놓은 그가 주인한테 이런 이야기를 하는 것이었습니다. "내가 이 값은 묻지 않고 얼마라도 부르는대로 사겠는데 단 하나 조건이 있습니다. 내가 저만치 서 있을 테니까 물고기를 한 마리 한 마리 던져주십시오. 그러면 내가 손으로 붙잡겠습니다." 이상하게 여긴 주인이 물었습니다. "왜 그렇게 하자는 거요?" 그는 이렇게 대답합니다. "내가 집에 들어가서 아내에게 '분명히 이 고기는 내 손으로 잡은 거요'—그렇게 말하려고 하는 것입니다." 보십시오. 정직하고자 하는 생각뿐입니다. 글쎄올시다. 이것이 정직한 것인지 모르겠습니다. 참으로 정직이라는 것이 문제입니다. 말은 그럴싸하게 하고 이렇게저렇게 수식하고 변명하고 다 정당화해버렸는데 정말 정직이 어디 있느냐, 하는 것입니다. 요새 젊은사람들이 결혼을 하고 아이를 낳습니다. 옛날에는 다 그러지 못했습니다마는 지금은 많이들 자랑삼아서 아버지가 아이를 안고 다닙니다. 그런데 그 아이들을 가만히 보면 아빠도 안닮고 엄마도 안닮았어요. 전혀 닮지 않은 아이가 많답니다. 왜냐하면 두 사람이 다 성형수술을 했기 때문입니다. 태어나는 아이의 모습은 진실하거든요.

완전히 가짜끼리 사는 것이지요, 이것이. 생각해보십시오. 정직함이란 인격의 기본입니다.

본문에 나타난 다윗 왕의 별명은 '정직한 사람'입니다. 하나님께서 지어주신 이름입니다. 내 종 정직한 다윗 ― 하나님께서는 다윗을 그렇게 부르십니다. 하나님께서 그렇게 인정하셨습니다. 여러분이 아시는대로 모세는 혈기가 많은 그런 사람인 줄로만 알고 있는데 그렇지 않습니다. 하나님께서는 온천하에 모세처럼 온유한 사람이 없다고 말씀하셨습니다. 하나님께서 모세는 온유한 사람이다, 인정하시고 그렇게 별명을 지으셨습니다. 확실히 다윗은 깨끗한 사람이 아닙니다. 그는 장군이었고 사람을 죽이고 전쟁을 한 사람입니다. 여러 가지로 죄가 많은 사람입니다마는 그는 정직한 사람입니다. 있는 그대로 정직했습니다. 정직이란 바로 그런 것입니다. 깨끗하냐, 의로우냐, 용기가 있느냐, 잘했느냐, 못했느냐… 그런 얘기가 아닙니다. 문제는 정직했다는 것입니다. 여러분이 잘 아시는 링컨 대통령은 별명이 honest ape입니다. 정직한 원숭이란 뜻입니다. 이것은 사람들이 그를 미워할 때 붙인 이름입니다, 너무 정직해서. 그의 정직함은 모든 사람에게 알려졌는데 이에 대한 일화가 많습니다. 그가 장사할 때 어느날 물건을 팔았는데 뒤에 계산해보니 거스름돈 1센트를 못준 것입니다. 손님한테 돈이 덜 갔더란말입니다. 그는 그 1센트를 들고 3마일을 물어물어 찾아가서 결국은 그 손님을 찾아 1센트를 주고 돌아왔다는 것입니다. 그만큼 그는 정직했습니다. 손님 하나를 잃어버릴까봐서 그런 것이 아닙니다. 또한 그래야 마음이 편하기 때문에도 아닙니다. 중요한 것은 정직 그 자체인 것입니다. 이것이 그의 생활신조였기 때문입니다.

담력도, 인내도, 지혜도 다 그 기초가 정직함에 있는 것입니다. 정직은 선과 의보다 우선적이라는 것을 알아야 됩니다. 물론 번영과 자유보다도 우선적인 것입니다. 선악의 문제, 의와 불의의 문제, 그것이 문제가 아닙니다. 그보다 정직이 더 근본적입니다. 정직하고야 지혜로운 사람이 됩니다. 정직하고야 용기가 있습니다. 정직이 있고야 참평안이 있습니다. 정직이 있고야 힘이 있고, 긍지도 있고, 보람도 있고, 영광이 있는 것입니다. 정직을 버리고나서 그 무엇을 얻어도 아무 소용 없다는 것을 우리는 경험하고 있습니다. 그런데 우리는 이것을 잊어버릴 때가 많습니다. 영국사람들에게 아주 재미있는 속담이 있습니다. '하루를 행복하려면 이발소에 가서 이발을 하라. 일주일을 행복하려면 결혼을 하라' —결혼이 그 정도밖에 안되는가 봐요. '한 달을 행복하려면 말을 사라. 일 년을 행복하려면 새 집을 사라. 그러나 한평생 행복하려면 정직한 사람이 되라.' 여러분, 우리의 불행은 없어서가 아닙니다. 멸시를 받기 때문에도 아닙니다. 실패했기 때문에도 아닙니다. 병들었기 때문에도 아닙니다. 설명할 필요가 없습니다. 긴 설명이 있으면 거짓말입니다. 도대체 설명이 길 필요가 없는 것입니다. 본래 정직하지 못한 사람은 생각이 복잡합니다. 왜냐하면 진짜배기를 기억하여야 되고 거짓말한 것도 기억하여야 되고, 둘 다 기억하려니까 복잡하지요. 그러나 정직한 사람은 간단합니다. 그렇다, 아니다, 하면 끝나니까 설명이 필요없습니다. 정직이란 것은 사실을 사실대로 인정하는 것을 말합니다. 진실한 사실 그대로 인정하면 되는 것입니다. 그리고 그 책임을 내가 지는 것입니다. 이제 남에게 책임을 전가할 필요가 없습니다. 그런 꾀를 부릴 필요가 없고 복잡한 생각을 할 필요가 없는 것이 정직입니다. 그런고로 단순한 것이지요.

본문에 나타난 다윗 왕은 참으로 정직한 사람입니다. 참 어려울 때 정직했습니다. 그는 엄청난 죄를 지었습니다. 왕으로서 자기 신하를 죽이고 그 아내를 뺏어왔습니다. 있어서는 안될 죄를 지었습니다. 더우기 그는 만백성을 재판하는 사람이었습니다. 이제와서 다윗이 그 사실을 인정하기란 참으로 어려운 것입니다. 그러나 그는 죄를 인정할 뿐만 아니라 시편에 나타난 그의 참회록을 보면 어느 본문을 봐도 '환경이 그랬고, 사실이 그랬고, 여건이 그럴 수밖에 없습니다…' 라고 하는 구구한 변명은 절대로 없습니다. 구차한 변명은 하지 않습니다. 뿐만아니라 누구 때문이다,라는 말도 하지 않습니다. '누구 때문이요, 누구 때문이요, 특별히 밧세바 그 여자 때문입니다…' 이런 이야기가 단 한 마디도 없습니다. 그런 의도가 없습니다. '내가 죄를 지었나이다. 하나님 앞에 내가 죄를 지었나이다.' 그것으로 끝입니다. 그는 정직했습니다. 우선 정직했습니다. 정직에 있어서 참으로 위대한 사람이었습니다.

그런데 이렇게 정직하기 위해서는 이 정직 뒤에 오는 불이익과 후속결과에 대해서 전혀 염려를 하지 않아야 됩니다. 정직한 다음에 어떻게 되느냐? 묻지 마십시오. 그것은 상관없습니다. 우선 정직하고볼 것입니다. 전혀 그 미래에 대해서, 그 결과에 대해서 걱정이 없는 사람만이 정직할 수 있다는말입니다. 보십시오. 정직함으로 인하여 손해도 보지요, 망신도 하지요, 부끄러움도 당하지요, 패망과 수욕이 있지요… 그래도 상관이 없습니다. 먼저 정직할 것입니다. 그러므로 정직하려면 믿음과 용기가 필요합니다. 비상한 용기가 없고는 정직하기가 어렵습니다.

안중근 의사를 여러분이 잘 압니다. 그가 어렸을 때 아버지가 몹시 엄했답니다. 그의 집에는 아버지가 특히나 소중히, 귀하게 여기는, 그 가정의 보물 같은 벼루가 하나 있었습니다. 하루는 어린 안중근이 아버지가 안계실 때 몰래 그 벼루를 꺼내가지고 쓰다가 아뿔싸, 그만 부주의해서 벼루를 깨뜨렸습니다. 이것 큰일났습니다. 어찌할 길이 없어 발을 동동 구르고 있는데 그때 옆에 있던 하인이 말합니다. "내가 깨뜨렸다고 말하겠어요. 만일에 도련님이 깨뜨렸다고 하면 큰난리가 날 것입니다. 내가 실수로 깨뜨렸다고 할 테니 도련님은 잠자코 계셔요." 하지만 어린 안중근은 단호하게 말했습니다. "아니, 그럴 필요 없네." 이윽고 아버지가 들어오시자마자 그는 무릎을 꿇고 이렇게 말했습니다. "대단히 죄송합니다. 아버지가 소중히 여기시고 손대지 말라 하신 벼루를 제가 몰래 쓰다가 깨뜨렸습니다." 그러자 아버지가 회초리로 종아리를 때렸는데 얼마나 심하게 쳤는지 종아리에서 피가 났습니다. 얼마후, 아버지 앞에서 물러나온 안중근이 그 종아리에 맺힌 피를 닦고 있는데 아까 그 하인이 가까이 왔습니다. "그러게 내가 뭐라고 했습니까. 내가 했다고 하면 될 걸 무엇하러 도련님이 했다고 해가지고 이 아픔을 겪는단말입니까." 하인은 이 어린 도련님이 안쓰러워서 위로했습니다. 그러자 안중근은 씽긋 웃으면서 이렇게 말합니다. "좀 아프기는 하지만 마음은 편하네." 잘 들어두십시오. 아프고 괴롭지만 마음은 편하다—이것이 정직입니다. 이것이 정직의 대가입니다.

죄송하지만 목사가 겪는 어려움을 하나 말씀드리겠습니다. 제가 한평생 새벽기도를 인도하는데 어떤 분들이 이렇게 묻습니다. "목사님은 참 건강하기도 하십니다. 어떻게 평생 그게 가능합니까?" 하지만 저 자신이라고 늘 새벽기도에 나오는 게 쉽기만 한 일은 아닙니다. 늦잠을 잘 때도 있고, 특별히 피곤할 때도 있고, 감기기운이 있을 때도 있고, 그래서 아침에 제시간에 못일어날 때가 있습니다. 일어나는 시간이 새벽 4시 반이지마는 어떤 때는 그만 그 시간이 지나서 깬단말입니다. 제 일생에 몇번 그런 일이 있었습니다. 벌써 새벽기도 시간이 다 되어가는데 눈을 떴습니다. 이대로 뛰쳐나가도 분명히 시간에 늦겠어요. 한 십 분 정도 늦어요. 그렇게 늦게 들어가면 틀림없이 교인들이 그럴 것 아닙니까. "목사님이 늦잠자다가 지금 저렇게 나왔구나." 그렇게 말할 게 틀림없지요. 사실이 사실이니까요. 그런 구구한 말은 좀 듣게 되겠지요. 그러나 만일에 그때 제가 안나가고말면 어떻게 될까요. "아마 목사님이 아파서 못나오시나보다"하고 이제 전화가 올 것입니다. "목사님, 어디 아프십니까?" 혹은 "그 시간에 어디 다른 데 가시면서 가신다는 말씀을 잊어버렸습니까?"—뭐 이 정도로 해결이 될 것입니다. 순간적으로 저는 '나가서 망신을 할까, 슬쩍 넘길까?' 하고 고민을 합니다. 이것이 고민이 되는 것입니다. 그러다가 '에잇, 사실이 사실이고 늦잠잔 건 늦잠잔 거지 무엇이 나쁜가. 나가자.' 이렇게 마음먹고 세수도 못하고 넥타이도 못매고 나와 섭니다. 벌써 찬송 다 불렀습니다. 그 다음에 나가서 성경을 인도하고 합니다. 이러고나면 좀 망신은 했지만 나 자신은 얼마나 자유로운지 모릅니다. 큰승리라도 한 것같습니다. 그런 걸 만일에 슬쩍 넘기는 날이면 아마도 회개하는 데 며칠은 걸릴 것입니다. 힘듭니다. 정직한 것, 그보다 더 좋은 것이 없습니다. 좀 늦잠잤다면 어떻습니까. 좀 늦으면 어떻습니까. 우리교회 새벽기도 때도 보면 좀 늦게 오시는 분들이 있는데, 그래서 저는 그 분들이 더 반갑습니다. 그렇잖겠습니까? '늦었으니 그만두자' 하는 것보다 '늦었으면 어떠냐, 늦었으면 늦은대로 나가자' 하는 이것이 정직인 것입니다. 이런 말을 듣든 저런 비평을 받든 그게 나와 무슨 상관입니까. 게으른 사람 보고 게으르다는데, 잘못된 것 잘못됐다는데 무슨 일 있습니까. 이걸 꺼릴 필요가 없는 것입니다. 그래야 정직할 수 있는 것입니다. 사실로 정직하기란 가장 쉬운 것같으면서도 가장 어려운 일입니다.

「탈무드」에 보면 이런 이야기가 있습니다. 한 어머니가 어느날 상점에 가서 외투를 한 벌 샀습니다. 집에 돌아와서 한번 입어보는데 문득 주머니에 손을 넣어보니 거기에 커다란 보석이 들어 있는 것이었습니다. 누구것인지는 모르지만 어쨌든 내가 사온 옷 주머니에 들어 있는 것입니다. 이제 이걸 어떻게 하면 좋을까, 이 어머니는 고민하기 시작했습니다. 마침내 지혜로운 현자를 찾아가서 물었습니다. "어떻게 하면 좋겠습니까?" "뭘 어떻게 한다는말이냐. 네가 산 것은 외투지 보석이 아니지 않느냐. 다만 상점에 가서 돌려줄 때는 꼭 네 아들을 데리고 가거라. 그리하면 보석 내놓는 것은 아쉬울지 몰라도 그 보석보다 몇배 귀중한 것을 네 아들에게 주게 되리라." 대단한 교훈입니다. 금덩이가 문제입니까. 그 자식에게 정직을 가르쳐 준다는 것, 이것은 엄청난 보물이라는말입니다.

오늘 우리는 이것을 못가르쳤습니다. 아이들에게 잘못할 때가 많습니다. 어머니가 어디 놀러가는 것을 아이가 뻔히 아는데 "아빠가 오시거든 엄마 시장에 갔다고 해라"하고 이릅니다. 공동으로 거짓말 하는 것입니다. 아빠는 또 "엄마 오시거든 이렇게 말해라" 합니다. 자알 가르치고 있습니다 지금. 이러고 어떻게 자녀의 장래를 보장받겠습니까. 그리스도인의 정직함이란 종말론적입니다. 우리가 이제 주님 앞에 가면 모든것이 백일하에 벌거벗은 것같이 드러날 것입니다. 은밀한 생각까지 다 노출될 것입니다. 그때를 생각하면서 오늘 정직한 것입니다. 그리스도인은 노출된 가운데 사는 것입니다. 적어도 하나님 앞에 완전히 노출된 그 의식으로 사는 것이 그리스도인입니다.

여러분, 우리는 순교자의 신앙을 높이 추앙합니다. 순교자가 누구입니까. 한마디 거짓말을 안하기 위해서 죽은 사람들입니다. 예수 안믿겠다고 그러면 살고, 예수믿겠다고 하면 죽습니다. 한순간 한마디만 거짓말을 해도 살아남을 수 있는데, 거짓말하고 이 죄악세상에 살기보다 진실한 말 한마디를 하고 죽어서 하나님 앞에 가겠다고 하는 바로 그것이 순교적 생활인 것입니다. 내 진실로 인해서 오는 어떤 희생이라도 그대로 감수할 때, 이것이 바로 순교자의 진실입니다. 그런고로 오늘성경은 말씀합니다. "내 안에 정직한 영을 새롭게 하소서(10절)." 시간과 함께 정직함이 퇴색했습니다. 아주 어렸을 때, 아이일 때는 정직한데 자라면서 그만 거짓말에 익숙해진 것입니다. 정직함을 잃어버렸습니다. 지위에 따라서 더더욱, 명예가 높아질수록 명예에 손상갈까봐, 소위 인기를 챙기느라고, 평판을 지키느라고, 거짓을 말하게 됩니다. 모른다는 말 하기 싫어서 거짓말을 합니다. 안다고 해버립니다. 부끄러움을 당하지 않기 위해서 거짓말로 위장을 합니다. 이제 어디까지가 진실이고 어디까지가 거짓인지 모르게 되었습니다. 우리가 슬퍼하는 것은 그것입니다. 때로 청문회가 어떻고, 검사가 어떻고, 사정(司正)이 어떻고 하지만 여러분이 아시는대로 진실이 밝혀진 역사가 있습니까. 쓸데없습니다. 괜히 떠들다

말고, 많은 사람의 마음만 상하고 말지 진실은 한 가지도 밝혀진 것이 없습니다. 이 땅에는 없습니다. 뿐만아니라 이렇게 어려워질 때 '내 책임입니다. 사실은 이랬습니다' 하고 정직하게 말하는 것을 보았으면 좋겠는데 그 누구도 끝까지 정직하지 않습니다. 그래서 슬픈 것입니다. 잘살고 못살고의 문제가 아닙니다. 우리가 지금 경제가 된다 안된다, 사업이 된다 안된다 합니다. 무엇 때문입니까. 정직함이 없습니다. 만든 물건에 정직이 없기 때문입니다. 그것이 바로 우리 마음 그 자체의 표현이더라는 것입니다. 욕심 때문에, 때로는 지위 때문에, 혹은 결과를 걱정하기 때문에 어느 사이에 정직하지 못했습니다.

저는 이런 충격적인 체험을 했습니다. 오래전 제주도에 부흥회 인도하러 갔을 때 어느 여관에서 자게 되었는데, 그 여관에 청소하는 아주머니가 있었습니다. 나이 한 45세 정도 되어보이는 그 아주머니는 제가 목사인 줄 알고는 제 방을 정성껏 청소해주었습니다. 또 어느 시간에는 제 앞에 앉아서 자기과거를 전부 얘기합니다. 창녀생활을 20년 했다고 합니다. 그러다가 나이가 드니까 이제 그것도 하기가 어려워서 먹고살기는 하여야겠고, 해서 이런 궂은 일이며 청소를 하고 다닌다고 그래요. 이런저런 이야기를 다 했습니다. 그런데 거기서 제가 하나 물어보았습니다. "내가 아주머니한테 하나 물어봅시다. 보니까 일본사람들이 많이 와 있는데 저녁에 자기 방에 들어갈 때 아가씨를 둘씩 데리고 들어가더군요. 정말 둘 다 데리고 자는 거요?" 그랬더니 "그럼요. 그게 요새 유행입니다"라고 대답합니다. 그래서 제가 한마디 더 물었지요. "그것이 사실입니까?" 했더니 그분이 대답하는데 그 소리가 얼마나 큰지 모릅니다. 아무튼 저한테는 굉장히 크게 들렸습니다. "우리네 세계에 거짓말은 없습니다." 아주 가슴이 찡하더라고요. 맞는 말입니다. '내가 창녀입니다' 하는 말까지 다 해버린 마당에 이제 무슨 거짓말이 있겠습니까. 우리네 세계에 거짓말은 없다—지위가 있고, 명예가 있고, 뭐다뭐다 해서 욕심이 많으니까 그것 챙기느라고 거짓말을 하지, 아주 인생 밑바닥까지 다 노출하고 사는 그 세계에서 무슨 거짓말이 필요있겠습니까. 진실 하나는 그 사람들의 것이더라고요. 성경에도 보십시오. 바리새인이니까 거짓말을 많이 하지, 세리는 거짓말을 할 필요가 없습니다. 막달라 마리아는 거짓말 할 사람이 아닙니다. 할 필요가 없지 않습니까. 지위다 명예다 권세다 하는 것을 좇는 사람들, 그리고 지성인에게 거짓말이 많은 것입니다. 진실하기가 어렵습니다, 체면 챙기느라고.

오늘본문을 보십시오. 다윗은 왕입니다. 왕이기 때문에 진실하기가 어려웠습니다. 그래서 기도합니다. "내 안에 정직한 영을 새롭게 하소서." 솔로몬은 그의 마지막기도에서 말합니다. '죽기 전에 내 소원을 이루어주시옵소서. 허탄한 말을 내게서 제하여주시옵소서.' 진실을 마지막기도로 구하고 있습니다. 여러분, 어느새 퇴색한 정직을 다시 찾아봅시다. 잃어버린 평화를 찾게될 것입니다. 한번 더 정직해봅시다. 이제 저 미래가 보일 것입니다.

"정직한 영을 새롭게 하소서." △

내가 이 성을 치료하리라

예레미야가 아직 시위대 뜰에 갇혀 있을 때 여호와
의 말씀이 그에게 다시 임하니라 가라사대 일을 행하
는 여호와, 그것을 지어 성취하는 여호와, 그 이름을
여호와라 하는 자가 이같이 이르노라 너는 내게 부르
짖으라 내가 네게 응답하겠고 네가 알지 못하는 크고
비밀한 일을 네게 보이리라 이스라엘의 하나님 여호
와가 말하노라 무리가 이 성읍의 가옥과 유다 왕궁을
헐어서 갈대아인의 흉벽과 칼을 막아 싸우려 하였으
나 내가 나의 노와 분함으로 그들을 죽이고 그 시체
로 이 성에 채우게 하였나니 이는 그들의 모든 악을
인하여 나의 얼굴을 가리워 이 성을 돌아보지 아니하
였음이니라 그러나 보라 내가 이 성을 치료하며 고쳐
낫게 하고 평강과 성실함에 풍성함을 그들에게 나타
낼 것이며 내가 유다의 포로와 이스라엘의 포로를 돌
아오게 하여 그들을 처음과 같이 세울 것이며 내가
그들을 내게 범한 그 모든 죄악에서 정하게 하며 그
들의 내게 범하며 행한 모든 죄악을 사할 것이라 이
성읍이 세계 열방 앞에서 내게 기쁜 이름이 될 것이
며 찬송과 영광이 될 것이요 그들은 나의 이 백성에
게 베푼 모든 복을 들을 것이요 나의 이 성읍에 베푼
모든 복과 모든 평강을 인하여 두려워하며 떨리라

(예레미야 33 : 1 – 9)

내가 이 성을 치료하리라

최근에 미국 워싱턴에서 있었던 일입니다. 대낮에 주류판매점에 강도가 들었습니다. 대낮에 되어진 일이기에 그 강도를 쉽게 체포할 수 있었다고 합니다. 체포된 강도에게 순경이 물어보았습니다. "어떻게 감히 대낮에 이런 범죄를 할 수 있단말이냐." 강도는 대답합니다. "요즘 세상이 하도 어수선하니 밤길에 현금을 들고 다니기가 꺼림칙해서요." 누가 누구 소리를 하는지 아리송합니다. 미국에 흔한 농담으로 웃지 못할 풍자가 있습니다. '둘에 둘을 더하면 얼마냐 하고 물으면 수학이론가는 3과 5 사이의 어디쯤 있을 수밖에 없을 것이다, 라고 대답할 것이고 계리사는 앞뒤 가리지 않고 넷이라고 대답할 것이며, 만일에 변호사에게 둘과 둘을 합치면 얼마냐고 물어보면 그는 먼저 문을 닫고 엿듣는 자가 없음을 확인한 뒤에 "해답을 어떻게 만들어드릴까요?"하고 물을 것이다.' 이것이 오늘 이 세대에 법과 현실의 거리가 먼 것을 대변하는 풍자입니다.

사실을 사실대로 알 길이 없습니다. 사실을 조작하는 것인지, 어디서 어디까지 우리가 알아야 하고 들어야 하는지를 알 수 없는 그런 세상에 산다는 얘기입니다. 그래서 총체적 위기니 경제적 난국이니 정국혼란이니 도덕성 실종이니 하는 소리들을 거침없이 합니다. 한마디로 말해서 이 모든것은 병든 세상이라는 것을 의미합니다. 사람이 병들어보십시오. 그가 아무리 지식이 많아도 소용없습니다. 돈이 있어도 소용이 없습니다. 기술이 있은들 무슨 소용이 있습니까. 재주가 있은들 병든 사람에게 그 재주가 무슨 소용이 있습니까. 천하절색도 병든 사람이면 아름답지 않습니다. 차라리 추한 여자만도 못합니다. 병든다는 것은 모든 가치를 다 일소시키는 것입니다. 다 전복시키고 마는 것입니다. 사회가 병들었습니다. 나라가 병들고 정치가 병들고… 자, 병들었다는 것은 무엇을 의미합니까. 지식도 소용없고 기술도 소용없고 자본도 소용없습니다. 그 많은 경륜 다 소용없습니다. 병들었기 때문입니다. 근본적으로 병들었기 때문입니다. 로마서 3장 10절로 보면 사도 바울은 시편 14편을 인용하면서 이렇게 부르짖고 있습니다. "의인은 없나니 하나도 없으며 깨닫는 자도 없고 하나님을 찾는 자도 없고 다 치우쳐 한가지로 무익하게 되고 선을 행하는 자는 없나니 하나도 없도다." 위에서 아래까지, 젊은 이로부터 노인까지, 남녀노소 어느 사회 어느 구석을 보아도 악으로 가득찼습니다. 도대체 다시 여기서 무엇을 기대할 것인가 할 만큼 우리는 진실로 총체적 타락을 몸으로 경험하고 있습니다.

오늘본문말씀은 이스라엘나라가 부패하고 타락하고 그 악이 극에 달했을 때 하나님께서 예레미야를 통하여 주신 말씀입니다. 이스라엘은 하나님의 말씀을 전하는 예레미야마저 싫어서 그를 감옥에다 처넣었습니다. 예레미야는 지금 감옥에 갇혀 있으면서 하나님의 메시지를 듣습니다. 거슬러올라가 예레미야 5장 1절을 보면 하나님께서 이렇게 말씀하십니다. "너희는 예루살렘 거리로 빨리 왕래하며 그 넓은 거리에서 찾아보고 알라 너희가 만일 공의를 행하며 진리를 구하는 자를 한 사람이라도 찾으면 내가 이 성을 사하리라." 여러분도 잘 아시는대로 소돔과 고모라가 망한 것은 죄 때문이었습니다. 물질이나 무엇이 부족해서가 아닙니다. 죄악으로 인하여 소돔과 고모라는 망했습니다만 좀더 깊이 보면 의인 열 명이 없었기 때문에 망했습니다. 저들을 지탱할 수 있는 마지막 보루, 의인 열 명을 하나님께서 찾으십니다. 의인 열 명만 있으면 그 성을 사하리라고 말씀 하셨는데 그 열 명을 찾지 못했습니다. 그래서 망한 것이 소돔과 고 모라입니다. 이제 예루살렘에 대하여 말씀하십니다. 빨리 왕래하며 찾아보라, 하나님을 생각하고 공의를 생각하는 사람을 한 사람이라 도 만나면 성을 사하리라 하십니다. 다시말하면 한 사람도 의인이 없다는 것입니다. 그러니 어떻게 하겠느냐, 이 성은 망할 수밖에 없 지 않느냐, 어떻게 내가 심판하지 아니하겠느냐—하나님의 아픈 마 음을 이렇게 표현하고 있습니다.

그러나 오늘말씀에는 하나님께서 "내가 이 성을 치료하며 고쳐 낫게 하고"라 말씀하십니다. 대단한 복음입니다. 누가복음 13장 6절 로 보면 예수님께서 친히 말씀하신 무화과나무 비유가 있습니다. 어 떤 주인이 무화과나무를 심었습니다. 과원지기를 통해서 관리를 하 게 했는데 3년을 두고보아도 무화과나무에 열매가 맺혀야 될 때 맺 히지 않습니다. 이제 주인은 과원지기에게 말합니다. 3년을 지켜보 아도 열매가 없으니 그것 찍어버리라, 어찌하여 땅만 버리느냐—이 렇게 심판합니다. 이건 소망 없다, 이 나무는 가치가 없다, 찍어버려 라, 그리고 다시 시작하자—이렇게 말합니다. 그런데 과원지기는 말합니다. 이 과원지기의 마음속에는 상당한 믿음이 있습니다. '아 닙니다, 1년만 더 주십시오, 1년만 집행을 유예해주십시오, 내가 그 기간에 물을 주고 거름을 주고 좀더 정성껏 수고하겠습니다, 그리고 나서 열매가 없거든 그때가서 찍으십시오' 하고 주인 앞에 울부짖습 니다. 과원지기의 마음속에는 믿음이 있습니다. 이 나무에 열매가 없는 것이 병리현상이라는 것입니다. 나무가 근본적으로 잘못된 것 이 아니고 어딘가 병들었습니다. 병리적으로 열매가 없다고 생각한 것입니다. 그래서, 내가 1년 동안에 그것을 고치겠습니다, 다른 방법으로 하겠습니다, 하는 것입니다. 좀더 깊이 생각해보면 열매 없는 그 사건과 자기와의 관계에서 내 책임이라고 생각합니다. 열매 없다고 심판하고 말 것이 아니라 무엇인가 잘못되었으니 내가 한 번 더 희생하고 수고하면 열매를 맺을 것이라고 믿는 신앙 가운데서 이렇게 주인에게 간곡히 요청하는 것을 읽을 수 있습니다. 병리의 치료는 믿음에 근거합니다. 소망이 있어야 치료가 됩니다. 병과 장애는 다른 것입니다. 장애라고 하는 것은 이미 병들어서 끝난 상태입니다. 이젠 치료가 없습니다. 더 나빠질 것도 없고 더 좋아질 것도 없습니다. 그것이 장애입니다. 그러나 병이라는 것은 지금 진행 중인 것입니다. 이대로 진행되면서 썩어 문드러져 죽을 수도 있고 아니면 치료될 수도 있습니다. 아주 위험합니다. 병이란 진행되면서 사망으로 치달을 수도 있고 치유될 수도 있는 것입니다.

그리고 오늘본문에 중요한 메시지가 주어집니다. 치유자는 말씀하십니다. "너는 내게 부르짖으라 내가 응답하겠고(3절)"—내게 나와 부르짖으라, 그러면 응답하리라, 하십니다. 부르짖게 하기 위하여, 응답하시기 위하여 이같은 사건이 있어지는 것입니다. 하나님께서는 지금 사건 속에서 말씀하십니다. 질병이라고 하는 크나큰 사건 속에서 저들을 부르고 계신 것입니다. 너는 내게 부르짖으라, 내가 응답하리라—이제 깊이 생각하여야 합니다. 수고하고 무거운 짐 진 자들은 다 내게로 오라고 예수님께서 부르십니다. 음성으로만 부르시는 것이 아닙니다. 때로는 질병을 통하여, 실패를 통하여, 전쟁을 통해서도 계속 부르십니다, 돌아오라고. 부르짖으면 내가 응답하리라, 하십니다. 그런데 환자가 취하여야 될 중요한 자세가 있습니다.

먼저 환자라면 자각증상이 있어야 합니다. 아픈 줄을 알아야 합니다. 아픈 줄을 모르는 사람은 죽은 사람입니다. 살았더라도 죽을 사람입니다. 아픈 줄 알아야 합니다. 쑤시고 아픈 것 괴롭지마는 그런 자각증상이 없으면 살 길이 없습니다. 다시말해서 자각능력이 있어야 된다는 말입니다. 사랑하는 제자목사님 한 분이 언젠가 병원에 입원해 있는 친구를 문병갔더랍니다. 가서 친구들끼리 모여앉으니까 이런저런 건강에 대한 이야기를 하다가 한 사람이 묻기를 "당신 요새 얼굴이 좀 좋지 않은데 어디가 아프냐"고 하여 "아픈 데는 없는데 요새 소화가 좀 안돼서 그런가보아"하고 대답했는데, 그럼 이 병원에 온 김에 진찰 한번 해보라고 권해서 진찰을 했더니 장암이었습니다. 급하게 수술을 하여야 한다고 해서 수술을 받았다고 합니다. 그러니까 병이 진행되어서 지금 죽어가고 있는데도 몰랐던 것입니다. 그 병원에 친구 문병 가지 않았더라면 그대로 죽을 뻔했습니다.

자각증상이 없어서는 안됩니다. 우리가 슬프게 생각하는 것은 바로 이 점입니다. 죽어가면서도 죽는 줄을 모르는 것입니다. 엄청난 고통 속에 살면서도, 말로는 외치면서도 진정으로 우리가 얼마나 비참한 가운데 있고 위험한 가운데 있는지를 모르고 있는 것입니다. 몽롱하게 말입니다. 정신 못차리고 있습니다. 지금 나라가 사느니죽느니 해도 그저 시간만 있으면 놀러갈 생각이나 합니다. 지금이 그럴 때입니까. 정신을 못차리고 있는 것입니다. 지금 노느라고 해외나가게 됐습니까. 왜 이렇게 정신을 못차리는 것입니까. 그리고 뭘 더 기다리는 것입니까. 자각증상이 없는 것입니다. 눈앞에 죽음이 있는데도 모릅니다. 아픈 것도 없습니다. 예수님 말씀이 건강한 자에게는 의원이 쓸데없고 병든 자에게라야 필요하다고 하셨습니다.

그 말씀의 뜻은 다 건강하다는 얘기가 아닙니다. 스스로 병든 것을 아는 사람에게만 의원이 필요하다는 것입니다. 죽어가면서도 병든 것을 모르면 소용없습니다. 자, 내가 소경인 줄 알기에 예수님 앞에 나아와 눈을 뜨게 해주십사고 했습니다. 그러나 바리새인들은 눈을 멀쩡히 떴기에 '내가 왜 소경이야?' 하다가 망하지 않습니까. 자각증상이 없으면 소망도 없는 것임을 알아야 합니다. 아픔이 있음을 알아야 합니다. 또한 의원 앞에 와서는 스스로 겸손하고 그 앞에 존경과 신뢰를 바쳐야 합니다. 의사들이 제일 괴로워하는 것이 이것입니다. 의사가 환자를 치료하여야겠는데 환자는 의사를 시험합니다. 저 사람이 가짜 아닌가 하고. 그래 이 병원 저 병원을 우왕좌왕합니다. 의사로서는 참으로 괴로운 일입니다. 그 환자를 다시 보고 싶지도 않은 것입니다. 물론 정성을 다할 마음도 없고요. 모름지기 전적으로 신뢰하는 것이 중요합니다. 어차피 여기에 누웠으니 살든지죽든지 당신 마음대로요, 쩰 것이면 째고 찢을 것이면 찢으시오, 당신에게 맡기리다—이래야 되겠는데 말이 많습니다.

그래서 요새는 살 사람 죽는 일이 많습니다. 일단 심증이 있어서 수술을 했으면 좋겠는데 만일에 그냥 수술했다가 증거가 있느니없느니 하면 큰일나거든요. 그래서 확실한 증거를, 물적 증거를 만들어 놓고 그 다음에 수술하려 하니까 그러는 동안에 죽습니다. 신뢰가 없습니다. 전적으로 생명을 의사에게 내맡기지 못하는 데 문제가 있는 것이지요. 오늘성경은 그것을 말씀해줍니다. 의사가 말해주는 병의 원인에 대하여 인정을 하여야 됩니다. 아픈 것은 알지만 원인은 내가 모르지 않습니까. 그것이 환자입니다. 왜 내가 아픈지를 모르고 있습니다. 의사가 말해줍니다. 당신이 아픈 것은 요것 때문이오,

하고. 그러면 그것을 내가 인정하여야 됩니다. 인정하지 않으면 안 되지요. 그리고 의사 앞에 진실하여야 됩니다. 꼭 기억하십시오. 의사 앞에서까지 거짓말을 하면 구제불능입니다. 첩첩이 쌓인 거짓말이 있다고 합시다. 아무에게도 말하지 못할, 남편에게도 아내에게도 말못할 비밀이 있다 하더라도 적어도 의사 앞에서만은 솔직히 말하여야 합니다. 자기의 과거와 자기의 병력을 똑바로 말하기 전에는 치료할 길이 없습니다. 마지막 진실을 요구합니다. 한 번만은 진짜를 말하여야 됩니다. 우리는 그 '참'을 찾지 못해서 괴로운 것입니다. 진실이 없기에 치유도 없는 것입니다. 이 나라가 치유받을 수 있는 길은 정직함을 찾는 데 있습니다. 어디서부터 잘못되었습니까. 의사의 처방은 바로 그 진실에 근거하기 때문입니다. 스스로 원인을 부정했습니다마는 이제는 인정하여야 됩니다. 그리고 의사의 처방을 믿고 이제는 순종하여야 됩니다. 그에게 다 맡겨야 합니다.

유명한 이야기가 있습니다. 만년설로 덮인 히말라야 산 속 깊숙이에 있는 동굴 속에서 하나님 앞에 명상하며 한평생 기도하는 수도사가 있었습니다. 많은 사람들의 존경을 받는 유명한 수도사인데 이분이 어느날 눈을 감고 명상하며 기도하다가 눈을 떠본즉 자기 앞에 어느 가톨릭수도원 원장 하나가 엎드려 있는 것입니다. "자네는 어떻게 여기에 왔나?" 했더니 "큰 문제가 있어서 왔습니다. 아시다시피 제가 원장으로 있는 수도원은 많은 젊은사람들이 모여 하나님을 찬양하고 기도하고, 그리고 경건을 훈련받는 훌륭한 수도원인데 지금은 왜 그런지 수도원이 텅텅비었습니다. 찾아오는 젊은이도 없고 찬양소리도 그쳤습니다. 그저 책임자 몇 사람만 모여 있습니다. 어떻게 하면 이 수도원을 다시 부흥시킬 수 있겠습니까?" 합니다. 히

말라야의 수도사는 잠자코 있다가 대답합니다. "죄 때문이오." "죄 때문이라고요? 아니, 우리가 수도원에 있는데 누구를 미워하겠습니까, 살인을 하겠습니까, 강도질 도둑질을 하겠습니까. 도대체 수도원에서 무슨 죄가 있겠습니까?" "죄가 있지요. 무지라는 죄가 있습니다." "우리가 무엇을 모른다는 말입니까." 히말라야의 수도사는 대답합니다. "당신들 가운데 사람의 모습으로 변장한 하나님께서 계시오. 그런데 당신들이 그를 몰라보고 있습니다." 이 말을 듣고 수도원으로 돌아온 원장은 수도사들을 모아놓고 그 얘기를 했습니다. 그러나 누구도 처음에는 믿으려들지 않았습니다. 그러나 마음속으로는 생각했습니다. '우리 가운데 사람으로 변장한 하나님이 계시다는데…' 그들은 저마다 경건한 마음으로 형제를 쳐다보기 시작했습니다. 이 분일까, 저 분일까. 이 분이 하나님일까 저 분이 하나님일까 — 그러는 동안에 말도 조심하게 되고, 믿음을 다시 추스르게 되고, 사람을 존경하기 시작했습니다. 어느 사이에 저들은 찬송을 부르고 감사하는 마음을 가졌습니다. 누구인지 모르지마는 하나님께서 우리 가운데 함께 계시다는 것을 생각하기 시작합니다. 분위기는 확 바뀌었습니다. 감사 찬송으로 충만해졌습니다. 그들의 마음이 이렇게 치유되기 시작할 때 많은 젊은이들이 모이기 시작했습니다. 다시 수도원이 젊은이들로 북적거립니다. 그처럼 냉랭하게 다 끝난 줄만 알았던 썰렁한 수도원이 은혜로 충만하고 감사로 충만한 수도원으로 바꾸어진 것입니다.

여러분, 치유가 무엇입니까. 먼저 우리의 영혼이 치유되고 우리의 생각이 치유되고 우리의 시각이 치유되어야 됩니다. 자꾸 어두운 것만 보여지고 망할 것만 보여지고 죄만 보여지고, 망했다, 다 틀렸다고 탄식하는 시각이 고쳐지기 전에는 안됩니다. 우리에게는 아직도 감사할 일이 너무도 많습니다. 여기도 감사하고 이것도 감사하고, 이렇게 하나님께서 은혜주시고… 무엇을 더 불평할 것입니까. 그리고 우리의 세계관과 우리의 철학과 우리의 가치관이 바꾸어져서 찬송과 감사로 넘치게 되고 서로 존경하게 될 때 이 나라는 치유받을 것입니다. 여러분, 어떤 경우에도 소망을 잃지 마십시오. 하나님께서 우리와 함께 계십니다. 건강만이 축복이 아닙니다. 병드는 것도 축복입니다. 일이 잘되는 것만이 축복이 아닙니다. 실패도 축복입니다. 하나님께서는 이 많은 사건을 통하여 당신의 사랑을 우리에게 말씀하고 계십니다. 모름지기 치유자 하나님 앞에 진실하여야 하겠습니다. 그 말씀 앞에 정직하여야 하겠습니다. 우리의 믿음을 다시 새롭게 하여야 하겠습니다. 오늘 주시는 말씀에 마음의 귀를 기울이기 바랍니다. 내가 너희를, 너희가 내게 범죄한 모든 죄악에서 정하게 하며, 너희가 내게 범하며 행한 모든 죄악을 사할 것이라, 이 성읍이 세계만방 앞에서 내게 기쁜 이름이 될 것이며 찬송과 영광이 될 것이요, 그들은 나의 이 백성에게 베푼 모든 복을 들을 것이며, 나의 이 성읍에 베푼 모든 복과 그 모든 평강을 인하여 두려워하며 떨리라—원점으로 돌아가서 회개하고 우리의 생각, 우리의 시각, 우리의 마음 깊은 곳에서부터 새로운 변화가 이루어지고, 믿음과 순종이 함께하면 이 나라의 장래는 다시 밝은 아침을 보게 될 것입니다. △

멍에를 메고 내게 배우라

그 때에 예수께서 대답하여 가라사대 천지의 주재
이신 아버지여 이것을 지혜롭고 슬기있는 자들에게
는 숨기시고 어린아이들에게는 나타내심을 감사하나
이다 옳소이다 이렇게 된 것이 아버지의 뜻이니이다
내 아버지께서 모든 것을 내게 주셨으니 아버지 외에
는 아들을 아는 자가 없고 아들과 또 아들의 소원대
로 계시를 받는 자 외에는 아버지를 아는 자가 없느
니라 수고하고 무거운 짐 진 자들아 다 내게로 오라
내가 너희를 쉬게 하리라 나는 마음이 온유하고 겸손
하니 나의 멍에를 메고 내게 배우라 그러면 너희 마
음이 쉼을 얻으리니 이는 내 멍에는 쉽고 내 짐은 가
벼움이라 하시니라

(마태복음 11 : 25 - 30)

멍에를 메고 내게 배우라

현대를 사는 우리들을 평가하는 평가지수가 있습니다. 경제성장을 말할 때 성장지수를 말하는 것처럼 사람에 대해서도 사람을 평가하는 지수가 있습니다. 그래서 옛날과 달라 지금은 건강지수를 말하기도 하고 그가 가지는 소유, 경제를 가지고 말하기도 합니다. 그러나 사람의 사람됨은 그가 가진 소유나 그의 지식이나 혹은 건강에 의해서 평가하지도 않습니다. 사람의 인격을 평하는 데 있어서 현대에는 네 가지를 가지고 평가한다고 합니다. 하나는 여러분이 잘 아시는대로 IQ라고 하는 것입니다. Intelligence Quotient입니다. 지능지수입니다. 우리는 과학시대에 살고 기술시대에 살기 때문에 모든것이 지능에 의해서 이루어집니다. 지능지수가 낮고보면 되는 일이 아무것도 없습니다. 특별히 컴퓨터로 사는 오늘의 사회에 있어서 무엇이든 다 할 수 있다는 얘기는 말이 안되는 것입니다. 마당을 쓸어도 기계로 쓸고 청소를 해도 기계로 합니다. 모든것이 기계와 기술을 요하기 때문에 우리는 지능지수가 있어야 비로소 무엇인가를 해낼 수가 있어서 IQ에 의해서 사람을 평가하게 되었습니다.

그러나 근자에 와서 생각해보니 그것만도 아니라는 것입니다. IQ만 가지고는 안되고 EQ가 있어야 한다는 것입니다. 감성지수가 필요하다는 것입니다. 아이들이 공부를 많이 해서 시험장에 나갑니다마는 시험장에 딱 나가서 벌벌떤다면 공부한 것이 말짱 헛것이 되고 맙니다. 모름지기 우리의 마음이 평안하여야 합니다. 감성에 문제가 있는 것입니다. 감성에 안정이 있어야 하는 것입니다. 그래서 현대인의 성공비결에 3P라고 하는 것이 있다, 합니다. practice, peace, patience입니다. 여기에도 peace가 있습니다. 마음에 평화가 있어야 뭐가 됩니다. 마음이 흔들리면 되는 일이 없다는 것이지요. 그래서 최근에는 이런 말이 있습니다. '고요한 중에 고요한 것은 고요함이 아니다. 소란한 중에 고요함이 참고요함이다.' 이 시끄러운 세상에 살지마는 마음은 고요하여야 합니다. 스스로 고요히 명상할 수 있어야 합니다. 감성지수가 높아 여유를 가지고 있어야 한다는 말입니다.

또 셋째로 MQ라고 하는 것이 있습니다. 이것은 도덕성지수입니다. 의로운 중에 의롭게 사는 것은 쉬운 일입니다. 그러나 부도덕한 사회에서 도덕성을 지켜야 합니다. 모든 사람이 전부 부정하지마는 나 자신은 그 속에서 얼마나 스스로 의로울 수 있느냐, 선할 수 있느냐, 하는 도덕성지수가 문제입니다. 가령 사랑받고 사랑하는 것은 누구라 못하겠습니까. 그런데 미움받으면서도 사랑할 수 있는, 악한 세대에 악한 처우를 받으면서도 자기페이스를 바로 지켜나갈 수 있는 도덕성지수가 높아야 합니다. 요새도 보니 많은 사람들이 여기저기 연루되었는데 도덕성지수가 모자라서 이렇게 휘청거리는 것입니다.

그런가하면 넷째는 CQ라는 것이 있습니다. 카리스마지수입니다. 카리스마란 원래 교회와 신학에서 사용하는 용어입니다. 은사라고 하는 뜻입니다. gift라는 뜻입니다마는 요새 일반적으로도 사용합니다. 이것은 지도력지수입니다. 사람이란 다른 사람의 마음을 움직일 수 있어야 합니다. 나 혼자 사는 세상이 아닙니다. 그래서 다른 사람을 다스릴 수 있는, 다른 사람을 움직일 수 있는 어떤 것이 있어야 됩니다. 나 혼자서는 똑똑한데 다른 사람과의 관계에서 지도력이 없습니다. 이렇게 될 때 그는 오늘같은 이런 복잡한 사회에서는 지도자가 될 수 없다, 하는 얘기입니다. 그래서 IQ, EQ, MQ, CQ의 네 Q가 결국은 오늘의 필수조건이라는 말입니다.

요새 유행어가 있습니다. 힘들다는 말이 있습니다. 아이들까지도 이 말을 많이 입버릇처럼 씁니다. 살기 힘들다, 공부하기 힘들다, 일하기 힘들다, 참기 힘들다, 합니다. 전화걸어서 "어떠냐?"하면 "요새 힘들어"한다고 합니다. 아이들까지도 이런 소리를 합니다. 심지어는 놀기 힘들다는 소리도 합니다. 참 힘들어요. 무언가 힘에 부치고 있다는 것입니다. 지수가 모자라서 그렇습니다. 이걸 넉넉히 이길만한 지수가 없어서 힘들어하고 있습니다. 아무리 어렵다고 하지마는 넉넉히 이기는 힘이 내게 있으면 되는데 그 생명력이 부족하니까 항상 힘들고, 휘청거리고, 피곤한 것입니다.

또 한 가지는 무능이라는 것입니다. 요새처럼 무능이 실감나는 때가 없는 것같습니다. 뻔한 일도 해결하지 못합니다. 국회니뭐니 하는 것만 보아도 뻔한 일 그거 하나 처리하는 데 얼마나 걸리는 것입니까. 한심한 것입니다. 이렇게 무능할 수가 없습니다. 아무것도 아닌 것이 문제되고 있는 것입니다. 뭐, 어렵다고 하고 꽉 막혔다고 하지마는 막힌 것이 아니라 무능한 것입니다. 그 점을 우리가 분명히 알아야 합니다. 우리가 어렵다 어렵다 하지마는 사실은 잘사는 것이 아닙니까. 실업자문제가 있다지만 세계적으로 우리나라는 실업자에 대해서는 대단히 좋은 나라입니다. 아주 우수한 가운데 있습니다. 실업자가 있다고 하는 한쪽에서는 사람이 모자라서 걱정입니다. 일을 안하니까 그렇지, 지금 사람을 못구해서 중소기업에서는 쩔쩔매는데, 외국사람들까지 끌어다 쓰는데 무슨 실업자가 있다는 것입니까. 아주 잘사는 것입니다. 걱정할 것 없습니다. 그런데 당장이라도 망하는 것처럼 난리들입니다. 전쟁의 폐허에서도 살아남은 사람들이 왜 이렇게 휘청거리고, 형편없이 되고, 초라해졌습니까. 도대체 삶의 의지가 있는 것인지 없는 것인지 모르겠습니다. 다 죽은 것처럼 말입니다. 다 죽어 망한 것처럼 얼굴이 노래서 돌아가고 말입니다. 이것이 무슨 꼴입니까. 어쩌다가 이 모양이 되었습니까. 아주 무능해졌습니다. 무엇이 잘못입니까. 원인을 알아야 하겠습니다.

사실을 바로 알기―그것도 중요하지마는 이제는 한번 더 나아가서 나 자신을 바로 알도록 하여야 되겠습니다. 세상이 잘못된 것이 아닙니다. 나 자신을 내가 모르고 있는 것입니다. 나의 무능함을 인정하려들지를 않습니다. 사실대로 자기자신을 인정하고야 다시 새 길을 찾을 수가 있겠는데요. 이것이 중요합니다. 오늘본문에서 예수님께서는 말씀하십니다. 세 가지를 약속하십니다. 내가 너희를 쉬게 하리라―마음을 평안하게 해주시겠다는 것입니다. 지금 이렇게 들끓고 있고 걱정과 절망에서 헤어나지 못하고 있는데 마음을 평안히 쉬게 하리라, 하십니다. 또 네가 하고 있는 일 쉽게 될 것이다, 아주 쉽게 멍에를 메게 되리라, 하십니다. 또 짐은 가벼워질 것이다―아주 귀한 약속을 주십니다. 참기 어렵고, 견디기 어렵고… 우리가 한계에 왔습니다. 그래도 안된다면 원점으로 돌아가서 우리는 물어야 하겠습니다. 길이 잘못되었습니다. 삶의 자세가 잘못되었습니다. 삶의 모본이, 모델이 잘못되었습니다. 삶의 모본이 바로되면 일은 쉽게 됩니다. 학습효과가 있습니다. 아주 좋은 텍스트를 구하여야 합니다. 교본을 바꾸어야 합니다. 이것은 행동촉진효과가 있습니다. 나 스스로 창의적으로 살려들지 말고 이미 성공한 길을 따라서 바른 길에 서면 행동이 촉진되고 나아가서는 미래운명에 대해서 걱정할 필요가 없게 됩니다. 이미 이루어진 것이니까요. 이미 성공한 케이스니까요. 이미 승리한 길이기 때문에 승리를 보장받고 살아가게 됩니다.

그런고로 예수님 말씀하십니다. 수고하고 무거운 짐 진 자들아 다 내게로 오라―이렇게 부르십니다. 그리고 약속해주십니다. 쉽게 될 것이다, 쉼을 얻을 것이다, 가볍게 될 것이다, 아주 편하게 하시겠다고 약속해주십니다. 이제 조건이 있습니다. 먼저는 다 오라고 말씀하십니다. 내 위치에서 떠나 주님께로 나아가는 것을 의미합니다. 오늘본문도 25절로 보면 어린아이에게 나타내심을 감사하나이다, 하십니다. 여러분, 그 체면이니 위신이니 변변치 않은 자기의 실적이니 과거니 하는 것 다 잊어버리십시오. 깨끗이 잊어버리고 어린아이의 마음으로 돌아가십시오. 부부간에 사이가 좋지 않습니까? 다시 원점으로 돌아가 어린아이의 마음을 가져보십시오. 별로 잘나지도 못한 사람이 잘난 척하고, 가진 것도 없는데 있는 척하고, 된 것도 없이 된 것처럼 굽니다. 이거 깨지기까지는 절대로 여러분에게 평안이 없고 또 새로운 능력도 없습니다. 내 무능함이 교만 때문임을 알아야 합니다. 잘난 체하는 것 이젠 다 버리십시오. 아주 어린아이의 마음으로 돌아가십시오.「리더스 다이제스트」에 이런 이야기가 나온 적이 있습니다. 똑똑한 사람이 성공하지 못하는 이유를 든 것입니다. 보아하면 대체로 머리도 좋고 똑똑한 사람이, 남달리 똑똑하다는 사람들이 사회생활에 실패하고, 특별히 이 사람들이 출세도 못합니다. 그 이유가 무엇인고하니 첫째는 오만하기 때문입니다. 저 잘났다고 하기 때문에 뭐 별것도 아닌 지식을 대단한 것처럼 착각하고 있거든요. 그런데 그게 아무것도 아니었다는 것입니다. 교만이 문제입니다. 두 번째는 골이 빕니다. 교만한 사람은 반드시 외롭습니다. 아무도 그를 성원해주지 않습니다. 친구도 없습니다. 보십시오. 누구든, 윗사람이든 아랫사람이든 교만한 사람은 친구가 없습니다. 누가 그를 돕나요. 잘났다는 사람 너 잘해봐, 해버리고 말지요. 부부간에도 안도웁니다. 그래서 외로운 것입니다. 혼자서야 살 길이 없지요. 실패하는 것입니다. 또 무모합니다. 자기능력과 지혜만 믿고 엉뚱한 짓을 합니다. 무모함이 파멸로 닫는 것입니다. 그리고 한도를 초과합니다. 능력에 한계가 있고, 건강에도 한계가 있지 않습니까. 투자능력에도 한계가 있는데 꼭 이것을 넘어서는 것입니다. 이것이 바로 멸망의 조짐입니다. 바로 똑똑한 사람들이 하는 짓입니다. 건너뛰려고듭니다. 그러나 천만에요. 그런 비약은 없습니다. 무모하게 자기능력을 초과하는 것입니다. 그래 지쳐 쓰러지는 것입니다. 그런고로 예수님께서 말씀하십니다. 모든 편견, 고집, 좌절감, 다 버리고 내게로 오라, 이제는 어린아이의 마음으로 내게로 오라, 하고 부르십니다. 이제 손들고 주님 앞으로 나와야 합니다. 우리 마음이 주께로 나갈 것입니다. 둘째는 내 멍에를 메고 내게 배우라, 내 멍에를 메라고 말씀하십니다. 이 말씀을 깊이 생각하면 참 중요한 의미가 있습니다. 여러분, 시골에서 자랄 때 겪어보신 분들은 알겠습니다마는 밭갈이하는 것을 보십시오. 소 두 필로 밭을 갈게 되는데 두 필의 소에 멍에를 메게 하고 거기에 보습쟁기를 걸어놓고 그리고 쟁기를 한 사람이 붙들고 있으면 소가 앞으로 갑니다. 우리 아버지께서 제가 어렸을 때이지마는 그런 건 다 해보아야 된다고 하셔서 몇번 제가 그 보습쟁기를 붙들고 소를 따라가면서 밭을 갈아보았습니다. 소걸음이라는 것이 얼마나 느립니까. 천천히 걷지마는 보습쟁기를 딱 대고보니까 얼마나 빨리 가는지 그저 급하더라고요. 그런데 이 두 필의 소가 꼭 같이 갑니다. 발도 맞추어서 그대로 갑니다. 내 멍에를 메라 하시고 예수님의 말씀은 내 멍에를 나와 같이 메자는 말씀입니다. 네가 내 멍에를 함께 메고 가자시는 것입니다. 예수님과 동업하자시는 것입니다. 예수님께서 함께하자시는 것입니다. 우리가 그와 함께하고 그가 나와 함께하셔서 한 몸으로 메고 가자시는 것입니다. 이 멍에라는 것은 죄짐이나 자기책임감이나 허물이나 저주의식을 말하는 것이 아닙니다. 이런 멍에가 아니라 예수님의 멍에, "내 멍에", 예수님께서 메신 그 멍에를 함께 메자고 하십니다. 그래서 이젠 내가 책임을 지는 것이 아니라 예수님께서 책임을 지시겠다는 것입니다.

옛날 우리 한국에 초대선교사님들이 와서 교회를 세울 때 그들은 '랜드로바'라고 하는 지프차를 하나 가지고와서 시골에 자동차가 전혀 없는 그때 자동차를 타고 이 마을 저 마을을 다니고 교회를 돌아보았습니다. 그렇게 시골길을 운전해서 가다보니 웬 할머니가, 아주 나이많은 할머니가 큰 보따리를 머리에 이고 가는데 힘들어하면서 가는 걸 보고 마음이 안돼서 전혀 모르는 분이지만 차를 세워놓고 "할머니, 여기 올라타십시오" 했습니다. 처음에는 사양하다가 할머니는 선교사의 거듭된 권유에 "고맙습니다"하고 올라탔습니다. 그런데 한참 운전하다가 문득 뒤를 돌아다보았더니 글쎄, 이 할머니가 보따리를 인 채로 앉아 있는 것이었습니다. "아, 할머니, 그 보따리 내려놓으시죠"했더니 할머니가 정중하게 대답합니다. "나 하나 여기 타는 것도 미안한데 어떻게 보따리까지 내려놓수?" 자, 그렇게 보따리를 꼭 이고 있어야 되겠습니까. 어차피 신세지는데 내려놓지 왜 그건 둘러메고 고생하는 것입니까. 예수님 말씀이 '내 멍에를 메라' 하십니다. 네 멍에는 두고 내 멍에를 너와 함께 메자, 하고 말씀하십니다. 그리고 예수님과 발을 맞추어 가자시는 것입니다. 한 목적, 한 방향, 한 방법, 한 마음으로 가자시는 것입니다. 주님과 발을 맞추어서 말입니다. 그가 사랑하시던 자를 사랑하고, 그가 하시던 일을 내가 하고… 여러분, 한번 해보십시오. 여기에 길이 있습니다. 또, 오늘말씀을 보면 '내게 배우라' 하십니다. 배우라는 말은 헬라말로 좀 특별한 뜻이 있습니다. 헬라발원문은 '마데테 아푸 에무' 라는 말인데 '마데테스' 라고 하면 '제자' 라는 말입니다. 그런고로 '내 제자 되라' 라는 뜻입니다. 단순히 학생과 선생의 관계가 아닙니다. 내 제자 되라, 내게 배우라, 하고 말씀하십니다. 말로 배우고 가슴으로 배우고 행동으로 배우고 하는 것입니다.

여러분, 배운다는 것이 어떻게 이루어집니까. 「초학습」이라고 하는 책이 있습니다. 부모님들이 특별히 한 번쯤은 읽어야 될 책입니다. 어떻게 하여야 공부를 잘할 수 있는지를 말해주는 유명한 책입니다. 거기에 보면 공부 잘하기 위한 세 가지 원칙이 있는데, 첫째로, 재미있는 걸 공부하라 합니다. 다시말하면 공부에 재미가 붙어야 된다는 것이지요. 또, 전체를 먼저 보라 합니다. 부분적으로 공부하지 말고 전체를 관조하는 눈을 가지고 공부하라 합니다. 다음으로, 80%만 이해되었으면 이제는 응용으로 옮기라 합니다. 우리는 다 알기를 바랍니다. 다 알 수 없습니다. 얼마만 알았으면 이제는 행동으로 옮겨야 합니다. 그 다음으로 넘어가야 합니다. 결국은 공부를 즐겁게 하라는 말입니다. 여러분, 요새아이들이 왜 공부하기 힘든지 아십니까. 선생님을 존경하지 않기 때문입니다. 저 선생 순전히 돈만 아는 사람이다, 형편없는 인간이다, 할 것이 없어서 여기 와 저것을 가르치고 있다—이 마음을 가지고 있습니다. 선생님 존경하지 않고 공부하자니 힘들 수밖에요. 안할 수도 없는 것이 그거 공부는 하여야 대학 들어가니까요. 이런 공부이기 때문에 힘든 것입니다. 선생을 존경하고 교수를 존경하고 대하면 공부가 따로 없습니다. 연애라는 것입니다 그게. 공부하고 연애를 하여야 공부가 되겠는데 이거는 그저 만날 때마다 살고 싶지를 않습니다. 힘들어요. 왜 힘이 듭니까. 사랑이 빠져나갔기 때문에 힘이 드는 것입니다. 모름지기 공부는 즐겨야 공부가 됩니다. 여자고등학교에서 그런 일이 많다지요? 첫사랑을 선생님들에게 할 때가 많다지요? 내가 좋아하는 선생님이 수학선생님이면 수학을 잘하게 되고, 내가 좋아하는 선생님이 음악선생님이면 음악에 미치게 되는 것이라고요. 간단하지 않습니까.

오늘 예수님께서 '내게 배우라' 하십니다. 나를 사랑하여야 됩니다. 그리고 나를 기뻐하여야 됩니다. 내가 하는 일을 즐겨야 됩니다. 공관복음에서는 제자라는 말이 예수님의 열두 제자를 가리키는 것입니다. 사도행전으로 넘어가면 크리스찬의 별명이 제자입니다. 예수믿는 사람이 곧 제자입니다. 전적으로 신뢰하고 전적으로 믿고 전적으로 사랑하고 배우라, 하십니다. 그리하면 길이 쉬워진다고 하십니다. 얼마나 확실한 말씀인지 알 수 없습니다. 우리가 어렵고 힘든 세상을 삽니까. 세상이 힘들어졌습니까. 절대로 그런 것이 아닙니다. 내가 약해졌기 때문입니다. 그것이 어디서부터 왔느냐하면 길이 잘못되어서입니다. 이제 그리스도와 함께 멍에를 메어야 됩니다.

그리스도의 마음으로 돌아가야 됩니다. 그리고 한평생 배우는 마음으로 임하여야 됩니다. 배운 사람으로 사는 것이 아니라 배우는 마음으로, 배우는 즐거움으로 주님의 사랑을 확신하며, 또 주님의 하신 말씀을 내 생활 속에서 확증하며 사는 것입니다. 사랑이 무엇이냐고요? 사랑하여야 사랑을 알지요. 생명이 무엇이냐고요? 생명의 길을 가야 생명을 알지요. 이것을 다 알아가지고 머리속에서 다 납득한 다음에 움직이겠다고 하는 사람은 그러다 죽을 사람입니다. 아무 일도 못할 사람입니다. 허약하고 미련합니다.

여러분, 마지막 결과에 대한 것은 주님을 믿으십시오. '내가 곧 길이요 진리요 생명' 이라고 하십니다. 주께서 이미 그 길을 가셨고 그 길로 승리하셨습니다. 내게 무엇이 필요한지도 주께서 아십니다. 내가 사는 모든 과정은 주께서 내게 베푸시는 교과과정입니다. 그가 아십니다. 내가 무엇을 배워야 할지, 내가 무엇을 버려야 할지 더는 묻지 맙시다. 이제 그를 배웁시다. 그러면 모든 책임은 그가 지십니다. 이제 우리의 마음은 평안하게 될 것입니다. 그리고 오늘 중요한 말씀은 멍에를 벗겨준다는 얘기가 아닙니다. 멍에가 쉬워진다는 말씀입니다. 또 '내 짐은 가볍다' 하십니다. 짐이 없어진다는 말씀이 아닙니다. 환경이 달라지리라 생각하지 마십시오. 문제는 이대로 짐이 가벼워진다는 것입니다. 주님께 나아오고 주님과 함께하고 동행하고, 그리고 주님을 배웁니다. 마음도 배우고 행동도 배우고 함께 해보십시오. 어느 사이에 나도모르게 멍에가 쉽고 짐은 점점 가벼워지고 자유한 것을 느끼게 될 것입니다. 이렇게 자유하게 될 때 비로소 능력의 사람이 될 수 있는 것입니다. △